합리적 망상의 시대

합리적 망상의 시대

어맨다 몬텔 지음
김다봄 옮김

자기기만의 심리학

The Age of Magical Overthinking
Notes on Modern Irrationality

arte

케이시에게

일러두기

1. 이 책은 Amanda Montell의 *The Age of Magical Overthinking*(One Signal Publishers/Atria Books, 2024)를 우리말로 완역한 것이다.
2. 국립국어원의 한글맞춤법과 외래어표기법을 따르되, 시대적 맥락을 고려해 일부 통용되는 표현은 예외로 했다.
3. 본문 중 [ ] 안의 내용은 저자가, 〔 〕 안의 내용은 역자가 덧붙였다.
4. 원서에서 이탤릭으로 강조한 부분은 **굵은 글씨**로, 대문자로 강조한 부분은 밑줄로 표기했다.
5. 각주는 대부분 원주로, 옮긴이 주일 경우 문장 앞에 '역주'라고 표기했다. 후주는 모두 원주이다.
6. 도서는 『 』, 짧은 글은 「 」, 간행물은 《 》, 영화·음악·방송프로그램 등은 〈 〉, 기사 및 통계조사는 ' '로 묶었다.
7. 본문에 등장하는 책이나 영화 등의 제목은 최초 언급 시에만 원제를 병기하고 이후에는 우리말로 표기했다. 국내 번역서가 있는 경우 해당 제목을 사용했고, 없는 경우 원제를 적절히 번역했다.
8. 본문 내 인용문은 모두 역자가 직접 번역했다.

작가의 말

실제로 겪은 사건과
만난 인물들을 기억이 허락하는 한
있는 그대로 묘사했다.
일부 인명과 세부 사항은 수정했다.

차례

말이
안 되면
되게
하라

주술적
과잉사고란
무엇인가

"당신이 원하는 대로 세상을 살아갈 수 없다면,
그런 세상이 무슨 소용이지?"

— 토니 모리슨, 『재즈』

나는 내 머릿속에서 빠져나오려 애쓰며 온갖 잡다하고 터무니없는 방법을 시도해 보았다.

어른을 위한 교감 체험 동물원을 방문했다. 컴퓨터 음성이 영국식 발음으로 일러 주는 명상법을 배워 보기도 했다. "두뇌 먼지Brain Dust"라는 이름의, 규제받지 않은 영양제 분말을 잔뜩 비축했다. 두뇌가 먼지처럼 느껴졌다. 지난 몇 년간, '이유 없이 공포에 질려요'는 내가 구글에서 가장 많이 검색하는 키워드가 되었다. 마치 로봇한테 내 감정을 타자로 입력하면 감정이 사라지기라도 한다는 듯이. '버티다 결국 폭발한snapped' 여성들에 관한 팟캐스트를 닥치는 대로 들으며, 자신이 어떤 미친 짓까지 해 봤는지 가감 없이 드러내는 이들에게 거부감과 동시에 간절한 이끌림을 느꼈다. '폭발하면' 얼마나 기분이 좋을까 생각했다. 정신 재활을 위한 노력 중 가장 영화 같았던 것은, 빛 공해로부터 자유로운 시칠리아의 하늘 아래 농장에서 허브를 따던 일이었다(허브 농부가 내게 "여기 밤하늘의 별은 너무 가까워 보여서 여차하면 입안으로 떨어질 것 같아요"라고 말했고, 나는 목이 메었다). '성공' 정도는 다양했지만, 나는 광란의 2020년대에 내 일상으로 자리 잡은 압도감과 끝없는 소비에서 벗어나기 위해 할 수 있는 건 뭐든 다 시도했다. 지난 10년 동안 겪었고 또한 합리화하려 애썼던 정신 건강 관련 긴급사태를 조금이나마 이해할 수 있다면 뭐든지.

모든 세대에게는 저마다 자신들 시대만의 위기가 있다. 1960년대와 1970년대에는 물리적 압제로부터 자유를—투표, 교육, 노동, 집회를 위한 평등한 권리와 기회를—쟁취하는 것이 중대한 문제였다. 그것은 몸의 위기였다. 그러나 세기가 바뀌어 새천년이 되면서 투쟁도 각자의 내면으로 향했다. 역설적이게도 집단으로 진보를 이뤄 낼수록 우리가 느끼는 개인적 불편감은 더욱 커졌다. 정신 불건강에 대한 담론이 고조됐다. 2017년, 《사이언티픽아메리칸Scientific American》은 1990년 이후 미국인의 정신 건강이 쇠퇴했으며 30년 만에 자살률이 최고 수준에 이르렀다고 발표했다. 4년 뒤 미국질병통제예방센터Centers for Disease Control and Prevention, CDC의 조사에서는 청년층 가운데 42퍼센트가 이전 2주간 일상생활을 할 수 없을 정도로 슬프거나 절망적이라고 느꼈던 것으로 나타났다. 전미정신질환연맹National Alliance on Mental Illness, NAMI은 2020년에서

2021년 사이 해당 단체 산하의 위기 상담 서비스에 걸려 온 위기 전화가 251퍼센트 증가했다고 보고했다. 우리는 소위 '정보화시대'라는 시기를 살아가지만, 삶은 점점 이해할 수 있을 만한 의미를 잃어 가는 듯하게만 보인다. 우리는 고립되고, 무기력하고, 화면만 바라보다 지쳐 버리고, '경계boundaries' 의 정신을 지킨다며 사랑하는 이들을 종양처럼 잘라 내고, 다른 이들이 하는 선택과 심지어 우리 자신이 하는 선택을 이해하는 데 실패한다. 기계는 오작동하고, 우리는 이 안에서 빠져나갈 구멍을 생각하려 애쓰고 있다. 1961년에 마르크스주의 철학자 프란츠 파농Frantz Fanon은 "모든 세대는 상대적 불분명함 속에서도 각자의 사명을 발견해야 하고, 그 사명을 완수하는 길 아니면 배반하는 길뿐이다"라고 썼다. 우리 세대의 사명은 아무래도 마음과 관련 있는 듯하다.

현대의 비이성에 대한 내 집착은 컬트에 관한 책을 쓰던 중에 시작되었다. 2020년이었고, 그해의 존재론적 난국을 헤쳐 나가며 마치 컬트 같은 영향력이 작용하는 메커니즘을 들여다보고 있자니 21세기 정신착란의 다양한 면모를 새로이 발견할 수 있었다. 새천년 이후, 인류는 현실에서 유리되는 재미나고 신선한 방법이 가득한 거대 쇼핑몰을 지어 왔다. 비주류 음모론은 주류가 되었다. 유명인을 향한 숭배는 환각 수준의 정점에 도달했다. 과거라는 키메라에 사로잡힌 '디즈니 어덜트Disney Adult'+와 'MAGA'++ 열성분자는 필름이 끊길 지경으로 향수에 젖었다. 이런 그릇된 믿음은 다양한 취향에 따라 엉뚱할 수도 있고 전투적일 수도 있지만, 한 가지는 확실하다. 바로 현실에 대한 우리의 공통된 이해가 손가락 사이로 모래처럼 빠져나갔다는 것이다.

이런 대규모 환각 체험을 말이 되게 설명할 유일한 길은 **인지 편향**cognitive bias+++, 즉 주변 세상에 대한 정보를 처리하는 두뇌의 불완전한 능력으로 인해 발생하는 자기기만적 사고 패턴뿐이다. 사회과학자들은 지난 세기 동안 수백여 가지 인지 편향을 기술했는데, 조사 과정에서 내가 가장 많이 마주친 두 가지는 '확증 편향confirmation bias'과 '매몰비용 오류sunk cost fallacy'였다. 관련 연구 몇 개만 자세히 읽어 봐도 시대정신이 지닌 비논리의 많은 부분이 명료해졌다. 수성의 위치를 바탕으로 사회생활 일정을 짜는 석사학위 소지자나, 팔라초 팬츠를 입은 유튜버가 백신이 'DNA를 다운그레이드' 한다고 말했다는 이유로 접종을 거부하는 우리 이웃의 모습을 보라. 또한 나 자신의 넘치는 비이성, 이를테면 나를 힘들게 하는 연

+ 역주: 디즈니의 열렬한 성인 팬을 이르는 신조어.

++ 역주: '미국을 다시 위대하게Make America Great Again'라는 뜻으로, 2016년 미 대선 당시 도널드 트럼프가 캠페인 구호로 채택해 널리 알려졌다. 트럼프의 열광적인 지지자들을 부르는 용어로도 쓰인다.

+++ 1972년 행동주의 경제학자(이자 서로 절친한 친구 사이였던) 에이머스 트버스키Amos Tversky와 대니얼 카너먼Daniel Kahneman이 만든 용어.

애임을 알면서도 그 관계를 지속하겠다고 다짐했던 20대 초반의 일이나, 상상 속 갈등을 바탕으로 온라인상의 적을 만들어 내는 경향 같은, 나 스스로도 결코 정당화할 수 없었던 개인적 선택들 역시 인지 편향으로 설명할 수 있었다. 이 실마리를 잡아당겨야 했다. 우리가 스스로에게 부리는 정신적 마술과 넘쳐흐르는 정보가 결합해, 마치 다이어트 콜라에 멘토스를 섞는 화학 실험처럼 걷잡을 수 없어지는 과정을 이해해야만 했다.

인간이 결정을 내리기 시작한 이래 우리 마음은 늘 스스로를 속여 왔다. 자연계에서 들어오는 정보만 해도 처리하기에 너무 많아서 모든 나뭇가지의 정확한 색채와 형태를 분류해 이해하려면 일생이 걸릴 지경이었다. 그래서 초기 두뇌는 생존에 필요한 수준까지만 주변 환경을 이해할 수 있도록 하는 지름길을 만들어 냈다. 마음은 한 번도 완벽하게 합리적이었던 적이 없다. 그보다 마음은 **자원-합리적**resource-rational으로 유한한 시간과 제한적인 기억 저장 용량, 그리고 경험하는 사건을 의미 있게 느끼고자 하는 뚜렷한 갈망을 조화시키려 한다. 시대가 지남에 따라, 처리해야 할 세부 사항과 내려야 할 결정의 규모는 콘페티++++나 포탄 파편처럼 폭발적으로 늘

++++ 역주: 흔히 축하 행사 등에서 공중에 뿌리는 작은 색종이 조각.

어났다. 데이터의 모든 요소를 원하는 만큼 깊게 들여다보는 것은 기대할 수 없는 일이 되었다. 그래서 조상들의 똑똑한 속임수에 기대게 되었는데, 이 속임수는 너무나도 자연스럽게 느껴져서 우리는 이를 거의 알아차리지 못한다.

갑자기 어마어마하게 늘어난 정보 앞에서, 인지 편향은 현대인의 마음이 과도하게 고민하거나 간과할 대상을 잘못 선택하게 만든다. 우리는 똑같은 편집증적 생각에 비생산적으로 계속 집착하면서(인스타그램이 왜 끔찍한 전 상사를 팔로우하라고 제안한 거지? 우주가 날 증오하나?), 더 관심을 기울여야 마땅한 복잡한 고민거리는 재빠르게 지나친다. 온라인에서 정신없이 입씨름한 경험이 여러 번 있는데, 잠시 한숨 돌릴 때면 이론적인 대화보다는 신석기시대 포식자에게 더 적합한 스파링 전술을 휘두르기라도 한 양 몸이 기진맥진했다. 2023년 《뉴욕타임스》 칼럼니스트이자 『내면의 절규: 미국식 모성의 지속불가능성Screaming on the Inside: The Unsustainability of American Motherhood』의 저자인 제시카 그로즈Jessica Grose는 "우리는 지난 100년간 기술적으로 너무나 멀리 온 나머지 모든 걸 알 수 있다고 여기는 것 같다. 하지만 그건 너무나 오만한 동시에 엿같이 지루한 생각이다"라고 말했다. 한때 유용했던 심리적 착각들이 우리가 처한 상황에 매우 빠른 속도로 뒤떨어지고 있는 이 시대를, 나는 '주술적 과잉사고의 시대'라고 부른다.

넓게 말해서 주술적 사고란 마음속 생각이 외부의 사건에 영향을 미칠 수 있다는 믿음을 말한다. 자기 인식이 가장 확고한 이의 정신조차도 스스로 속이게 만드는 슬픔의 힘을 생생하게 그려 낸 조앤 디디온Joan Didion의 에세이 『주술적 사고의 해The Year of Magical Thinking』+에서 이 표현을 처음 접했다. 세상이 '말이 되게' 하려는 시도로 세상을 신화화하는 것은 인간만의 독특하고 흥미로운 습관이다. 배우자의 갑작스러운 죽음이나 이판사판의 선거철처럼 극도로 불확실한 순간에는, 평소에는 '이성적인' 두뇌도 찌그러지기 시작한다. 그 확신이 재정적 어려움을 극복할 방법을 '현실화manifest'++할 수 있다는 것이든, 자기만의 복숭아 통조림을 만드는 법을 배워 종말을 막을 수 있다는 것이든, 희망만으로 학대적 관계를 축복받은 관계로 전환할 수 있다는 것이든, 주술적 사고는 주체성을 회복하는 데 도움을 준다. 주술적 사고가 아주 오래된 기벽이라면, **과잉**사고overthinking는 현대 특유의 현상처럼 느껴진다. 이는 과다한 정보, 집단 고독, 하늘 아래 모든 것을 '알라' 하는 자본주의적 압력과, 우리가 타고난 미신적 믿음이 충돌한 결과다.

+ 역주: 우리나라에는 2023년 『상실』이라는 제목으로 번역본이 출간되었다.

++ 역주: 'manifest'라는 단어는 마음공부, 마음챙김mindfulness, 자기계발 등의 분야에서 자주 등장하는 용어로, '현현하다' '발현하다' '현실화하다' '끌어당기다' 등으로 다양하게 번역된다. 주로 원하는 대상을 구체적으로 상상하고 그 상상이 현실이 될 것이라고 굳게 믿음으로써 실현한다는 의미다. 이 책에서는 '현실화하다'로 옮겼다.

벨 훅스는 2014년 "판타지 속에 사는 국가에서 의식을 갖추고 사는 것은 우리가 삶에서 행할 수 있는 가장 기본적인 행동주의다. …… 현실을 마주하고, 자신을 속이지 않아야 한다"라고 말했다. 마음의 자연스러운 왜곡을 할 수 있는 한 최대로 인식하는 것, 그 안의 아름다움과 완전한 광기를 모두 발견하는 것, 나는 이것이 우리 시대 공동 사명의 일부가 되어야 한다고 믿는다. 우리는 인지부조화에 무릎을 꿇을 수도 있고, 로고스와 파토스 사이를 오가는 아찔한 그네에 탑승할 수도 있다. 어쩌면 평생 그네를 타야 할지도 모른다. 지금의 위기에서 살아남을 유일한 방법은 아마도 불안함을 견디는 법을 배우는 것이겠다. 인지 편향을 탐구하면서 나도 바로 그런 도움을 받았다. 시칠리아의 별을 바라볼 때보다 이 책을 쓰면서 더 원활하게, 내 머릿속에서 윙윙대는 소리를 견딜 만한 수준으로 유지할 수 있었다.

선종禪宗에는 '해결할 수 없는 수수께끼'를 뜻하는 '화두koan'라는 단어가 있다. 화두는 더 깊은 진실을 드러내고 조각을 한데 모아 새로운 것을 창조하기 위해 마음을 무너뜨리는 것이다. 나는 이 책을 하나의 갈망, 로르샤흐 테스트+, 공익광

+ 역주: 1921년 스위스 정신과 의사 헤르만 로르샤흐Hermann Rorschach가 개발한 심리검사. 형체가 불분명한 잉크 얼룩이 좌우대칭으로 된 이미지를 사용해 피검자들에게 그 이미지를 보고 든 느낌이나 생각을 이야기하게 한다.

고, 그리고 마음에 바치는 러브레터로 썼다. 마음은 사고 체계가 아니라 오히려 화두와 같은 무엇이다. 만약 당신이 다른 이들의 이성적 사고 능력에 대한 믿음을 잃었거나 스스로 설명할 수 없는 미심쩍은 판단을 한가득 내렸다면, 이 책의 각 장이 말이 되지 않는 것을 조금이나마 말이 되게 해 주기를 희망한다. 우리 마음에 창을 내어 따뜻한 바람이 불어오게 하기를, 잠시나마 불협화음을 멈추기를, 혹은 어쩌면 그 안에서 멜로디를 들을 수 있도록 돕기를 바란다.

오 나의 어머니, 테일러 스위프트?

01

후광효과에 관하여

"[유명인에 관해] 이야기하는 것은
우리 자신에 관해 이야기하지 않으면서도
중요한 문제에 관해 이야기하는 일이다."

— 앤 헬렌 피터슨

숭배가 게걸스러운 수준에 이르렀다. 정신적 게걸스러움이다. 물론 사람들은 언제나 지나치게 뭔가를 숭배해 왔지만—종교는 유구하게 그 정도가 과했고, 명예살인이니 뭐니 하는 일도 있다—, 오늘날 우리의 신은 전지전능하고 흠결 없는 존재로 그려진 상상 속 허구가 아니라, 그런 특성과는 명백히 거리가 먼 필멸의 인간 유명인이다. 새로운 극단주의자들은 '스탠stan'+이라고 불리는데, 이 용어는 래퍼 에미넴에게서 유래했다. 2000년 발매된 에미넴의 노래 〈스탠〉은 자신의 영웅이 팬레터에 답장하지 않자 길길이 날뛰는 한 남자의 정신나간 일화를 담고 있다. 눈에 띄는 점은 이 단어가 '스토커'와

+ 역주: 극성팬을 뜻하는 신조어. 영미권에서 널리 쓰인다.

'팬'의 완벽한 합성어이기도 하다는 사실이다. 스탠들에게는 저마다 '바브즈Barbz' '리틀 몬스터Little Monsters' '빌리버Beliebers' '스위프티Swifties' 같은+ 수도명이 있다. 이들이 등장하면 대화는 끝난다. 비평가들은 성난 군중이 그들을 '취소cancel'하거나 '신상을 털까 봐doxxed', 혹은 집 주소를 캐내거나 빼돌려 살해 협박을 보낼까 봐 두려워 더는 팝 스타들의 앨범을 공공연히 부정적으로 평가하지 않는다. 누구도 소파에서 일어나지 않았지만, 모두가 공포에 질렸다. 아무도 크게 소리 내어 말하지 않았지만, 세계는 80억 명 규모 오케스트라가 끊임없이 조율하고 또 조율하듯 끽끽거리는 거대한 소음으로 가득 찼다. 스탠은 개인으로서는 무력하다. 하지만 무리를 지으면, 그들은 『파리대왕』 스타일로 '당신의 목을 가지러 온다'. 기자들—종군기자들이 아니라 **음악**기자들—은 이제 자신의 목을 걱정하게 되었다. 스탠들은 그 누구라도 취소하며, 심지어 자신들의 것도 먹어 치운다. 일이 벌어지면 그들은 자신들의 신을 먹어 치운다. 사실 자신들의 신을 특히 먹어 치운다. 상황은 이처럼 게걸스러워졌다.

2023년, 에이미 롱이라는 한 테일러 스위프트 열성팬이 해당 팝 스타의 지난 5년간 주요 스탠 스캔들을 조목조목 정

+ 역주: 순서대로 각각 팝 스타 니키 미나즈, 레이디 가가, 저스틴 비버, 테일러 스위프트의 팬덤을 지칭하는 말.

리한 3000단어짜리 문서를 내게 이메일로 보내왔다. 스위프티들이 애초 테일러에게 없던 자질을 기대하고선 실망했거나 그가 결코 한 적 없는 약속을 지키지 않았다는 이유로, 자신들이 떠받들던 여왕에게서 등을 돌려 버린 감정적 대격변들에 관한 문서였다. 입장권 판매 부진부터 성정체성에 관한 루머까지 모든 분야를 망라하는 논란들에는 제각기 티켓게이트, 라벤더게이트, 제트게이트, 무비게이트, 텀블러게이트 등, 워터게이트** 사건을 연상시키는 극적인 제목이 붙어 있었다. @taylorswift_as_books라는 인스타그램 계정의 창시자 롱은 이 중 마지막 사건을 언급하며 "이게 제일 흥미로울 거예요"라고 말했다. 몇 년간 일상적으로 텀블러를 통해 팬들과 소통하던 스위프트는 2020년 정치적으로 격노한 무리로부터 끈질기게 괴롭힘당한다는 느낌에 텀블러에서 영원히 로그아웃했다. 롱의 설명에 따르면, 스탠들은 스위프트가 도널드 트럼프와 경찰의 만행을 비판하는 트윗 몇 개를 올린 뒤 더는 정치적 발언을 하지 않자 분노했다. 스탠들은 그들의 우상이 새로운 진보적 행동주의 시대를 열 것처럼 하더니 곧바로 발을 뺐다고 여겼다. 마치 딸들에게 한 약속을 배반하는

** 역주: 1972년부터 1974년까지 미국 대통령 닉슨이 권력을 남용해 벌어진 정치 비리 사건. 미국 역사상 최대 정치 스캔들 중 하나로 여겨지며, 닉슨은 이 사건의 여파로 대통령직을 사임했다.

어머니처럼 굴었다고 말이다. (스위프트가 몇 년 뒤 팝록 밴드 출신의 행실이 추저분한 '관종edgelord'과 데이트하기 시작했을 때도 비슷하게 반역을 성토하는 목소리가 울려 퍼졌다. 스탠들은 스위프트에게 문제투성이 새 계부를 차 버리라고 애원하는 '공개서한'을 보냈고, 스위프트가 그들의 요구대로 할 때까지 '그 남자의 숨통을 죄는' 걸 관두지 않겠다고 맹세했다.)

롱의 글은 이어졌다. "테일러가 멋으로 앨라이십allyship+을 내세운다고 많은 팬이 비난했어요. …… 그리고 테일러가 자신들이 원하는 대로 행동하지 않아서 화가 났어요. …… 하지만 테일러는 뼛속까지 자본주의자예요. 경호팀 대부분이 전 특수부대원, 전 FBI 요원, 아니면 다른 법률 집행기관 출신으로 이루어져 있어요. 왜 팬들이 테일러가 '경찰 예산을 삭감하라! 내 꿈이 이뤄지게 만든 바로 그 시스템을 철폐하라!'라고 외치길 기대하는지 모르겠어요. …… 이상한 일이에요."

모르는 사람 수천 명이 아무 근거 없이 특정 유명인의 성격이 어떻다고 결론짓고 그를 떠받들다가, 그 추정이 거짓으로 드러나자 그만큼의 열성으로 다시 그의 동상을 무너뜨리려 하는 모습은 당연히 이상해 보인다. 그러나 그런 행동도

+ 역주: 특정 사회적 맥락에서 소외된 이들을 포용하고 이들과 연대하려는 움직임을 뜻하는 신조어. 19세기 영어 문헌에 처음 등장했으나 1990년대에 들어서 지금과 같은 의미로 굳어졌다. 트럼프 대통령 집권 당시 '흑인의 생명도 소중하다Black Lives Matter' 운동과 함께 널리 쓰이게 되었다.

설명될 수 있다. 나는 유명인 숭배와 왕위 찬탈이라는—실제 삶에서 알고 지내는 인물들 간 덜 유사사회적parasocial++인 애증 역학과 더불어—상당히 흔한 이 패턴이, **후광효과**halo effect 라고 알려진 인지 편향에서 비롯한다고 결론 내렸다.

후광효과는 20세기 초에 정립된 개념으로, 단박에 느낀 인상을 바탕으로 한 사람의 전반적인 성격을 긍정적으로 추정하는 무의식적 경향을 의미한다. 재치 있는 유머 감각을 지닌 사람을 만나면 그가 마땅히 박식하며 관찰력이 예리하리라고 추측하는 것이다. 외모가 출중한 사람은 외향적이고 자신만만하리라고 여겨지고, 예술적인 사람이라면 틀림없이 감성적이고 수용적인 태도를 보일 것으로 생각한다. 용어 자체에도 후광, 즉 그 자체만으로도 인식에 영향을 미치는 훌륭한 조명의 힘이 담겨 있다. 20세기 종교화를 떠올려 보라. 흔히 광배光背를 머리 주변에 두른 모습으로 그려지는 천사와 성인들은 그들의 전적인 선함을 상징하는 천상의 빛에 휩싸여 있다. 후광효과의 렌즈를 통해 누군가를 바라보면, 우리 마음은 그에게 성화와 같은 일차원적인 따스한 빛을 드리우면서 우리더러 그 사람을 전적으로 믿으라고 속삭인다. 객관적으로는 믿을 이유가 거의 없을 때도 말이다.

++ 역주: 실제로 알지 못하는 유명인이나 작중 인물 등과 친밀한 사회적 관계를 맺고 있다고 느끼는 것.

후광효과 뒤에는 생존의 이야기가 있다. 역사적으로, 강인하거나 매력적인 신체를 지닌 인물에게 자신을 맞추는 것은 분명 현명한 적응 전략이었다. 한 가지 좋은 점이 있으면 다른 좋은 점도 있으리라고 추정하는 것도 일반적으로 타당한 생각이다. 만약 2000년 전 당신이 키가 크고 근육질인 누군가를 마주쳤다면, 그가 평균보다 많은 육류를 섭취했을 것이고, 따라서 뛰어난—곁에 두고 싶은—사냥꾼일 공산이 크다고 추측하는 게 합리적일 것이다. 또한, 균형 잡힌 얼굴과 멀쩡한 치아를 가진 사람이라면 싸움에서 지거나 동물의 공격을 받아 얼굴이 변형되지 않았다는 의미일 테고, 따라서 훌륭한 모범이 되리라고 추정하는 것도 합당하다. 오늘날에는 살면서 누군가를 특정해 우러러보는 것이 정체성 형성에 도움이 되는데, 우리는 본보기를 선택할 때 직감을 따르는 법을 배웠다. 사실, 잠재적인 멘토를 샅샅이 평가하거나, 완벽히 자격을 갖춘 전문가—직업적 통찰력을 위해 한 명, 창의적 영감을 위해 한 명, 패션 조언을 위해 한 명 등—를 전부 모아 패널을 구성하는 데 일주일을 써야 한다면 얼마나 비효율적이겠는가? 성급하지만 전반적으로 건전한 일반화 가정을 거쳐 모든 분야에 걸친 단 하나의 롤 모델을 선택하는 것은 빠듯한 심리적 예산을 더 잘 활용하는 일이다. 짠, 그렇게 후광효과가 발생한다.

후광효과의 최초 대상은 부모의 형상이었다. 우리는 우리를 돌보고 우리가 모르는 것을 아는 부모가 틀림없이 **모든 것**을 안다고 생각한다. 나는 내 어머니가 그렇다고 극단적인 수준으로 믿었다. 데니스 몬텔 박사 앞에서 후광효과는 피할 수 없는 일이었다. 따라잡아야 할 것이 너무 많았다. 당신의 분야에서는 꽤 유명 인사인 어머니는 스탠퍼드에서 박사학위를 딴 암세포 생물학자다. 우리 집 벽난로 선반은 어머니가 분자유전학 연구로 받은 수많은 상으로 가득하다. 작년에는 암 치료에 언젠가 도움이 될 수 있을 세포 이동의 메커니즘을 발견해 미국국립과학원National Academy of Sciences 회원으로 선출되기도 했다. 사실 데니스는 **그 자신의** 암을 치료한 바 있다. 내가 6학년일 때, 마흔 살이던 어머니는 치명적인 림프종이 있다는 진단을 받았다. 완치 후 5년이 지나서야 나는 당시 의료진이 어머니가 아마 돌아가실 거라고 말했다는 사실을 알게 됐다. 하지만 그렇게 되지는 않았는데, 부분적으로는 어머니가 동료 종양학자들과 협력해 당신만의 실험적인 치료 계획을 세웠기 때문이었다. 존스홉킨스에 있는 어머니의 실험실은 병원 바로 건너편에 있어서, 어머니는 점심시간에다 화학요법 세션 수차례를 욱여넣었다. 당시의 치료법은 이제 전 세계 림프종 환자 치료에 널리 쓰이고 있다.

어린 시절 내 친구 대부분은 어머니가 싱글 맘이거나 아버지가 부재했다. 돌이켜 보면 기이한 우연이다. 마치 시트콤 〈길모어 걸스Gilmore Girls〉 같은 친구들과 그 어머니의 관계—내가 아는 딱딱한 부모 자식 관계보다 훨씬 친밀한 여자 친구들 사이 같은—가 애초에 그 친구들에게 이끌린 이유 중 하나였음이 분명하다. 친구들의 어머니는 모두 **너무나** 인간적이었다. 그들의 불완전함은 만천하에 드러나 있었다. 욕설을 입에 달고 살았고, 주방에서 음정을 틀려 가며 노래했으며, 화가 나면 자식을 완전히 무시했다. 생리혈 자국이나 배변 활동, 몸의 형태와 찢어지는 마음에 대해서도 자유롭게 이야기했다. 10대였던 나는 그들의 취약함에 홀딱 빠졌다. 결함은 데니스의 취향이 아니었다. 아니, 절대 아니었다. 감정을 꼭꼭 숨겨 드러내지 않는 데니스. 한 번도 비논리적인 실수를 한 적 없고, 매일 아침 45분간 운동하고, 밤색 머리를 완벽히 드라이하지 않고는 절대 집을 나서지 않고, 세포 하나가 어떻게 태아로 자라나는지부터 마을의 어떤 빵집에서 가장 맛있는 프랑스식 바게트를 파는지까지 우주의 모든 걸 아는 것처럼 보였던 데니스. 어머니는 늦은 밤이나 주말까지 거의 모든 시간을 도심지에 있는 실험실에서 연구 주제를 샅샅이 조사하며 보냈고, 그런 부재와 냉담한 태도가 결합해 어머니는 내게 거의 신화나 다름없는 존재가 되었다. 내가 기억하는 한, 햇빛 아래 놓인 백금 결혼반지처럼 번쩍거리던 어머니의 명성을 의식하지 않았던 때는 없다.

이론상으로는 나도 어머니가 조금 더 흐트러진 모습을 보이길 바랐다. 내가 고등학교 3학년이던 해 가족 휴가에서 어머니가 마르가리타를 반 잔씩 너무 많이 마신 나머지 우리가 호텔 방으로 돌아오는 내내 낄낄거렸던 때처럼, 어머니의 흐트러진 모습을 잠깐이나마 포착하게 되면 즐거웠다. 그 자신이 열여덟 살 여름 파리에 살았을 때 납치당할 뻔했던 일이나, 대학교 봄방학 때 서퍼 애인이 그레이트풀데드Grateful Dead✢ 콘서트에서 환각제를 복용하자고 구슬렸던 일처럼 젊은 시절의 아슬아슬한 일화를 이야기해 줄 때도 마찬가지였다. 내 어머니 이외의 데니스라는 사람을 상상하는 게 무척 좋았다. 하지만 실제로는, 어머니가 내가 보기에 어머니답지 않은 감정을 드러내면 나는 매번 충격에 휩싸였다. 하다못해 직장에 지각하게 생겼는데 신호에 걸려서 평정심을 잃는 상황에서조차 말이다. 어머니에게는 실수의 여지가 너무 적었다. 어머니는 테일러였고, 나는 혼란에 빠진 스위프티였다. 데니스에게 텀블러 계정이 있었더라면 나는 틀림없이 그가 내 포스트에 '좋아요'를 누르기를 기대했을 것이고, 그가 내 머릿속에서 상상해 온 전지전능한 신이 아니게 된 순간부터 그를 괴롭혀 플랫폼에서 쫓아냈을 것이다.

그러나 이제 젊은이들이 우러러보는 건 자신들의 엄마만이 아니다. 2019년 한 일본 연구에서는 청소년의 30퍼센트가

✢ 역주: 1960년대에 활동을 시작한 미국의 전설적인 록 밴드.

좋아하는 가수나 운동선수 등 미디어 속 인물을 닮기를 열망한다고 밝혔다.[1] 2021년《북미 심리학 저널North American Journal of Psychology》에 실린 연구에서는 지난 20년간 유명인에 대한 숭배가 극도로 증가했다고 평가했다.[2] 후광효과는 당장 실제 삶에서 알고 지내는 사람을 쉽게 신격화하게 만든다(청소년 시절 내 가장 불건강한 사회적 습관 중 하나는 한쪽으로 기울어진 우정을 맺는 것이었다. 나는 학교에서 유명한 여자애가 화사한 미소와 타고난 카리스마를 지녔기 때문에 신실한 친구가 될 거라는 잘못된 결론을 내렸고 동등한 친구보다는 팬이 된 느낌이었다). 그런데 그런 사랑의 열병을 멀리서 앓기는 더 쉽다. 유명인들이 매력적이고, 부유하고, 성공적이라고 여기는 경향 때문에, 우리는 덜컥 그들이 마찬가지로 붙임성 좋고 자기 객관화가 잘 되어 있으며 세상을 속속들이 안다고 판단한다. 어떤 팬들은 자신의 우상에게 깊은 친밀감을 느끼고 그들이 자신 역시 소중히 여기리라고, 심지어는 어머니처럼 대하리라고 생각한다. 모든 팬이 스탠은 아니지만, 유명인 숭배는 점점 극단으로 치닫고 있으며 실질적으로 해로운 영향을 미친다.

'팬'이라는 단어는 '미친 듯한, 그러나 신이 내린 영감을 받은'이라는 의미의 라틴어 'fanaticus'에서 유래했다. 1960년대 후반에서 1970년대에 이르러서야 대중은 유명인을 연예인 이상의 존재로 인식하기 시작했지만, 그때도 롤 모델이나 신 수준은 아니었다. 이러한 인식 변화는 미국인들이 정치인과 전통적 종교 지도자, 보건당국에 대한 신뢰를 잃던 시기에 부상한 유명인 행동주의celebrity activism와 관련이 있다. '우리가 언제부터 유명한 사람들을 진지하게 생각하기 시작했을까?When Did We Start Taking Famous People Seriously?'라는 제목을 단 《뉴욕타임스》 사설에서 제시카 그로즈는, 1958년에는 미국인 가운데 4분의 3이 "연방정부가 언제나, 혹은 대체로 옳은 일을 하리라고 믿었다"라고 썼다.[3] 퓨리서치센터Pew Research Center에 따르면 그렇다. 그러나 이후 발생한 베트남전쟁과 1960년대 경기후퇴, (진짜) 워터게이트가 비극의 펀치 세 방을 연달아 날렸고, 미국인들은 기존에 없던 모범을 찾아야 했다. 1960년대, 베이비붐세대는 10대가 되었고—미국 역사상 가장 10대가 많은 시기였다—청소년기에 따르는 고독과 불안감이 전후의 경제적 번영 및 근질거리던 사회 변화의 욕구와 합쳐져 젊은이들은 새로운 종교를 찾았다. 바로 비틀스였다. 비틀스 멤버들은 팬들의 예술적 우상이었을 뿐 아니라 장거리 애인이자 영적 가이드이기도 했다.

1980년 정부가 옳은 일을 할 것이라고 믿는 미국 시민은 25퍼센트에 불과했다.[4] 그로즈에 따르면, 미디어 속 인물과 정치인, 영적 권위자를 가르던 경계가 영원히 사라진 것이 바로 이 시기다. 1981년 로널드 레이건은 '반항적 아웃사이더insurgent outsider'를 자처하며 미국 최초의 '셀러브리티' 대통령이 되었다. 무대와 스크린을 누비는 우상들이 단순히 우리를 즐겁게 해 주기 위해서가 아니라 구원하기 위해 존재한다는 새로운 시대정신의 메시지에 따라 할리우드의 집단 후광은 불붙은 덤불처럼 불타올랐다. 팝 스타가 새로운 사제가 되었고, 여기에 더해 소셜미디어가 강력한 거름이 되어 독실한 신앙심이 무럭무럭 자라나게 했다. 내가 사는 로스앤젤레스 동네 크리스털 숍⁺에서는 '성聖 돌리' '성 스티비' 등 신성시되는 음악가들의 사진이 프린트된 기도용 촛불을 살 수 있다. 그리스도의 몸에 해리 스타일스의 얼굴이 얹힌 셈이다. 그로즈는 필라델피아어린이병원 소아청소년과 교수이자 『나쁜 충고: 혹은 건강과 관련해 유명인, 정치인, 활동가들의 의견을 최우선으로 여기면 안 되는 이유Bad Advice: Or Why Celebrities, Politicians, and Activists Aren't Your Best Source of Health Information』의 저자인 폴 오피트Paul Offit 박사의 말을 인용한다. 오피트 박사는 미국인들이 유명인을 신뢰하는 이유가 "그들을 안다고 생각하기 때문, 즉 영화나 텔레비전을 보고 그들이 연기하는 역할이 곧 그들이라고 가정하기 때문"이라고 분석했다.

그러나 유명인들은 때로 그들 자신을 '연기'한다. 게다가 온라인에서는 그 쇼가 매일 24시간 방송된다. 우리는 유명인

⁺ 역주: 'crystal shop'은 수정 계열 보석 원석을 파는 상점이라는 뜻이지만, 단순히 보석을 판다기보다는 명상이나 기도 등 영적 치유와 관련된 용품들을 판매하는 상점을 말한다.

들이 자신의 '실제' 페르소나를 조각조각 디지털로 방송하던 레이건 시대 할리우드 우상숭배보다 더욱 방향감각을 잃고 그들의 전부를 안다고 느낀다. 인스타그램 캡션은 사랑하는 이가 보낸 편지처럼 읽히고, 카메라에 대고 녹화한 영상 게시물은 친구와 나누는 영상통화처럼 보인다. 텀블러, 틱톡, 인스타그램, 패트리온Patreon++ 등의 플랫폼을 통해 스타의 개인적 정보에 이전보다 월등히 쉽게 접근할 수 있는 주술적 과잉공유oversharing+++의 시대에는, 유사사회적 거리가 줄어들고 팬들은 그 어느 때보다도 스타와 연결되어 있다고 느낀다. 어쨌든 텔레비전과는 달리 테일러 스위프트가 실제로 당신의 인스타그램 댓글에 직접 반응할 가능성이 있긴 하니 말이다. 전능하신 성인이 신자의 기도……, 혹은 요구에 응답하는 것이다.

내셔널퍼블릭라디오National Public Radio, NPR++++의 음악기자 시드니 매든Sidney Madden은 다음과 같이 분석했다. "충분한 동기만 있으면 소셜미디어에 운집한 스탠들은 실제로 아티스트의 행보와 자신들에게 방해가 되는 누군가의 삶의 궤적을 바

++ 역주: 미국에서 만들어진 플랫폼으로, 창작자들이 제작한 콘텐츠를 구독하는 일종의 크라우드펀딩 시스템.

+++ 역주: 'overshare'는 '자신의 사적 정보를 지나치게 많이 드러내다'라는 의미가 있다.

++++ 역주: 미국의 공영 라디오 방송국.

꿀 수 있다. 이런 권력 역학의 변화가 …… [초래하는 것은] 진정한 예술적 비전보다 수행적 온라인 페르소나에 보상을 주는 피드백 순환구조다."[5]

현대 팬덤은 건강한 동경부터 병적인 집착에까지 이르는 스펙트럼을 이룬다. 스펙트럼의 건설적인 한쪽 끝은 초월적인 경험을 선사한다. 《버슬Bustle》 편집장 대니엘 콜린톰Danielle Colin-Thome은 주변화된 젊은 층의 삶에서 "힘을 심어 주는empowering, 그리고 때로는 심각한 문제를 일으키는" 스탠 문화의 역할에 관한 에세이에서 "텀블러 덕에 나는 위협적이지 않은 공간에서 다양한 사람들의 미세하게 다른 수많은 의견에 눈을 뜰 수 있었다"라고 말했다.[6] "팬덤은 …… 페미니즘, 인종, LGBTQ 재현과 같은 더 광범위한 주제에 관해 이야기할 수 있도록 하는 매개체였다." 그러나 교조적인 다른 쪽 끝은 우습게 볼 것이 아니다. 유명인 숭배에 관한 한 2014년 임상 조사에서는 고도의 스탠덤standom✢이 "신체 이미지에 대한 걱정 …… 성형 수술을 더 많이 받는 경향, 감각추구sensation-seeking, 인지적 경직성, 정체성 혼미identity diffusion✢✢, 대인관계 시 경계 조절 미숙" 등의 심리적 문제와 관련이 있다고 밝혔다.[7]

✢ 역주: 극성 팬덤을 이르는 신조어.

✢✢ 역주: 개인이 타인과 차별되는 정체성을 발달시키거나 구축하지 못한 단계를 이르는 심리학 용어. '정체감 혼미'로 번역되기도 한다.

이외에도 우울증, 불안, 해리, 자아도취 성향, 명예욕, 충동적 쇼핑 및 도박, 스토킹, 사회성 기능장애 수준의 과도한 공상(여기에는 '부적응적 몽상maladaptive daydreaming'이라는 공식 명칭이 붙었다), 중독, 범죄 등의 문제가 관찰되었다. 2005년의 연구는 중독 및 범죄 행위와 유명인 숭배 간의 연관성이 칼슘 섭취와 뼈 질량이나 납 노출과 어린이 IQ 간의 연관성보다 높다는 사실을 밝혀냈다.

《심리학, 범죄 및 법Psychology, Crime & Law》 저널에 발표된 이 2005년 연구에서는 유명인 숭배 스펙트럼을 네 단계로 나누었다.[8] 첫 번째는 "오락-사회적Entertainment-social" 단계로, "친구들과 가장 좋아하는 유명인이 한 행동에 관해 이야기하기를 좋아해." 같은 태도로 정의된다. 그다음은 "강렬한 개인적Intense Personal" 단계로, "가장 좋아하는 유명인에 관해 생각하고 싶지 않을 때조차도 자주 그가 떠올라." 같은 발언이 이 단계로 분류된다. 세 번째는 "경계선-병리적Borderline-Pathological" 단계인데, 망상("가장 좋아하는 유명인과 나 사이에는 우리만의 암호가 있어서 비밀리에 서로 소통할 수 있어."), 실현 불가능한 기대("만약 초대 없이 가장 좋아하는 유명인의 집 문으로 걸어 들어간다면, 그는 나를 만나게 되어 행복해할 거야."), 그리고 자기희생("나는 내가 가장 좋아하는 유명인의 목숨을 구하기 위해서라면 기꺼이 죽을 수 있어.") 같은 특징을 보인다. "해로운 모방Deleterious Imitation"이라고 명명된 네 번째 단계는 좋아하는 유명인을 위해 부도덕한 행동을 할 의지가 있는 스탠에 해당한다("만약 운이 좋아 가장 좋아하는 유명인을 만나게 된다면, 그리고 그가 불법적인 뭔가를 해 달라고 부탁한다면, 나는 아마 그렇게 할 거야.").

"그는 나를 꽤 멀리까지 밀어붙일 수 있다. 도덕적으로 말이다." 팝 문화 기자이자 에세이집 『이제 소녀들은 키스할 수 있다Girls Can Kiss Now』의 저자이며 굳건한 10년 차 테일러 스위프트 스탠인 질 거토위츠Jill Gutowitz는 말했다.[9] 거토위츠 자신도 동료 스위프티들의 손아귀에서 고통받은 경험이 있다. 한 번은 《벌처Vulture》에 테일러 스위프트의 앨범 《러버Lover》에 관해 유머러스한 비평을 게재했다가 트위터〔현 'X(엑스)'〕에서 온갖 독설의 늪에 빠지기도 했다.[10] 비평에서 거토위츠는 당시 스위프트의 애인이었던 배우 조 앨윈이 뮤즈가 되기에는 너무 밋밋하다고 장난삼아 놀렸다(정확한 표현은 다음과 같다. "앨윈은 플레인 귀리 우유 한 컵이다."). "사람들이 [그 일로] 내게 정말 화가 났다." 거토위츠가 회상했다. "여느 때처럼 스탠들이 우르르 달려와 집중 공격을 퍼부었다. 트위터에 쓴 내용 때문에 FBI가 문을 두드린 적도 있는데, 그래도 여전히…… 스위프티들이 달려들 때가 더 무섭다." 하지만 스탠 집단으로는 테일러 스위프트에 대한 거토위츠의 충성심을 꺾을 수 없었다. 어림도 없는 일이었다. 몇 주간 트위터에서 악의적인 독설에 시달리는 것은 테일러 스위프트를 칭송하는 특권을 누리려면 으레 치러야 하는 소소한 세금 같은 것이었다.

스타와 스탠 모두를 위태롭게 하는 유명인 후광효과가 힘을 발휘하면, 필멸의 존재는 땅 위로 너무나 높이 들어 올려져 군중이 더는 그의 인간성을 볼 수 없게 된다. 이쯤 되면 숭배 행위 자체가 중요해지며, 유명인은 그저 일종의 마스코트로 전락한다. 심각한 경우에는 집착이 극심해지다 못해 사랑과 증오 사이 연결선이 온통 뒤엉켜서, 꼬리 얽힌 쥐 떼 모습처럼 기괴한 카타르시스가 되어 버린다. 이는 북슬북슬한 새끼 고양이를 너무 꽉 끌어안아 머리가 터져 죽게 만드는 감정인 '귀여운 공격성cute aggression'과도 비슷하다. 2023년 테일러 스위프트의 라이브 투어 입장권이 티켓마스터+에 발매되고 한바탕 혼란이 빚어진 이후, 스탠들은 콘서트 입장 여부 문제를 훨씬 넘어서는 배반 행위를 비난하며 폭발했다. 에이미 롱은 이메일에 이렇게 썼다. "그 사람들은 마치 테일러가 자신들의 인권인 입장권을 보장하기 거부한 것처럼 행동했어요. 테일러가 이를 '보상하려면' …… 입장권을 주거나, 각자의 집에서 기타를 치며 노래를 불러 주는 방법밖에 없다는 식으로 끝도 없는 요구 사항을 늘어놨고요. …… [테일러는] 팬들에게 관심이 없는 사람이 아니고, 그런 생각은 테일러가 진짜로 가장 친한 친구라고 생각하는 것만큼이나 망상적인 생각이에요."

+ 역주: 미국의 입장권 판매 회사.

스탠들의 숭배를 받는 A급 스타 대부분은 팬들의 열광이 하루아침에 헌신에서 멸시로 변질되는 것을 경험한 적이 있다. 팬들과 프로시니엄 무대+만큼 거리를 유지하고 대체로 타블로이드식 논란을 피하며 철저하게 사적인 삶을 유지하는 비욘세조차 추종자들이 돌아서는 걸 막지 못했다. 비욘세의 열성적인 '베이하이브BeyHive'들은 조그마한 틈이라도 찾아내 '완전무결한 여왕'의 삶을 탐욕스럽게 엿보려고 애썼다. 2015년 비욘세가 〈굿모닝 아메리카〉에 등장해 비건이 되었다고 발표하기 전까지 말이다. 스탠들은 비욘세가 임신이나 (새로운 '형제'랄까?) 라이브 투어 소식 같은 '축복'을 내리리라고 예상했었다. 그들의 기대가 충족되지 못하자 스탠들은 비욘세의 소셜미디어 댓글 창을 햄버거와 닭 다리 이모티콘으로 뒤덮으며 무자비한 조롱을 잔뜩 퍼부었다.

이견의 여지는 있지만 2020년대 가장 악의에 찬 역학 관계는 영국 일렉트로팝 가수 찰리 XCX의 스탠들에게서 볼 수 있다. 찰리의 팬덤 종파에서 유독 열렬한 집단은 백인 동성애자 남성으로 이루어져 있는데, 이들의 열정은 잘 알려졌다시피 괴롭힘과 대상화로 변질되었다. 자신들의 디바를 사람보다는 동상으로 취급하는 '찰리의 천사들Charli's Angels'은 강압적

+ 역주: 가장 흔한 형태의 공연장으로, 객석과 무대가 벽이나 커튼 등으로 확연히 구분되는 무대. 원형 무대나 돌출 무대 등과 구별된다.

으로 사인을 받아 내거나 찰리가 알킬니트라이트++가 든 병, 관장기구, 한 스탠의 사망한 어머니를 화장한 재가 든 유리병 등 부적절한 물건을 들고 사진을 찍게 했다. 찰리의 톱 40 히트곡 중 마음에 들지 않는 곡을 악랄하게 깎아내리고 자신들의 요구에 맞추어 투어 공연 곡 목록을 변경하라고 압력을 가하기도 했다. 나는 스탠들이 새 앨범을 비극적인 '실패작'이라고 혹평하면서 같은 문장에서 찰리를 '여왕' '전설' '어머니'라고 칭하는 트윗들을 보았다. **"지금까지 나온 찰리의 싱글에는 별다른 감흥이 없지만, 찰리는 여전히 내 어머니 목록에 올라 있어."**

'어머니 목록.' 사망한 어머니의 유골. 유명인 스탠들이 흠모와 징벌 사이에서 폭풍처럼 오락가락하는 것은 실제로 어머니처럼 보살피는 행위와 연관이 있다. 2000년대 중반의 한 연구에서는 유명인을 스토킹하는 행위가 부모 자식 간 불안정한 애착 관계와 관련이 있다는 것을 밝혀냈다.[11] 홍콩에서 발표된 비슷한 조사에서는 중국 중학생 401명을 분석해 부모가 부재할 때 참여자가 유명인을 숭배하는 경향이 심해진다고 밝혔다.[12] 2020년과 2022년에 진행된 두 연구에서는 현실 생활에서의 활동과 가족구성원으로부터 발생하는 '긍정

++ 역주: 임시마약류로 지정된 신종 마약. '러시' '정글주스' 등으로 불리는 합성물에 포함되어 유통된다.

적 스트레스 요인'이 부족한 젊은 층의 경우 미디어에서 대리인을 찾아 집착할 가능성이 크다는 결론이 나왔다.[13] 이 중 2022년 연구에 따르면, 어린 시절의 고립 경험은 감정적 결핍을 초래할 수 있다.[14] 그렇게 되면 유명한 인물들을 완전무결한 성인과 불명예스러운 악마로 나누어 '가상 세계의 트라우마'에 더 집중하게 된다(심리학 문헌에서는 이를 '분열splitting'+이라고 부른다). 심리치료사 마크 엡스타인Mark Epstein은 "일상적 트라우마 때문에 우리는 쉽게 어머니를 잃은 아이처럼 느끼게 된다"라고 말했다.[15]

이렇게 보면, 수많은 테일러 스위프트 신봉자들이 스탠덤의 '경계선-병리적' 단계로 미끄러진다 한들 기함할 만한 일은 아니다. 스위프트의 다채로운 앨범은 각각 새로운 음악뿐 아니라 새 '시대'—푹 빠져들 만한 미감과 의례의 풍요로운 원천(자기 이름을 딴 데뷔 앨범의 소박한 순수함, 《레퓨테이션Reputation》의 핏빛 복수심, 《포크로어Folklore》의 향수 어린 판타지)—를 제시한다. 이로써 스위프트는 거대한 '어머니' 세계관을 구축했다. 부모에게서 필요한 만큼 지지와 인정을 받지 못하는 경우가 빈번한 퀴어 스탠들이 때로 자신의 팝 아이돌을 가장 질투한다는 사실도 이런 관점에서 이해될 수 있다.

+ 역주: 방어기제의 일종으로, 대상을 완전히 좋거나 완전히 나쁜 것만으로 구분하는 이분법적 사고를 말한다.

2023년《뉴요커》의 음악기자 어맨다 페트루식Amanda Petrusich은 테일러 스위프트의 수십억 달러짜리 '에라스 투어'에 관해 논평했다.[16] 이 성대한 파티를 분석하면서, 페트루식은 온라인에서는 "강력한 동시에 무시무시해" 보이는 스위프티들의 소유욕이, 그들을 직접 만났을 때는 전혀 다른 모습을 보였다고 말했다. 무지갯빛 시퀸과 엑스터시(마약 말고 감정 말이다)의 도가니에서, 페트루식은 스위프티들 간의 연대감을 보호하겠다고 섬망 상태에 빠져 버리는 누군가를 이해하게 되었다. 페트루식은 다음과 같이 썼다. "인간의 가장 기본적 즐거움인 공동체는 코로나19, 정치, 기술, 자본주의 등으로 섬멸되었다. …… 스위프트의 공연은 정해진 대로 완벽하게 진행되지만, 군중 속에서 일어나는 일들은 지저분하고, 야생적이며, 너그럽고, 아름답다". 온라인 만남의 장도 얼마든지 흥겨울 수 있지만, 실제에는 결코 미치지 못한다. 가상 공간에서 팬들 사이에 일어나는 상호작용이 너무도 잔인하고 환각적으로 변할 수 있는 것도 그래서다. 투어 중 찍은 사진을 연달아 올린 인스타그램 게시글에 스위프트는 캡션으로 "이번 투어가 내 인격 그 자체가 되었다"라고 적었다. 무대 안팎의 여러 페르소나를 뒤섞으며 수년을 보낸 나머지 스위프트 자신도 그 자신을 온전히 알지 못하는 지경이 된다면, 팬 한 사람이 어떻게 그의 전부를 알고 옹호하거나 비난할 수 있겠는가?

중국 10대 833명을 대상으로 한 2003년 조사에서는, 부모나 교사처럼 실제로 알고 지내며 자기 삶에 실질적인 도움을 줄 수 있는 사람을 '숭배한' 이들이 전반적으로 높은 자존감과 학업적 성취를 보였다.[17] 반면 팝 스타나 운동선수를 미화하는 행위는 반대의 결과, 즉 낮은 자신감과 취약한 자기 인식을 낳았다. 이러한 결과는 유명인 숭배의 '융합-중독 모델absorption-addiction model'을 뒷받침한다. 이 모델에 따르면 스탠은 실제 삶의 결핍을 충족하기 위해 유사사회적 관계를 추구하지만, 스탠덤을 통해 개인의 정체성을 구축하려 시도하는 과정에서 오히려 자기 자신을 잃고 만다. 현대인의 정신이 영양실조에 시달리면, 그 정신은 때로 양분이라곤 없는 기묘한 곳에서 허기를 달래려 애쓴다.

숭배는 사적 측면과 공적 측면 모두에서 인간성을 빼앗아 간다. 신으로 떠받들어지는 것은 그리 황송한 일이 아니다. 이런 역학은 한 개인이 복합적인 모습을 보이고 실수할 수 있는 여지를 몰살하며, 결국 모두를 고통스럽게 한다. 평범한 인간의 말을 마치 성경 구절처럼 과도하게 분석하다가 그 해석이 그릇되었음을 알게 되면 십자군전쟁이 발발할 수도 있다. 자신의 영웅에게 배신당했다고 느끼면 스탠들은 흔히 반란을 일으킨다. 그리고 처벌은 공평하게 내려지지 않는다. 거의 예외 없이 여성 스타들, 즉 '어머니들'은 극히 사소한 잘못만 저질러도 가장 혹독한 방법으로 속죄해야 한다. 또한, 상대적으로 주변화된 여성 유명인일수록 사람들은 덜 너그러워진다. 만약 비욘세가 아니라 테일러 스위프트가 〈굿모닝 아메리카〉에 나와 새로운 '비건의 시대'를 선포했더라도 스탠들이 과연 그처럼 냉혹하게 굴었을까? 캐나다 정치 칼럼니스트 사브리나 마도Sabrina Madeaux가 2016년에 쓴 것처럼, "대중이 숭배하는 동시에 혐오하는 대상인 여성들은, 희생양이자 악당이 된다".[18]

퀴어 음악기자들은 일부 동성애자 남성 소비자들이 여성 팝 아이콘과 맺는 관계의 저변에 깔린 악의적인 여성혐오에 주목했다. 여성성을 드러내기 쉽지 않았던 팬들에게 여성 아티스트들은 오랫동안 일종의 대변인이 되어 주었다. 그런데 밈 문화와 트위터상의 공격적인 태도로 인해 이런 대우는 훨씬 폄하적인 색을 띠게 되었다. 퀴어 연예비평가 재러드 리처즈Jared Richards는 "이전에는 여성들의 목소리가 마치 우리 자신의 것인 양 복화술로 이야기하는 데 그쳤다. 이제는 우리 목소리가 그들의 목소리를 덮어 버렸다"라고 말했다.[19]

이런 측면에서도 가족 안에서 어머니를 향한 내 태도는 과격한 유명인 숭배자들과 크게 다르지 않았다. 자라면서 부모님 중 한 사람이 인간적인 결점을 조금이라도 드러낼 때면 언제나 어머니에게 갑절로 격한 감정을 느꼈다. 어머니가 더 높고 좁은 동상 받침대에 올라 있었으니 추락하는 길이 더 긴 것은 당연한 일이었다. 고등학교를 졸업하기 몇 년 전, 지저분한 말싸움 도중 어머니를 "항상 지독히도 냉담하게 군다"라고 비난한(맙소사) 뒤부터 어머니는 이메일로 긴 편지를 보내기 시작했다. 어머니는 마치 펜팔처럼 몇 달간 내가 태어나기 전의 당신 삶에 관한 일련의 고백적 회고를 나누어 주었다. 이전까지는 늘 털어놓기 불편해하던 이야기들이었다. 대부분 강렬한 연애담이었던 이 이야기들은, 내가 할 말은 아니지만, 어머니를 매우 인간적으로 느껴지게 했다. 어머니의 후광이 사라지지는 않았어도 그 주변이 조금 더 밝아져 맥락을 또렷이 볼 수 있었다. 어머니를 여러 차원에서 이해하게 되자 압박감이 조금은 사라졌다. 시간과 소통과 공감 덕에 데니스와 나는 서로를 좀 더 온전하게 바라볼 수 있었다.

스탠들은 유명인 여성들을 마치 어머니처럼 극심히 존경하고 또 비난하지만, 이 관계는 유사사회적인 만큼 스탠들을 결코 진정으로 배부르게 할 수 없다. 더 귀에 감기는 싱글과 더 진보적인 정치적 견해, 수년간의 충성심 덕에 얻은 콘서트 입장권에 대한 보상을 요구할 수는 있다. 그러나 뭐가 됐든, 본질적으로 거리감 있는 공적인 대답이 숭배와 폐위의 순환을 끊을 수 있을 만큼 충분히 만족스러울지는 의심스럽다.

우리는 당연히 우리의 영웅이 조금은 우리와 비슷하기를 바란다. 미세하게 인간적이기를 바라는 것이다. 팝 스타가 자기 노래 첫 소절을 깜박해서 다시 시작해야 할 때. 대통령이 몰래 숨어서 담배를 피울 때. 휴가 중에 어머니가 알딸딸해졌을 때. 불완전함이라는 고명은 초콜릿 칩 쿠키 위의 소금 조각처럼 스타들의 성스러움을 한층 더 두드러지게 한다. 그러나 동상처럼 숭상받는 사람들이 온전히 인간적인 면모를 보이면 우리는 때때로 당장이라도 죽을 것처럼 군다.

지난봄 한 영국 소설가와 점심을 먹으며 서로의 유년 시절을 비교하던 중, 그가 '충분히 괜찮은 어머니good enough mother'라는 개념을 언급했다. 영국 소아청소년과 의사이자 정신분석가 도널드 위니컷Donald Winnicott이 1953년 어머니가 감당할 수 있는 수준으로 아이들을 실망하게 하는 게 아이들에게 더 도움이 된다는 사실을 발견하고 만든 용어다.[20] 임상 사회복지사이자 『당신은 뭣 같은 부모가 아니다You Are Not a Sh*tty Parent』의 저자 칼라 나움버그Carla Naumburg는 다음과 같이 설명했다.[21] "설령 완벽한 어머니가 되는 게 가능하다고 하더라도, 그 결과는 아주 작은 실망감도 견디지 못하는 예민하고 취약한 아이가 될 것이다. 충분히 괜찮기만 하다면, 우리 대부분이 그러리라고 생각하는데, 우리는 대체로 옳은 선택을 하고, 가끔 틀린 선택을 한다." 그렇다면 자신의 우상을 흠결 없는 어머니의 형상으로 덧칠하는 스탠은 취약할 수밖에 없다. 우리의 예술적 우상들이 **충분히 괜찮기만** 해도 되지 않을까.

동물의 왕국 한편에서는 어미가 자기 새끼를 잡아먹는 동족포식이 일어난다. 그러나 일부 곤충, 거미, 전갈, 선충에게서는 새끼가 자기 어미를 잡아먹는 모체포식matriphagy도 발견된다. 어미 게거미crab spider는 새끼들에게 수정되지 않은 알을 먹이로 내어놓지만, 이것만으로는 충분하지 않다. 몇 주가 지나면 새끼 거미들은 어미마저 먹어 치운다. 다음 세대를 위한 희생이다. 어미를 잡아먹은 새끼 거미는 그렇지 않은 새끼 거미보다 체중과 생존 확률 면에서 유리하다. 《롤링스톤》은 2022년을 '식인의 해The Year of the Cannibal'라고 칭했다.[22] 할리우드는 식인을 주제로 한 미디어를 넘치도록 생산했다. 훌루의 〈프레시Fresh〉, 쇼타임의 〈옐로재킷Yellowjackets〉,[+] 넷플릭스의 〈다머—괴물: 제프리 다머 이야기Monster: The Jeffrey Dahmer Story〉, 루카 구아다니노 감독의 영화 〈본즈 앤 올Bones and All〉까지. 우리는 거미들처럼 분명 뭔가에 굶주려 있었다. 연결과 보호, 자아selfhood와 길잡이, 그러니까 요컨대 가장 인간적인 영양분에 말이다. 우리는 게걸스러웠다. 굶주림을 주체할 수 없는 이들도 있었다. 그러나 유명인 모체포식은 결코 충분할 수 없었고, 그 누구도 튼튼해지지 않았다. 스타들은 어머니가 아니므로. 그들은 픽셀과 부적응적 몽상으로 이루어졌다. 새끼 거미들은 어미 거미의 다리를 하나하나 먹어 치운 뒤에도 결코 배부르지 못했다.

+ 역주: 훌루Hulu는 미국의 구독제 미디어 스트리밍 서비스, 쇼타임Showtime은 미국의 케이블 방송사다.

장담하건대 이거 내가 현실화한 거야

02

비례 편향에 관하여

나는 한때 음모론자였다. 지금도 가끔은 그렇다. 나를 표적으로 삼은 우주의 계획 말고는 이 극심한 불안을 합리적으로 설명할 다른 방도가 없는 것처럼 느껴졌던 질풍노도 청소년기 10년 동안, 실질적으로 내 삶의 구호는 '우주가 날 괴롭히려고 작정했다'였다. 당신을 망치거나…… 당신을 구원하겠다는 계획을 세워 둔 정체 모를 강력한 힘이 있다는 직감이야말로 음모론 그 자체가 아니겠는가? 거대한 사건(과 거대한 감정)에는 마찬가지로 거대한 원인이 있기를 바라는 심리적 갈망은 본능이다. 이를 **비례 편향**proportionality bias이라고 부른다. 행동경제학자들은 이런 경향이 큐어넌QAnon+과 같은 극단적 음모론을 작동하게 하는 원동력이라고 보는데, 사실 비례 편향은 가장 이성적인 정신도 속여 인과관계를 과대평가하게 만든다. 인스타그램에서 '현실화 박사The Manifestation Doctor'가 그토록 인기를 얻게 된 것도 비례 편향 때문이다. 현실화야말로 2020년대 음모론을 통틀어 가장 교활한 음모론일 것이다.

"만약 **힐링**을 짧은 어구 하나로 요약할 수 있다면, 그 어구는 무엇일까요?" 온라인상에서 @TheManifestationDoctor[++]로 알려진, 유명한 사이비 심리치료사가 묻는다. 그가 머리에 두른 홀치기염색 스카프는 생 캐슈너트 색 피부와 대조를 이룬다. 보스턴 블루칼라 계층 억양이 뚜렷하고 무대를 두려워하는 것 같은 그 목소리는 방금 티베트에서 돌아온 듯한 자아실현 게시물과 어울리지 않지만, 완벽하지 않은 평범한 여성을 완벽하게 꾸며 낸 이 모습이야말로 그가 지닌 매력의 일부다. 한때 공인받은 심리학자였던 그는 지난 2년 사이에 '전체론적holistic 정신 건강 인플루언서'로 변신해, 치료에 관심은 있지만 전통적 치료법에 접근할 수 없는, 혹은 그런 치료법을 원하지 않는 팔로워들에게 한눈에 보기 쉬운 인스타그램 게시물로 "그림자 작업Shadow Work"이나 "어머니 자궁

+ 역주: 미국에서 시작된 극우 음모론 집단. 이들의 세계관에는, 정·재계 엘리트들로 구성된 소위 '딥 스테이트deep state'가 세계를 장악하고 있다, 사탄을 숭배한다, 아동 성매매 조직을 운영한다 등 여러 음모론이 혼재되어 있다.

++ 이 명칭을 포함해 이 장에 언급되는 이름, 장소, 식별할 수 있는 세부 사항 등은 여럿 수정되었다. 정말이지, 이미 쓰이고 있지 않으면서 어렴풋이 알아차릴 수 있는 새 인스타그램 아이디를 생각해 내는 것은 이 책을 쓸 때 가장 큰 창의력을 요구하는 어려운 과제 중 하나였다.

Mother Wound"에 관해 배우고 "약물 없이 신경계를 조절하는 방법"을 깨칠 기회를 선사했다. 최근에는 최첨단 오디오 장비 앞에 자리 잡고 백만불짜리 신작 자기계발서 『자기 치유의 기술: 트라우마를 해소하고 새로운 당신을 현실화하라』 발매 행사를 화상 라이브로 진행하고 있다. 2021년 방송 당시, 그의 온라인 팔로워 수는 400만 명으로 솟구쳤다. 그가 자기 질문에 스스로 답한다. "저를 얼마간 팔로우한 분들이라면 이미 100만 번은 들으셨을 어구를 말씀드릴게요. **홀리스틱 셀프 임파워먼트**(전체론적 자기 역량 강화)입니다."

내가 개인적으로 팔로우하는 계정들 가운데서 정확하게 117개가 @TheManifestationDoctor를 팔로우하고 있다. 옛 동료와 동창, 널리 알려진 활동가와 작가 들, 내가 오늘 아침 이를 닦으며 들은 노래를 만든 싱어송라이터, 가장 좋아하는 동네 바리스타 등이다. 나는 해당 계정을 팔로우하지 않지만—적어도 공개 계정으로는 말이다—예전 반려동물 이름과 전에 살았던 거리 이름을 조합해 포르노 스타 예명처럼 만든 가짜 프로필로 약 1년간 계정을 감시해 왔다. 코로나19 발생 이후 현실화 박사가 얼마나 큰 인기를 얻었는지, 그 놀라운 변신을 보고도 믿을 수가 없었다. 매사추세츠주 공인 면허가 만료된 채 오랫동안 손 놓은 심리치료사에서, 닥터 필Dr.Phil***에 버금가는 진정한 스타로 떠올라서는 바닷가 저택에 살고 있으니 말이다. 의심할 여지 없이 인상적인 사업 전환이었다. 다만 나는 인터넷상의 수백만 낯선 이에게 심리영성psychospirituality을 마케팅하는 일이 그토록 큰 사업이 된다는 사실 자체가 불안하다. 현실화 박사는 내가 이번 장을 쓰면서 참고한 다른 심리치료사들이라면 함부로 공공연히 발언하지 않을 절대주의적 잠언을 포춘쿠키 속 충고처럼 남발한다. "과하게 비위를 맞추는 행위는 무의식적인 조종이다." "갈등에 대한 어린 시절의 두려움이 해소되지 않아서 그 트라우마 반응으로 자기 자신을 과도하게 설명하는 것이다." "질병은 가족 간 유전되지 않는다, 유전되는 건 습관이다." 이런 발언들은 소화하기 쉬운 지혜의 설탕 조각처럼 보이지만, 잘나가는 심신 건강 전문가가 대량으로 퍼뜨렸다간 이미 자신의 정신 상태를 불안해하는 팔로워들의 걱정을 악화시킬 수 있다. "그렇게 단적으로는 잘 이야기하지 않으려 하죠." 일리노이주 공인 심리학자 에런 와이너Aaron Weiner 박사는 2021년 중반 전화 통화 중에 설명했다.

현실화 박사의 성장세는 독보적이지만, 그 내용은 그렇지 않다. 박사의 메시지는 음모론의 기본 조건을 속속들이 충족

✣✣✣ 역주: '닥터 필'로 알려진 필 맥그로 박사Dr. Phil Mcgraw는 저술가이자 〈닥터 필〉이라는 방송 진행자다. 임상심리학 박사를 취득한 뒤 심리치료, 자조 세미나, 법률 컨설팅 등 다양한 사업에 참여했으며 이후 오프라 윈프리의 지원으로 방송을 시작했다. 〈닥터 필〉에서는 마약 중독이나 가정불화 등 문제를 겪는 시청자들에게 조언과 상담을 제공한다.

한다. 그 바탕이 되는 논거는 현대 정신 건강 위기에 맞게 각색된 고전적인 선악 이야기로, 전통적인 치료법과 약 들이 사람들을 계속 아프게 하지만 여기에서 벗어나 스스로 치유를 할 수 있다는 내용이다. 그저 우주가 당신을 굽어살피게 하는 법을 배우기만 하면 된다. 아픈가? 가난한가? 최선의 삶을 살고 있지 못한가? 그렇다고 당신의 못된 상사나 착취적인 전 연인을 탓하지는 말라. 그것은 피해자나 하는 일이다. 고혈을 빨아먹는 상류층을 탓하지 말라, 그것은 **실제** 음모론자들이나 하는 짓이니까. 그 대신 해결되지 않은 어린 시절의 트라우마를 탓하라. 그러고 나서 이 '자기 역량 강화 사이클'에 등록해, 전통적인 치료 비용에 비교하면 새 발의 피인 월 26달러로 당신에게 걸맞은 삶을 현실화하는 법을 배우라.

이런 내용은 현실화 박사뿐 아니라 2020년대 초 시장으로 물밀듯 몰려든 뉴에이지 정신 건강 유명 인사 전부가 기본적으로 주창하는 바다. 국민의 심리 상태가 집단으로 급격히 악화하고 정신 건강 담론이 증가하면서 이전까지는 심리치료에 전혀 관심이 없던 사람들마저도 자신의 불안을 과민하게 인식하기 시작했다. 퓨리서치센터의 자료에 따르면 2020년 3월에서 2022년 9월까지의 기간에 18세에서 29세까지의 성인 중 58퍼센트가 높은 수준의 심리적 고통을 경험했다.[1] 그러나 전국의 공인 상담사들은 너무 비싸거나 이미 예약이 차고 넘쳐 새로운 환자를 받을 수 없었고, 환자들은 서류 작업이 덜 필요한 해결책을 찾아 나섰다. 《뉴욕타임스》는 2022년 틱톡에서 자신의 정신 질환을 자가 오진하는 10대 청소년 문제가 심각하다고 발표했다.[2] 미국인의 삶은 심리적으로 크나큰 혼란에 빠졌고, 극단적 편집증이 일반적인 통념으로 통용되기에 이르렀다. 2020년 7월, 퓨리서치센터는 진보와 보수를 막론하고 20퍼센트의 미국인이 코로나19가 적어도 부분적으로는, 의도적으로 조작되었다고 의심한다는 결과를 발표했다.[3] NPR·입소스Ipsos 여론조사에서는 응답자의 17퍼센트가 "사탄을 숭배하고 아동 성 착취 조직을 운영하는 엘리트층이 정치와 언론을 통제하려 한다"라는 큐어넌의 주장을 믿으며, 다른 37퍼센트는 그런 미신이 사실인지 아닌지 "모르겠다"라고 대답했다고 밝혔다.[4] '음모론conspiracy theory'과 '영성spirituality'의 혼성어인 '컨스피리추얼리티conspirituality'라는 용어는 소수가 사용하는 학문적 용어를 넘어서 잡지 사설과 인기 있는 팟캐스트에서 흔히 논의되는 주제로 자리 잡았다. 2021년 1월 6일, 몸에 이교도적인 무늬를 그리고 뿔이 달린 머리 장식을 쓴 '큐어넌 샤먼'+이 미국 국회의사당에 침입해 대서특필되었다. 그리고 갑자기, 손으로 염색한 튜닉을 걸친 젊은 어머니들이 홀로코스트 부정론자들과 어깨를 맞대고—

+ 역주: 본명은 제이컵 앤서니 챈슬리Jacob Anthony Chansley로, 미국 의사당 난입 사건으로 기소되어 41개월 복역했다.

정부의 전체주의적 음모에서 벗어난 '패러다임 전환'을 이룩하고자 한데 뭉쳐 싸우고—행진하는, 한때는 불가해했을 장면이 전형적인 모습으로 받아들여지게 되었다. 우리의 새로운 현실이 된 것이다.

현실화 박사가 명성을 얻을 즈음에는 치명적인 전염병과 같은 위험으로부터 우리를 보호해야 마땅할 미국 의료 시스템에 대한 신뢰가 철저하게 무너졌고, 수많은 시민이 전통적인 정신과 의사조차 찾지 않게 되었다. 사람들은 관공서의 기나긴 줄과 보험 정책, 2000달러짜리 양복을 빼입은 우유부단한 고위급 의료 자문단에 질려 버렸다. 대신 이들은 자신과 같은 언어를 구사하고, 비용 없이 휴대전화로 접근할 수 있으며, 사람마다 다른 여러 작은 이유가 무작위로 뭉쳐 기분이 엉망이고 세상이 숨 막히게 느껴지는 게 아니라 목적이 분명한 단 하나의 거대한 원인이 있다고 특별한 용어로 설명해주는 친숙한 포퓰리스트를 원했다. 소비자들은 새끼 캥거루라도 된 듯 이 인플루언서 무리에게 매달렸다. 이들이 정의한 '해결되지 않은 트라우마'는 팔로워들이 느끼는 무지막지한 불안에 합당한 원인처럼 보였다.

일반적으로 '음모론자'라는 단어를 들었을 때 출판 계약을 맺은 인기 만점 상담사나 유명인 팬들의 모습이 떠오르지는 않는다. 나는 최근까지도 음모론자는 틀림없이 쥐꼬리처럼 뒷머리를 늘어뜨리고 UFO에 집착하는 인셀*이거나 에센

셜 오일을 자기 성격의 일부로 여기고 백신을 맞으면 동성애자가 된다고 생각하는 페이스북 중독자 카렌++이리라고 여겼다. 무릇 음모론자라면 친구도 직장도 없고, 아이비리그 학위나 수백만 팔로워, 대규모 출판 계약과는 더더욱 거리가 멀지 않겠느냐는 생각이었다. 이들은 포챈4chan+++에 모여, 달 착륙이 조작되었고, 9·11 테러는 내부 소행이었으며, 기후 변화는 사기극이고, CIA가 J. F. 케네디를 살해했고, 영국 왕실이 다이애나 왕세자빈을 살해했고, 에이브릴 라빈은 사망했고, 스티브 잡스는 살아 있고, 케이티 페리는 사실 성인이 된 존베네 램지JonBenét Ramsey++++라는 '증거'를 교환하며 일상을 보낸다. 또 이들은, 지구는 평평하고 빌 게이츠는 사탄 숭배자이며 과학자들은 세뇌당한 도마뱀이기 때문에 자신들의 '이론'+++++을 반증하는 연구는 설득력이 없다고 굳게 믿는다.

물론 이것들은 극단적인 예시다. 하지만 정치적 성향과

+ 역주: 'Incel'은 '비자발적 독신Involuntary Celibate'의 약어로, 성적 · 낭만적 관계나 결혼을 원하지만 상대로 선택받지 못해 그런 관계를 맺지 못하는 남성들을, 혹은 그 남성들의 커뮤니티를 일컫는 말이다.

++ 역주: 'Karen'은 영어권 여성 인명으로, 특권의식을 지니고 과도하게 자신의 권리를 주장하는 백인 중산층 중년 여성 형상을 일컫는 신조어다.

+++ 역주: 미국의 이미지 보드 웹사이트. 주제에 따라 나뉜 게시판에 익명으로 이미지를 게시하는 방식으로 운영되며, 널리 이용되는 여러 인터넷 밈의 원출처이기도 하다. 부적절한 콘텐츠와 극우 성향 등으로 여러 논란을 빚고 있다.

++++ 역주: 여러 어린이 미인대회에서 우승한 뒤 여섯 살 나이로 살해당한 미국 아동. 사건은 미제로 남았다.

관계없이 음모론은 상황이 혼란스럽게 돌아갈 때 만족스러운 설명을 제공하는 '센스메이킹sense-making'++++++ 서사라고 정의할 수 있다. 전염병 범유행부터 재정 붕괴, 갑작스러운 우울증까지, 세계적일 수도 개인적일 수도 있는 다양한 상황이 존재한다. 2019년, 한 영국 보고서에서는 비례 편향에 관한 최근 문헌을 검토한 뒤 "중대한 사건에 관한 사소하고 평범한 설명"(예를 들어, 다이애나 왕세자빈이 사망한 것은 리무진 기사가 술에 취한 채 파파라치를 피해 속도를 냈기 때문이다)보다 더욱 극적인 설명(영국 왕실이 왕세자빈을 살해했다)이 일반적으로 더 만족스럽다고 설명했다.[5] 인간의 마음은 미적인 측면에서와 마찬가지로 정신적으로도 조화로운 비율을 선호한다. 황금비율을 지닌 얼굴이나 삼분할 법칙+++++++을 따라 찍은 사진처럼 말이다. 중대한 결과에 극적인 기원이 있다는 이야기—당연히 '제약계가 암 완치제를 은닉하고 있다' 같은 부정적인 서사도 있지만, '나는 내 성공을 현실화했다' 같은 긍정적인

+++++ 나는 언제나 **음모**'론'이라는 용어가 과분하다고 생각해 왔다. 특수상대성 이론은 이론이다. 빅뱅도 이론이다. 외계인이 스톤헨지 건설을 도왔다고? 이건 '이론'이 아니다.

++++++ 역주: 직역하면 '의미를 만드는' '말이 되게 하는'이라는 의미로, 명확하게 정의된 바는 없으나 보통 자신의 지식이나 경험, 문화적 맥락 등을 바탕으로 상황에 의미를 부여함으로써 이해하려는 과정을 말한다.

+++++++ 역주: 사진의 기본구도 원칙 중 하나. 사진을 가로와 세로로 삼등분한 뒤 주요 피사체를 중앙이 아니라 삼등분선 교차점에 배치하는 것.

서사도 있다—를 만들어 낸 적이 있는 사람이라면, 그 안에는 일말의 음모론자가 숨어 있는 것이다.

자연선택은 편집증적인 사고방식을 강화했다. 두뇌는 생존을 위해, 숨은 위험과 악의적인 목적으로 가득한 환경에 맞게 진화했다. 뒤죽박죽 세상에서 의미 있는 패턴을 읽어 내는 것은 인간만의 강점이 되었지만, 때로 우리는 거기서 멈추지 않는다. 기존 세계관에 맞아떨어지기만 하면 누구나 지나치게 단순한 인과관계를 결론으로 삼을 수 있다. 큐어넌 지지자들에게 '엘리트'층이 은밀히 어린이 인신매매에 가담한다는 믿음을 만들어 준 바로 그 편향 때문에, 세간의 이목이 쏠린 범죄 사건에서 검사는 재빠르게 화려한 유죄판결을 유도해 내 비난을 퍼부을 단 하나의 슈퍼악당을 원하는 대중의 욕구를 충족시킨다. 널리 알려진 어맨다 녹스Amanda Knox 사건이 떠오른다. 2007년, 시애틀 태생인 스무 살 어맨다는 이탈리아 페루자에서 교환학생으로 유학 중이었다. 그때 룸메이트가 살해당했고, 녹스는 증거가 절대적으로 불충분했음에도 아주 신속하고 시끌벅적하게 유죄판결을 받았다('악마적인' '섹스에 미친' '얼음장 같은 눈'의 살인자라는 꼬리표가 붙은 채 말이다). 녹스는 2011년 무죄판결을 받고 풀려났지만, 충격적일 정도로 많은 유럽인이 여전히 그가 유죄라고 확신한다. 커다란 비극, 커다란 푸른 눈, 커다란 언론 보도, 커다란 처벌. 그의 운명은 그저 비례에 따른 것이었다.

더 개인적인 수준에서 보면 비례 편향은 일상에서 매일같이 드러난다. 한 지인은 비행기에 오를 때마다 매번 같은 주문을 외운다고 말했다. 진심으로 기도를 믿는 것은 아니지만, 기도가 그를 안전하게 지켜 줄지 말지를 시험하면서까지 의식을 거를 이유가 전혀 없기 때문이다. 조앤 디디온은 남편이 사망한 뒤 그의 신발을 내버리기를 거부했다. 신발이 제자리에 있으면 남편이 돌아올지도 모른다고 영적으로 믿었기 때문이다. 내가 스스로를 미신적인 사람이라고 생각하지는 않지만, 나는 뜻밖의 행운이 찾아올 때마다 자연스레 그 뒤에 숨은 영적인 근거를 찾으려 드는 버릇이 있다. 주머니에서 20달러를 발견하거나 오늘 아침 커피숍에서 서비스로 공짜 에클레어[+]를 받은 유일한 '이유'는 러시아워에 커피숍으로 향하다가 누군가 새치기하도록 내버려 둔 덕분이라는 듯이. 거의 모든 상황에서 우리는 목적이 뚜렷한 어떤 힘을 찾아 고통의 원인으로 탓하거나 성공의 원인으로 돌리지 않고는 견디지 못한다. 결과가 거대할수록, 우리는 원인도 그만큼 거대하기를 갈망한다.

편집증은 수익성이 좋다. 우리 정부가 사악한 지하 세뇌 연구소를 운영한다는 믿음은 사람들 대부분이 좀 억지라고

[+] 역주: 프랑스에서 유래한 간식용 페이스트리 과자.

생각하겠지만, 병든 두뇌 때문에 건강을 잃고 계좌 잔액이 줄어들게 된다고 주장하면 회사 하나쯤은 거뜬히 세울 수 있다. 2020년대 초 정신 건강 위기가 닥치자 수백 개의 '전체론적' 웰니스 브랜드는 비례 편향을 손아귀에 틀어쥐었다. 코로나19 격리 제재 시기, 작품을 찾지 못해 고생하는 배우에서 '신경 현실화 조언자Neural Manifestation Adviser'로 변신한 레이시 필립스Lacy Phillips가 이끄는 자조 프로그램 '투 비 마그네틱(자성을 갖는 법)'에 가입한 가까운 친구가 하나 있었다. 상담사 공인 자격은 하나도 없으나 챙 넓은 모자는 잔뜩 있는 필립스는 자신의 전문 분야가 "깊은 상상"을 통해 "잠재의식의 자기 파괴"를 "해소"하는 것이라고 주장하며, 추종자들은 "자신이 진정으로 욕망하는 것에 일치되기 위해 오랜 기억들을 재프로그래밍"하는 법을 배운다. 나는 2022년 소울사이클SoulCycle+ 창립자들이 시작한 사업인 "치유하지만, 치료법은 아닌"[6] 피플후드Peoplehood에 대해서도 알게 되었다. 참가자들은 밤샘 파티와 AA++ 모임을 결합한 듯한 자리에 모여 지나치게 솔직

+ 역주: 2006년 미국에서 설립된 스피닝 피트니스 브랜드로, 실내 자전거를 이용한 고강도 운동을 그룹식으로 진행한다. 동기를 부여하고 에너지를 북돋는 코치들의 극적인 멘트로 널리 알려져 있으며, 운동에 명상, 자기계발이 결합되어 컬트적 성격이 강하다. 자세한 내용은 저자의 전작 『컬티시』를 참조할 것.

++ 역주: '익명의 알코올중독자들Alcoholics Anonymous'은 미국에서 시작되어 국제적으로 확산한 모임으로, 주로 참가자들이 모여 집단으로 이야기를 나누는 활동으로 이루어진다.

한 이야기를 나눈다. '모음gathers'이라고 불리는 60분짜리 말하기 시간 동안 일면식도 없던 사람들끼리 가장 깊은 두려움과 원대한 목표를 털어놓는 과정이다. 이들을 감독하는 것은 면허가 있는 상담사가 아니라 고용된 연기자들로, 《뉴욕타임스》는 이들을 "카리스마 폭탄"이라고 묘사하기도 했다. 피플후드가 만들어진 그해, 디스코드+++에서는 NFT 기반의 배타적인 예술가 공동체 문코Munko가 출범했다(이 얼마나 놀라운 시대인가). 논쟁적인 예술가 데이비드 최David Choe가 설립하고 운영하는 문코는 대부분 남성인 헌신적 청중들에게 가장 부끄러운 실패를 "털어내고" 최의 짤막한 조언을 활용해 스스로를 치유하고 중독과 자기혐오를 극복하라고 손짓했다. 한편 뉴에이지 세상의 다른 한쪽에서는, 제이 셰티Jay Shetty나 개브리엘 번스틴Gabrielle Bernstein 등 영감이 넘치는 인생 코치들이 자신의 컬트 추종자 집단을 멀티미디어 제국으로 탈바꿈시키고 있었다. 번스틴은 연극 학사학위와 오프라의 지지에 힘입어 《뉴욕타임스》 베스트셀러 『우주는 당신 편이다The Universe Has Your Back』를 집필하고 "천사와 대화하는 법"이나 "현실화 대가"가 되는 법에 관한 팟캐스트를 제작했다. 그리고 '남성 걸

+++ 역주: 2015년 출시된 메신저 애플리케이션으로, 음성, 영상, 텍스트 송수신 및 화면 공유 등 다양한 서비스를 지원한다. 게이머들의 소통 플랫폼으로 출발했으나 점점 더 다양한 관심사를 가진 이들이 커뮤니티 형성을 위해 이용하고 있다.

보스girlboss[+]'라는 표현 외에 달리 묘사할 방법이 떠오르지 않는 셰티는 블록버스터급 자기계발서 『수도자처럼 생각하기 Think Like a Monk』를 집필하고(그 자신이 수도자는 아니지만 말이다) 홈페이지 JayShetty.Me에서 자신의 목표는 "지혜를 널리 퍼뜨리는 것"이라고 말했다.

이들은 청중을 찾아낸 현대 정신 건강 인플루언서 중 극히 일부일 뿐이다. 수없이 많은 지망생은 말할 것도 없다. 이번 장을 쓰다가 내 주장이 말이 되긴 하는 건지 불안한 마음에 안절부절 인스타그램 알림창을 확인하던 중 @priestess_naomi_라는 계정이 남긴 댓글을 발견했다. 프로필사진 속에는 구불거리는 금발 연장 머리에 인조 다이아몬드 빈디[++]를 붙인 백인 여성이 있었다. 인스타그램 소개 문구는 다음과 같았다. "치유자, 순수 바이오에너지 치료사, 소울메이트 및 쌍둥이 불꽃[+++] 전문가, 영성 코치, 한 아이의 어머니, 빛의 딸." 그 여사제priestess가 남긴 댓글은 이러했다. "당신에게서 영광과 축복이 보입니다. 태어난 바로 그 순간부터 위대함이라는

[+] 역주: 자수성가한 성공한 여성 사업가를 부르는 말이었으나 최근에는 다른 사람을 희생시키면서까지 자신의 성공을 추구하는 여성이라는 의미로 자주 쓰인다.

[++] 역주: 인도의 종교의식에서 유래한, 이마 가운데나 미간 조금 위에 점을 찍듯 붙이는 보석 장식.

[+++] 역주: 'twin flame'은 전생에 하나였던 영혼이 둘로 쪼개서 태어난 두 사람을 말하는 오컬트 용어다.

운명을 타고났네요. 중요한 메시지가 있지만 계속 진행하기 위해서는 우선 진솔한 허락이 필요한데 조상들께서 몇 가지 표지를 드러내 당신에게 닿으려 애쓰고 계시기 때문입니다. 어쩌면 꿈을 통해서나 자주 보게 되는 반복되는 숫자를 통해서요(222, 4:44. 1111, 15:15)……. 당신 목과 천골 에너지가 막혀 있는 것도 보이네요. 그러니 이 메시지를 받으면 부디 오른손바닥 사진을 찍어 회신해 주세요. 소중한 사람이여, 메시지가 궁금하다면 언제든 저를 찾으세요. 나마스테." 때때로 어떤 아이디어를 가지고 죽을 만큼 고민하다 보면, 내가 결국 미쳐 버렸고 더는 할 말이 없다는 생각이 피어오르기 시작한다. 여사제 나오미가 단 이 댓글은 계속 글을 쓰라고 '우주가 보낸 표지'나 다름없었다. 그저 인스타그램을 열고 댓글을 발견하기만 하면 되는 거였다.

남성의 음모론 취향은 보통 UFO나 사탄 비밀결사로 향하지만, 교육받은 여성들은 그 누구보다도 달빛 샤워, 크리스털 힐링, 끌어당김의 법칙++++을 비롯한 현실화 기술 등 뉴에

++++ 신사고 운동New Thought movement에서 출발해 19세기 말 부상한 이 유사과학적 관점에서는 긍정적이거나 부정적인 생각이 각각 긍정적 혹은 부정적 경험을 불러들인다고 주장한다. 노먼 빈센트 필Norman Vincent Peale(도널드 트럼프의 어린 시절 교회 목사)의 1952년 저서 『긍정적 사고의 힘』이나 오스트레일리아의 텔레비전 프로듀서에서 세계적으로 명성을 떨치는 영적 디바가 된 론다 번Rhonda Byrne의 2006년 메가히트작 『시크릿』 등 널리 알려진 많은 자기계발서가 이 '법칙'을 다루고 있다.

이지 개념을 열렬히 받아들인다. '조절장애dysregulated' '신경회로neural pathways' '후성유전학epigenetics' '혈관미주신경반응vasovagal response' 등 다음절 DSM(미국 정신질환 진단 및 통계편람) 용어와 신비주의를 결합해 이용하는 이런 가르침은 타로점과 의학 진단의 달콤한 만남처럼 느껴진다. 언뜻 보기에 자기 치유의 약속은 힘을 기르도록 도와주는 것처럼 보인다. 무슨 일이 일어나든 외적인 힘(정부, '엘리트층')을 탓하는 전통적인 음모론에서 통제 소재locus of control✣가 전적으로 추종자 외부에 위치한다면, 현실화에서는 다시 개인이 통제 소재가 된다. 그러나 나는 이런 방향 전환이 한층 음험하다고 생각한다. 음모론 대부분은 불가사의한 외부의 악이 당신을 통제하려 한다고 주장한다. 반대로, **음모론적 치료**conspiracy therapy에서는 그 악한 힘이 당신 자신의 마음속에 있다고 말한다.

'자기 치유Self-healing'는 각자가 자신의 운명을 창조한다는 티베트불교의 가르침을 상품화한 추상적인 뉴에이지 개념이다. 본래의 교리는, 우리가 다른 사람이나 사건은 통제할 수 없더라도 우리 자신의 반응을 통제함으로써 고통을 완화할 수 있다는 내용이다. 인스타그램용으로 멀끔하게 포장된 버전은 개인의 책임에 지나치게 몰두하게 만들 수 있기에 문제

✣ 역주: 심리학 용어로, 개인이 자신의 삶에서 일어나는 사건의 주요 원인을 자신의 내부나 외부 중 어디에서 찾는지 그 정도를 의미한다.

적이다. 음모론적 치료가 내세우는 핵심 메시지의 중심에는 지나치게 단순화되어 치유되지 않은 어린 시절의 상처로 둔갑한 '트라우마'의 보편적인 위험성이 있다. 해결되지 않은 트라우마와 질병 사이 연관성을(이런 가르침은 가령 소아암을 떠올리면 특히 아슬아슬하게 느껴진다) 과도하게 일반화하는 인플루언서들도 있다. 고통을 대하는 이런 납작한 태도는 의료계의 인종차별이나 세대 간 빈곤 같은 구조적 요소뿐 아니라, 무작위로 닥쳐와 트라우마를 남길 수도 그렇지 않을 수도 있는 불운 역시 간과한다. 운 좋은 결과가 있을 때 개인의 노력 역시 마찬가지로 과대평가된다.

복잡다단한 질문을 형이상학적 교리로 해명해 내는 경향은 때로 '영적 우회spiritual bypassing'라고 불린다.[7] 이런 관점은 명상이나 심지어 사랑하는 이들의 지지와 같은 외부적인 돌봄을 추구하지 말라고 은근하게 종용한다. 불행을 끌어당기거나 밀어내는 것은 온전히 각자의 몫이라는 메시지가 핵심이기 때문이다. 이런 관점이 인기를 끌면서 심리학자들의 임상 치료는 한층 어려워졌다. 로스앤젤레스에서 활동하는 공인 임상심리학자 수라지 와게이지Suraji Wagage 박사는 2023년 내게 OCD〔강박장애〕나 PTSD〔외상 후 스트레스 장애〕, 우울증 같은 "질병들의 의미에 대해 전적으로 부정확하고, 때로는 모욕적인 선입견"을 가지고 일대일 치료에 임하는 환자를 치료하기가 더 "어렵다(그리고 어려워졌다)"라고 말했다. 애초에 환자가 소셜미디어 세상에서 빠져나오기나 할 수 있다면 말이다. 일부 심리 치유 계정은 팔로워가 현실 세계에서 활용할 수 있는 유용한 초보자용 자원을 제공하는 대신 구루Guru나 다를 바 없는 권력관계를 구축한다. 펜실베이니아 기반의 공인 심리학자이자 가족 심리치료사 디나 디나르도Dena DiNardo 박사는 "겉으로는 [그들이] 정보를 제공함으로써 독자들의 힘을 북돋아 주는 것처럼 **보일 수** 있지만, 콘텐츠 생산자에게 심리적으로 의존하게 될 위험이 있다. …… 만약 내가 누군가에게 스스로 생각하는 법을 가르쳐 주면, 그는 더는 내가 필요하지 않게 된다. 나는 이제 상관없는 사람이 되는 것이다"라고 말했다. 그러나 이런 위험성은 단박에 알아차릴 만큼 명백하지 않다. 훈련받은 전문가가 아니라면, 애착 이론을 설명하는 흥미로운 게시물 타래를 훑어 가면서 그 뒤에 숨겨진 음모론적 태도를 알아차리기 어려울 수 있다.

현실화 박사의 새로운 팔로워는 아마 최근에 푹 빠진 웰니스 전문가가 훨씬 폭력적인 음모론자 패거리와 관련이 있었다는 사실을 곧바로 알아차리지는 못할 것이다. 하지만 면밀하게 감시당하는 댓글 창에서 몇 번 클릭을 이어 가다 보면 심상치 않은 뒷이야기를 발견하게 된다. 현실화 박사는 브랜드와 웹사이트를 구축하면서 '전체론적 정신과전문의Holistic Psychiatrist'라고 알려진 켈리 브로건Kelly Brogan의 방식을 참고했다. 영국 비영리단체 '디지털 혐오 대응 센터Center For Countering

Digital Hate'는 백신과 관련된 거짓 정보의 65퍼센트를 온라인에 퍼뜨린 열두 사람을 지칭하는 '허위 정보 유포자 12인 Disinformation Dozen' 중 하나로 브로건을 꼽았다.[8] 브로건은 커피 관장이 우울증을 치료하고 감염병이 병원균이 아니라 정신 질환으로 인해 발생한다는 그릇된 주장을 펼쳤다(그는 또한 귀네스 팰트로가 만든 구프goop✢의 "기능성 의학 전문가"이자 "믿음직한 조언자"로 활동해 논란을 빚었다). 현실화 박사는 코로나19 범유행 기간 공공연하게 극보수주의 극단주의자들의 콘텐츠를 지지하기도 했다. 여기에는 남성 권리를 주장하는 인플루언서이자 "폭력에 기회를Give Violence a Chance"이라는 메시지가 적힌 티셔츠(가짜 '미국산' 태그가 달려 있다는 이유로 연방거래위원회에 21만 1000달러의 벌금을 냈다[9])로 유명한 의류 브랜드 '라이온스낫시프Lions Not Sheep' 설립자 숀 웨일런Sean Whalen도 포함된다. 자주 기관총을 든 모습으로 사진에 등장하거나 기관총을 든 예수의 이미지를 게시하는 웨일런은 코로나19 예방책으로 "진정한 남성성"을 주창하며 의료용 마스크는 "찌질한 계집년들"을 위한 것이라고 선언했다. 2021년에 현실화 박사의 미디어 관리 담당자는, 홀로코스트 부정론자이자 미시간 어느 체육관 관장인 한 남성을 위한 크라우드펀딩 캠페인을 몇 주

✢ 역주: 배우 귀네스 팰트로가 설립한 웰니스 브랜드. 미용, 패션 등 다양한 분야의 제품을 판매한다.

동안이나 홍보했다. 모금액은 그 남성이 체육관에 '마스크 금지' 규칙을 정하고 백신을 거부한 이들에게 무료 회원권을 약속해 주어서 그에게 부과한 벌금을 내는 데 쓰일 예정이었다.

뉴에이지 치유 집단에 속한 모든 사람이 '마스크 금지' 지경까지 도달하는 것은 아니다. 그러나 음모론이 작동하는 방식을 보면 이들의 교리는 여전히 위험하다. 영향력이 있는 인물로 인해 근본적인 신념—'언론'처럼 광범위하든 '항우울제'처럼 구체적이든—에 한번 금이 가면, 의심은 썩어 가는 뿌리처럼 스며든다. 시작은 '자기 치유 기술'일지라도 거기서 조금만 나아가면 '백신 반대 운동'에 도달할 수 있고, 그러고 나면, 글쎄, 알아차리기도 전에 달 착륙이 거짓이 아니었다는 걸 어떻게 **아느냐고** 질문하게 될 수 있다. 극단적인 음모론주의가 완성되는 것이다.

이러한 위험성은 이론으로 그치지 않는다. 나는 현실화 박사의 초창기 추종자 몇 명과 이야기를 나누었는데, 이들에게 결국 박사의 계정은 곧장 큐어넌으로 향하는 관문이 되었다. 막 엄마가 된 유타주의 헤더도 그중 하나다. 2019년 산후 우울증을 앓으면서 별다른 도움을 받지 못하던 헤더는 현실화 박사를 찾아냈다. 그는 늘 집에 없었던 중독자 부모 밑에서 자랐고, 상호의존과 애착 이론에 관한 현실화 박사의 간단명료한 설명과 모두가 DIY 이케아 가구처럼 두뇌 화학작용을 스스로 조절할 수 있다는 주장에 이끌렸다. "부모가 된다는 게 어떤 건지 탐구하는 와중에 정상적으로 기능하지 않았던 제 성장 과정을 이해하려 애쓰고 있었어요." 헤더가 말했다. "그 계정은 저에게도 힘이 있다는 느낌을 줬어요. 나의 고통에는 이유가 있다는 느낌요."

현실화 박사 계정을 팔로우하고 몇 주 뒤, 헤더는 아버지가 좋아할 만한 내용이라며 아버지에게도 계정을 추천했다. 예수그리스도후기성도교회에서 질풍노도의 어린 시절을 보내고 재활센터를 들락거리며 성인기를 보낸 헤더의 아버지는 인생에서 가장 오랜 기간 약을 끊은 상태였다. 마침내 치료를 시작했고 항우울제도 복용했다. 헤더는 "아버지 눈빛이 살아나기 시작했어요"라고 회상했다. 새로운 치유 여정에 흠뻑 빠진 아버지는 오직 현실화 박사를 팔로우하기 위해 인스타그램 계정을 만들었다. 이전까지 소셜미디어를 한 번도 사용한 적 없던 아버지였다. 헤더는 "지금 생각하면 너무 죄책감이 들어요"라고 말했다. 6개월이 채 지나지 않아, 아버지는 큐어넌에 빠져들기 시작했다. 극우 음모론이 광활한 대양이라면 소셜미디어 알고리즘은 급류이고, 현실화 박사의 게시물은 해안선에서 찰랑대는 유혹적인 잔물결이었다. 헤더의 아버지가 현실화 박사의 온라인 커뮤니티 '자기 역량 강화 서클Self-Empowerment Circle'에 가입하면서 상황은 급격히 나빠졌다. 신실한 현실화 추종자들은 월 26달러면 표면상으로 박사가 선사하는 '치유' 중 가장 큰 변화를 일으키는 것을 누릴 수 있었다. 해당 커뮤니티에 들어가고 얼마 지나지 않아 아버지는 항우울제 복용을 중단했다. 헤더의 회상에 따르면, "현실화 박사의 세계에서 [항우울제는] 감각을 무뎌지게" 한다. 아버지는 이제 "치유"를 하고 있으니 더는 치료받지 않아도 된다고 선언했다. "그 '치유'라는 게 뭔지는 끝내 확실히 답변하지 않았어요." 헤더가 말했다.

2020년 중반 어느 주말, 아버지는 헤더와 헤더의 아이들을 데리고 캠핑을 떠났다. 함께 모닥불 주위에 둘러앉아 있던 아버지는 헤더에게 "젊음을 유지하려고 피를 마시는 상류층"에 관해 들어 봤냐고 물었다. "아버지는 말을 멈추더니 이 모든 것에 '깨어 있지' 않은 저야말로 미친 사람이라는 듯 저를 바라봤어요." 헤더가 말했다. 여행을 다녀오고 얼마 뒤, 아버지의 인생은 우파 음모론에 완전히 집어삼켜졌다. 헤더가 아버지를 마지막으로 본 것은 2020년 추수감사절이다. "아버지는 여전히 현실과 동떨어져 있어요. 그 눈 속의 빛은 완전히 사라졌어요."

9·11 사건과 코로나19 사이 20년 동안, 편집증이 곰팡이처럼 파고들어 미국인들의 사기를 갉아 먹었다. 2018년 MIT는, 트위터상에서 진실한 이야기가 1500명에게 닿으려면 거짓된 이야기보다 시간이 여섯 배 더 필요하다는 사실을 밝혀냈다.[10] 해당 연구의 공저자 시넌 애럴Sinan Aral은 "거짓 뉴스는 더 신기하고, 사람들은 신기한 정보를 공유하는 경향이 있

다. 신기한 정보를 공유하는 사람이 정보에 밝다고 여겨지기 때문이다"라고 말했다.[11] 음모론적 치료사들은 다층적인 진실 대신 그들을 우월하고 현명한 존재로 덧칠할 만한 내용을 공유하는 데 주력한다. "갈등에 대한 어린 시절의 두려움이 해소되지 않아서 그 트라우마 반응으로 자기 자신을 과도하게 설명하는 것이다" 같은 단편적인 발언은 "사람들은 다양한 이유로 다양한 방식을 동원해 자신의 행동을 정당화한다"나 "트라우마를 촉발하는 모든 사건은 스트레스를 유발하지만, 스트레스를 유발하는 모든 사건이 트라우마를 촉발하지는 않는다"와 같은 말보다 훨씬 효과적으로 참여를 유도한다. 나아가 정보 전달에 관한 연구 결과는 불안 정도가 더 심한 사람들이 부정적인 정보에 더 빠르게 관여하고 더 느리게 빠져나온다는 것을 보여 준다. 즉, '성격과 상태로서의' 불안 그 자체가 편집증적 사고를 영속화하는 것이다.

물론 순수한 목적을 가지고 신중하게 접근하는 소셜미디어상의 치료사들도 있다. 이들은 게시물에 어떤 사실과 어떤 일화가 담겨 있는지 솔직하게 이야기하고, 덕분에 심리치료가 뒤집어쓴 오명을 벗는 데 도움을 준다. 그러나 일부 전문가들은 두뇌 건강과 브랜드 구축을 결합하는 행위 자체를 여전히 찜찜하게 생각한다. 디나르도 박사는 "심리치료사들이 직접 브랜딩을 담당하고 있는데, 문제는 교차확인이 제대로 이루어지지 않고 균형이 부족하다는 점이다"라고 지적했다. 실제로 의학과 자기 마케팅의 결합은 현대에 새로 등장한 껄끄러운 현상이다. 이 조합은 1847년 확립되고 한 세기 넘게 수정되지 않은 미국의학협회American Medical Association 윤리강령 "광고 금지 원칙"[12]에 위배된다. 미국식품의약국Food and Drug Administration, FDA은 저명한 의사가 잘못된 정보를 옹호하면 그를 징계할 권한을 가지고 있다. 2011년 텔레비전 슈퍼스타 오즈 박사Dr. Oz가 사과주스에 위험한 수준의 비소가 포함되어 있다고 주장해 전국의 어머니들이 근거 없는 공황 상태에 빠졌던 사건이 그 예다. 그러나 사실상 컬트 수준으로 추종받는 심리학자를, 셀러브리티가 된 의사들처럼 명확하게 제재할 길은 없다.

에런 와이너 박사는 내게 정신의학 분야에서 의료과실은 "매우 모호한 개념"이라고 말했다. 심리치료에는 가령 감염이나 요통을 진단하고 치료하는 데 이용되는 치료 알고리즘이 없다. 와이너는 "미국에서 심리치료 자격을 받았다면, 사실상 원하는 방식대로 할 수 있습니다"라고 말했다. 설령 누군가 해로운 조언을 내세워 윤리 위반 신고를 당한다 해도, 성폭력과 같이 명백한 불법 행위가 있었던 게 아니라면 자격을 취소하기는 어렵다. 현실화 박사나 피플후드, '투 비 마그네틱' 같은 브랜드가 거둔 성공은 이제 공인 자격이 꼭 필요한 요소가 아니라는 사실을 증명한다. 더욱이 잘못된 '치료'를 실시했다고 인플루언서에게 책임을 묻겠다면, 그건 절대

호락호락한 일이 아닐 것이다. 소셜미디어 회사들이 엮여 있는 한, 웰니스 돌팔이 의사는 이목을 끌면 끌수록 더 좋다. 와이너가 말을 이었다. "사실 쉽게 넘어갈 문제는 아니에요. 덧붙여 정신의학 분야의 진입장벽이 조금 더 높아져야 하는 게 아닌지도 고민해 봐야 합니다."

대안 정신 건강 인플루언서들은 대체로 매력적이다. 대부분 충분히 선한 의도로 많은 면에서 옳은 이야기를 하기 때문이다. 자기 자신에 대한 믿음은 **실제로** 결과에 영향을 미친다. 영성은 **실제로** 회복력을 증가시키는 것으로 나타났다. 당신은 **실제로** 특정 스트레스 요인에 대한 반응을 통제할 수 있다. 거대 제약회사들은 **실제로** 크나큰 실수를 저질렀다. 어떤 약물은 **실제로** 무책임하게 처방되었다. 소외된 인구 집단이 정신의학 기관을 불신할 이유는 수도 없이 많다. 그리고 우리에게는 까마득한 선반에 놓인 학문적인 심리학 개념을 대중에게 해설해 줄 번역가가 필요하다. 와이너는 음모론의 토끼굴에 빠지는 것을 마약중독에 비교하며 다음과 같이 말했다. "진실에 가까운 거짓말일수록 믿기 쉬워집니다. 처음부터 헤로인을 주사하는 사람은 거의 없지만, 재미로 가벼운 마약을 하다가 결국 그 지경에 이르게 될 수도 있는 거죠. 영적 유사심리학과 관련해 우리가 마주한 상황도 어쩌면 비슷합니다. 아주 조금씩 눈에 띄지 않게, 처음부터 제시되었더라면 믿지 않았을 내용 쪽으로 점점 기우는 거예요."

나는 2018년 처음으로 심리치료를 받기 시작했다. 갈등을 두려워하고 방어적인 태도를 보이는 등 타인과 소통할 때 나쁜 습관이 들게 한 관계에서 막 빠져나온 참이었다. 어떻게 하면 앞으로 맺을 관계에서 나쁜 습관 꾸러미를 최대한 적게 펼쳐 보일 수 있을지 배우고 싶었다. 상담사 몇 명을 거친 뒤 마침내 성향에 맞는 사람을 찾아냈지만, 처음 만난 상담사만큼은 결코 잊지 못할 것이다. 솔직히 말해서 그가 단박에 '우우woo-woo'+ 얼간이처럼 느껴졌기 때문이다. 캘리포니아 베니스에 있는 그의 사무실은 구슬과 지오드++로 장식되어 있었고, 그가 PTSD 치료법으로 염소 요가를 추천한 적도 있다. 누군가 직접 이름을 건네며 추천한 상담사였으므로 분명 잘 맞는 사람도 있었겠지만, 나는 175달러짜리 세션 한 번에 그가 나와는 맞지 않는다는 결론을 내렸다. 이것이 바로 일대일 상담의 핵심이다. 내 앞에 마주 앉아 있는 사람을 두 눈으로 직접 보기 때문에, 정보의 출처를 정확히 알게 된다는 점 말이다. 상담사들은 '브랜드'가 아니다. 그들은 공인받은 전문가이며, (바라건대) 당신의 개별적인 필요에 깊은 주의를 기울

+ 역주: 에너지 워크, 극단적인 식이요법 등 뉴에이지 이론이나 동양 사상에서 출발했으나 서양에서 왜곡된 사이비 초자연, 초현실, 심리적 현상을 과하게 신봉하는 사람을 묘사하는 형용사.

++ 역주: 화산암이나 퇴적암 내부의 둥근 공간에 수정 등의 광물이 채워진 지질 구조물.

이고 할 수 있는 한 최선의 답을 내놓는다. 게다가 당신이 그런 자격에 합당하게 아마도 원하는 것보다 더 많은 돈을 냈을 공산이 크니, 치료 방식이 마음에 들지 않을 때 당신의 인내심은 금세 바닥날 것이다. 그러나 화면을 스크롤하는 것만큼이나 쉽게 공감이 되는 내용만 쏙쏙 골라 먹을 수 있는 인터넷상의 산해진미 뷔페에서는, 음모론적 망상에 빠져들면서 알아차리지조차 못하기 쉽다. 비례 편향이 그 과정을 진두지휘한다. 약을 더 처방한다고 현대의 모든 정신 건강 문제를 단번에 해결할 수는 없는 것과 마찬가지로, 애초 그 문제를 악화시킨 인공적인 공간에서 대안을 찾는 일도 해결책은 아니다. 미심쩍은 온라인 현실화 과정을 수강하겠다고 알지도 못하는 부자한테 매달 26달러를 내는 것은 일종의 스톡홀름 증후군일 뿐이다.

인스타그램 심리치료와는 거리가 먼 일부 집단주의적 토착민 문화에서는, 주변 환경이 담고 있는 목적성을 인식하면 우주에 대한 편집증이 발병하는 것이 아니라 우주와의 조화를 추구할 수 있다고 본다. '애니미즘'이라고 불리는 이런 사상에서는 나무가 영혼 없는 자재 조각이 아니라 룸메이트, 심지어는 부모에 가깝다고 가르친다. 세상 모든 것에는 타고난 '인격'이 있고, 다른 모든 것과 연결된 이 성질을 존중하지 않으면 자연스러운 우주적 균형이 깨질 위험이 있다는 것이다. 버지니아에 거주하는 공인 임상 사회복지사 로라 자일스Laura

Giles는 외부 사건과 대상에 의도가 있다고 여기는 것—꽃이 꺾이고 싶어 하지 '않는다'라거나 자동차가 수리가 필요하다고 '말한다'라고 생각하는 것—은 세계를 해석하는 자연스럽고 건강한 방식이라고 말한다. 그러나 이 방식은 부패할 수 있다. 유기적인 애니미즘이 기술 발전에 힘입어 퍼져 나간 거짓 정보, 그리고 자본주의와 결합하면, 컨스피리추얼리티가 탄생한다.

"이렇게 말하면 분명 논란에 휩싸이겠지만, 저는 끌어당김의 법칙이 대체로 환상에 기반을 둔다고 생각해요. 그걸 권장해서는 안 될 것 같습니다." 애니미즘 배경에서 성장한 자일스가 말했다. 아시아 선주민 공동체에서 미국 남부로 이주한 자일스의 어머니는 딸을 기르면서 어디에서든 생동하는 영혼을 인식하도록 가르쳤다. "생각은 실제로 현실을 창조하지만, 우리는 물리적 세계에 살고 있고 자연의 법칙을 따라야만 해요. 그런 식으로 영적인 무언가를 행하고 그것이 실제로 현실화되기를 기대할 수는 없는 법이에요." 자일스가 말했다.

'투 비 마그네틱'의 창립자 레이시 필립스는 자신이 "소유"한 현실화 기술이 "뇌과학, 심리학, EDMR✢, 유전학, 에

✢ 역주: 안구운동 민감소실 및 재처리 요법Eye Movement Desensitization & Reprocessing. 안구의 움직임을 이용해 외상 후 트라우마를 치료하는 요법으로, 1980년대 후반에 발달해 실제로 널리 이용되고 있으나 실제 효과와 과학적 기반에 관해서는 여전히 논란이 있다.

너지론에 근거하며 여기에 약간의 영성을 고명으로 살짝 얹은" 것이라고 주장한다. 그는 해당 기술이 "어린 시절과 인생 전반에 걸쳐 형성되어 무의식적으로 사람들을 제한하는 신념을 재프로그래밍해 자아존중감을 기르고 고유한 진정성을 찾아가는 것을 바탕으로" 한다고 말한다. 현실화 박사는 자신의 허울 좋은 치료를 "인생에서 원하는 것이 무엇이든 목적의식을 갖고 불러내는 간단한 과정, …… 그저 자신에게 일어나는 일을 수동적으로 받아들이는 게 아니라 적극적으로 창조하는 마음가짐을 갖기 위해 조금만 연습하면 된다"라고 정의한다.

논란을 각오하고 고백하자면, 나는 '현실화'가 그저 비례 편향과 확증 편향, 그리고 **빈도 편향**frequency bias의 조합에 불과하다고 생각한다. '바더-마인호프 현상Baader-Meinhof phenomenon' 이라고도 알려진 빈도 편향은 한번 인지한 대상을 기적적으로 반복해서 보고 또 보게 되는 흔한 경험을 설명하는, 일종의 주의력 필터다. 처음으로 어떤 노래를 들었는데, 갑자기 온갖 군데에서 그 노래가 들려오는 것이다. 가장 좋아하는 음악가가 4월 21일에 사망했는데, 눈을 돌릴 때마다 숫자 4와 21이 나타나 내세로부터 신호를 보낸다거나. 일단 빈도 편향이 뭔지 알게 되면, 짜잔, 이제 모두가 그것에 관해 이야기하기 시작한다.[++13] 이 강력한 세 가지 편향을 적극적으로 경계하지 않는 '전체론적' 정신 건강 유명 인사라면, 그가 자신의 교리를 굳게 믿어 의심치 않는다고 감히 확신할 수 있다. 만약 커다란 효과에는 커다란 원인이 있다고 생각하고, 바라보는 모든 곳에서 존재하지 않는 패턴을 찾아낼 준비가 되어 있다면, 당연히 더는 실패하지 않는 이유가 우주의 운명을 통제하는 법을 배운 덕이라고 믿을 것이다.

"우주는 당신 편이다"라는 말은 긍정적인 확언처럼 들린다. 그러나 우주가 당신에게 신경을 쓴다는—원한다면 당신에게 해코지할 수 있다는—서사를 강화한다는 점에서, 이 말은 내게 여전히 음모론이다. 자연은 그렇게 '신경 쓰지' 않는다. 설령 자연에 의도가 있다고 해도, 그 의도는 인간의 것과는 거리가 멀다.

1년 중 특정 시기에, 만화경으로 본 형형색색 네온 리본처럼 북극 하늘을 가로질러 빛나는 북극광이 떠오른다. 그 빛은 너무나 장대해서 우리를 위해 펼쳐진 한 편의 쇼처럼 느껴진다. 그러나 북극광은 공연이 아니라, 폭력과 방어의 결과물이다. 무시무시한 태양 폭풍이 태양에서 지구를 향해 전기

✣✣ 이것이 어떻게 의학적 음모론과 연관되는가? 빈도 편향은 단순히 최근에 특정 병에 대해 많은 글을 읽었다는 이유로 의사들이 과도하게 그 병을 진단하게 만든다. 2019년, 쿠시 푸로히트Kush Purohit라는 의대생은《학술적 방사선학Academic Radiology》에 빈도 편향에 대해 우려하는 편지를 보내 '소-유형 대동맥 변이bovine aortic arch'라는 증상에 대해 배운 뒤 이후 24시간 동안 무려 해당 증상을 세 건이나 발견했다고 보고했다.

새총처럼 날아오면, 우리 행성의 상층 대기는 저 아래 표면에 있는 우리를 보호하는 보이지 않는 방어막처럼 작용한다. 강력한 바람이 지구의 고요한 방패에 부딪히면 오로라가 발생하고, 폭풍의 위력이 크면 클수록 빛은 더욱 근사해진다. 저 위에서는 전쟁이 벌어지는데, 그 잔혹함이 아름다움을 낳는 것이다. 자연은 그저 할 일을 한다. 때로는 파괴적이기도 하지만, 그게 의도한 바는 아니다. 자연은 아무것도 '의미하지' 않는다. 의미를 부여하는 것은 **우리**다.

아무렴, 영적인 렌즈를 갖는 거야 나쁠 게 없다. 그러나 렌즈가 너무 흐릿하면, 다른 사람들이 보는 것을 보지 못하게 된다. 가보 마테Gabor Maté 박사는 저서 『정상이라는 환상The Myth of Normal』에서 다음과 같이 썼다.[14] "우리는 각자가 사적인 목표를 이루려고 애쓰는 한낱 개인에 불과하다는 통념화된 환상에 젖어 있다. 스스로 그렇게 정의하면 할수록, 우리가 누구이고 건강해지려면 무엇이 필요한지에 대한 문제에서 가장 필수적인 요소로부터 점점 소외된다."

우주가 우리를 위하거나 미워하지 않는다면 어떨까? 모든 게 그렇게 심각한 문제가 아니라면? 빵집에서 그저 에클레어를 너무 많이 만들었는데 버리지 않고 공짜로 하나 준 거라면? 이러나저러나 초콜릿 크림은 마법 같은 맛이 난다.

해로운 관계는 1인 컬트일 뿐이다

03

매몰비용 오류에 관하여

"누군가를 사랑한다는 것은 ……
그의 이야기 속으로 들어가는 것이다. ……
우리는 살기 위해,
혹은 삶을 앗아 가는 것을 정당화하기 위해
스스로에게 이야기를 들려준다.
심지어 우리 자신의 삶이라도."

— 리베카 솔닛, 『멀고도 가까운』[1]

이것은 지금까지 내가 한 일들 중 가장 비이성적인 일에 관한 이야기다. 또한 그 일을 이해하고, 나아가 용서하기 위한 이야기이기도 하다.

심리학과 자기계발 분야에서는 끔찍한 관계를 포함해—아니 특히나 이런 관계를—자신의 연애를 지키겠다고 인간이 하는 실로 정신 나간 행동들을 설명하는 많은 글이 쓰여 왔다. 파트너 관계가 불행 그 자체일 때조차, 우리 중 다수는 그 관계를 끝내는 데 거의 알레르기나 다를 바 없는 반응을 보인다. 이런 경향은 때로 트라우마나 학대의 순환으로 설명된다. 박살 난 자존감, 보복에 대한 두려움도 언급된다. 그러다 보면 행동경제학자들 사이에서 **매몰비용 오류**라는 이야기가 나온다.[2] 이 오류는 회수할 수 없는 자원—돈과 시간뿐 아니라 비밀이나 희망처럼 감정적인 자원도 포함된다—을 지출했다는 사실이 더 많은 지출을 정당화한다는 뿌리 깊은 믿음을 가리킨다. 인격이 형성되는 시기에 커다란 고통을 안겨 준 관계를 7년이나 유지한 내 선택을 나조차 도저히 이해할 수 없었는데, 이 설명이 마지막 퍼즐 조각이 되어 주었다.

관련 문헌을 읽는다고 이미 일어난 일이 바뀌진 않지만, 고무적일 만큼 일관적인 그 내용을 보면 어쩌면 앞으로 일어날 일은 바꿀 수 있을지 모른다. 디디온은 "나는 어린 시절부터 어려운 시기에는 읽고, 배우고, 극복하라고 훈련받아 왔다. …… 알아야 통제할 수 있었다"라고 말했다.[3] 적어도 통제한다는 환상이라도 가질 수 있도록. 주변시 부유 착시⁺의 한 구석에 조심스럽게 시선을 고정하면, 환각적인 물결의 움직임이 멈춘다. 그때가 되어서야 우리 뇌가 처음에는 보려고 하지 않았던 것이 보이기 시작한다. 그때가 되어서야 우리는 나아갈 수 있다.

나를 변호해 보자면, 러브바밍love-bombing⁺⁺이 시작되었을 때 나는 너무 어려서 이성을 발휘하기에 생리적으로 제약이 있었다. 내 볼은 눈송이가 내리는 유리구슬처럼 아직 동글동

⁺ 역주: 특정 색상이나 패턴의 정지된 이미지를 바라볼 때, 시야의 주변부에서 이미지가 흐르듯 천천히 움직이는 것처럼 보이는 착시현상.

⁺⁺ 역주: '사랑의 폭격'이라는 의미로, 과도한 관심과 애정 등을 퍼부어 상대를 휘어잡고 자신의 영향력 아래 두려는 태도를 의미한다.

글했고, 주근깨는 4K 화질로 본 선인장 바늘처럼 또렷했다. 그러나 4K는 아직 발명되지 않았던 시절인 2010년, 나는 고등학생이었다.

열여덟 살 생일 두 달 전이자 졸업 두 달 전 그 남자를 알게 되었다. '그 남자'는 오랫동안 만난 내 전 애인을, 유혹을 이겨 내고 굳이 이름을 언급하지 않으려 하는 그 나이 많은 남자를 의미한다. 그를 지칭할 별명을 생각해 내려고 애를 썼다. 부분적으로는 익명성을 위해서지만, 실제 이름을 말하면 여전히 속이 뒤집히기 때문이기도 하다. 그 자음과 모음의 조합과 그것들이 불러일으켰던 스트레스는 내 신경에 새겨져 있다. 별명은 신체를 속인다. 몇 년 전에는 '배낭 씨'라는 별명을 붙였는데, 그가 등산에 미쳐 있었기 때문이기도 하지만 그 이름이 어린이 텔레비전 쇼에 등장하는 조연처럼 위협적이지 않고 중립적으로 느껴져서이기도 했다. 여전히 내 어깨를 짓누르는 지난 관계를 생각하면 상징적으로도 맞아떨어지는 이름이기도 하다. 나는 언젠가 마침내 짐을 내려놓고, 신발 끈을 풀고, 감정의 절벽에서 미끄러져 추락하기 일보 직전이었던 그때를 회상하며 웃을 수 있을 날을 고대한다.

배낭 씨와의 일은 4학년[✦✦✦]에 시작되었다. 겉은 까슬까슬

✦✦✦ 역주: 주마다 다르지만, 통상적으로 미국 고등학교 교육과정은 4년제다.

하고 못생겼지만 부드러운 속은 달콤함으로 가득한 잭프루트처럼, 미래를 향한 10대의 희망이 최고조로 익어 있던 때였다. 여전히 부모님과 함께 살았지만, 뉴욕시의 대학으로 떠나기 직전이었다. 나는 늘 성인이 되면 이 활기 넘치는 거대한 섬에서 살게 되기를 바랐다. 마침내 인생이 시작되기를 전전긍긍 기다리며, 엄청나게 흥미진진한 일이 일어나 대기자 명단에 올라 있는 내가 다음 단계로 향하는 항공편에 올라탈 수 있기를 바랐다.

그런 내게, 카리스마 넘치는 연상 남자는 일등석 자리를 건네는 조종사처럼 보였다. 스물아홉 살의 배낭 씨는 신랄한 유머 감각과 강철 같은 눈을 가지고 있었다. 게다가 내 가장 친한 친구의 제일 큰오빠였으니 그에게 반하지 않을 도리가 없었다. 사포 같은 턱수염에 스코틀랜드-아일랜드계다운 창백한 피부에는 어린애 같은 얼굴의 또래 남자애들보다 문신과 흉터가 많았다. 게다가 그 눈, 내가 세상에 특별한 말을 전해야 할 사람이고 그 말이 뭔지 알아내는 데 도움을 줄 수 있는 건 바로 자기라고 말할 때 그 눈가에는 주름이 졌다.

우리는 문자로 시시덕대기 시작했다. 나는 기말고사 준비 중이었고, 그는 당시 살고 있던 캘리포니아에서 영화 세트 작업을 하고 있었다. 그러나 당시에는 우리가 '시시덕대고' 있다는 것을 알아차리지 못했다. 3학년이던 그 전해, 친구 집에서 놀다가 연례행사로 집을 찾은 배낭 씨를 실제로 한 번 마주친 적이 있었다. 그때 나는 더 긴 머리에 아직 성 경험이 없었다. 그래서 그때 그가 만난 나는 마치 다른 사람인 것처럼 느껴졌다. 배낭 씨가 위스키 잔을 돌리던 모습이 기억난다. 그에게 자기 반려 코카푸 강아지를 돌보라고 시켰다는 코카인 중독자 할리우드 제작자에 관한 허풍과 내가 이름을 알아듣는 척했던 영화 편집자를 도와 대규모 프로젝트 촬영 스튜디오에서 일했다는 이야기를 기억한다. 내가 얼마나 위축되었는지, 그에게 인상을 남기고 싶어 얼마나 몸이 근질거렸는지를 기억한다. 반년 뒤 봄방학 파자마 파티에서, 나는 다른 게 아니라 새벽 3시의 몽롱함과 다이어트 체리 콜라 과다복용으로 들떠서 친구의 휴대전화에서 배낭 씨의 전화번호를 빼냈다. 그리고 장난스럽게 메시지로 지금 세계 어딘가에서는 해피 아워일 거라는 귀여운 농담을 보냈다. 그가 답장하자 친구의 쿨한 큰오빠가 방금 나를 재미있다고 생각했고 몇 마디 농담으로 즐겁게 해 주려 한다고 여겼다.

문자 메시지가 통화로 발전해 밤새 이어진 뒤에도, 나는 결코 우리 관계를 조금 특별한 우정 이상으로 생각하지 않았다. 대체 3000마일 떨어진 곳에서 일과 삶을 영위하는 서른 살 가까운 남자가 인생 최고의 성과가 AP 시험에 달린 누군가에게 그보다 더한 것을 바랄 이유가 뭐가 있겠는가?

몇 주 후, 배낭 씨는 전화로 자신이 나를 "연애 상대로 생각한다"라고 알렸다. 심장이 철렁 내려앉았다. 나는 나름 '쿨'

한 척 농담으로 답했다. "줄 서." 그러나 사실 나는 당시 언제나 그 비밀 통화를 하는 장소였던 어린 시절의 지하실에서 햇빛에 바랜 8×10인치 할아버지 할머니 사진을 바라보며 넋이 빠져 있었다. 그때까지 내게는 남자친구가 한 명도 없었다. "우리 지금 뭐 하는 거야, 어맨다?" 그가 재촉했다. 나는 체면을 구기지 않으려 지금껏 쭉 함께 놀아난 것처럼 장단을 맞췄다. 내가 뭐라고 감히 그를 거절한단 말인가?

졸업 댄스파티 다음날, 배낭 씨는 동부 해안으로 날아와 주말 동안 나를 호텔 방으로 몰래 데려갔고, 나는 인생 세 번째로 섹스를 했다. 샴페인 반 잔에 취해 놓고선 경험 많고 침착하게 보이려 애도 썼지만, 성공했다는 생각은 들지 않는다. 숨길 수가 없었다. 나는 갓 태어난 병아리였다. 하지만 그가 나를 좋아한 이유의 절반은 바로 그 점이었다고 확신한다. 나는 그저 그가 합법적으로 술을 사고 혼자서 호텔 방을 예약할 수 있다는 사실이 멋지다고 생각했다.

배낭 씨가 처음으로 사랑한다고 했을 때는 숨이 턱 막혔다. 낭만적인 사랑이라는 게 어떤 느낌인지는 몰랐지만, 그때가 그런 사랑을 경험할 유일한 기회일까 봐 겁이 났다. 그래서 그에게 사랑한다고 답했다. 얼마 뒤, 우리는 관계를 이어 가려면 내가 대학을 마치는 대로 뉴욕에서 로스앤젤레스로 이사하는 게 낫겠다고 합의를 보았다. 고작 1학년이었던 나는 맨해튼에서 문학 작가가 되려는 꿈의 촛불을 조용히 불어 끄고, 캘리포니아에서 그와 미래를 함께하겠다는 새 촛불을 밝혔다. 배낭 씨에게는 이미 캘리포니아에 온전한 인생이 있었다. 그리고 그는 뉴욕을 증오했다. 받아들일 수밖에 없었다. 당장 헤어질 수는 없었으니까. 할 일이 너무 많이 남아 있었다. 아직 우리만의 '노래'도 없고, 오르가슴을 느낀 적도 없었다. 친구들은 우리를 진정으로 '이해하지' 못했다. 곧 이 모든 것을 경험하게 될 터였다. 그렇지 않은가?

이후 3년간, 주말에 대학 친구들과 놀러 나가고 방학에는 집에서 재충전하는 대신 나는 매번 로스앤젤레스로 날아가 배낭 씨와 함께 있었다. 멘토들이 그러지 말라고 충고했음에도 배낭 씨와 더 빨리 함께하려고 조기졸업을 택했다.

돌이켜 보면 우리 관계의 역학은 명백하게 컬트적이었다. 지나친 관심과 거짓 약속, 그의 의견이나 결정에 의문을 품으면 곧장 따라오던 가혹한 처벌, 기존의 삶에 대한 포기. 나중에야 그 모든 것을 깨달았지만 말이다. 당시 초롱초롱한 내 눈은 새빨간 위험신호를 알아차리지 못했다. 전 연인을 모두 악의적인 배신자처럼 취급하고(**저들과 똑같이 전 애인이 될 순 없지,** 나는 자신에게 말했다), 2010년 함께한 첫 여행에서 점점 양이 줄어드는 잭다니엘 병을 손에 들고서 자신이 "굉장히 기분파"이니 다음번 기분이 나빠질 때를 대비하라고 '경고'했을 때, 대학교 2학년 시절 극히 드물게 뉴욕을 방문해 놓고 돈을 아끼려 내 기숙사에서 지내면서 담배를 피우러 들락거릴 때마다 보안 데스크에서 사인해야 한다는 데 너무나 화가 난 나머지 주먹에서 피가 날 때까지 내 바로 옆 엘리베이터 벽을 쳤을 때는 미처 몰랐다. 그 관계는 너무나 비정상적이었지만, 늘 주목받았기 때문에 나는 가장 가까운 친구들에게조차 우리 사이에 대해 나쁘게 이야기한 적이 없었다. 부분적으로는 배낭 씨에 대한 충성심에서였지만, 다른 한편으로는 내가 겪은 우여곡절을 털어놓으면 애어른의 특별한 사랑 이야기가 아니라 학대를 참아 낸 멍청한 꼬마 이야기로 전락할 것이라고 확신했기 때문이었다. 나는 그런 이야기를 내 것으로 삼고 싶지 않았다.

배낭 씨가 누군가를 해치려고 했다고 생각하지는 않는다. 그저 그가 우리 사이의 권력관계를 애초 진지하게 고민해 본 적이 없던 것이라고 생각한다. 그러나 내가 로스앤젤레스로 이사한 뒤 점점 더 나이를 먹고 자기 확신을 되찾자, 힘의 균형이 바뀌었고 그는 더 못되어졌다("씨발 꺼져"와 "네가 얼마나 멍청한 소리를 하는지 알고는 있냐?"라는 문장은 너무 익숙해진 나머지 백색소음과 다를 바 없었다). 나는 우리 같은 관계에서 고통은 무릇 따라오게 마련이며 지혜롭고 나이 많은 남자의 선택을 받은 것만으로도 운이 좋다고 스스로 되뇌었다. 그리고 그와 더 오래 함께하면서 상황이 더 힘들어질수록 더더욱 이런 생각을 굳게 믿었다. 그래야만 할 것 같았다. 마침내 탈출했을 때, 나는 스물다섯 살이었다.

4년 뒤, 우리 관계가 시작되던 때의 배낭 씨 나이였던 스물아홉 살이 된 나는 마침내 이별 사후분석을 실시하기로 마음먹었다. **알아야 통제할 수 있었다.** 나는 『남을 것인가 떠날 것인가: 나르시시스트와의 관계에서 살아남기Should I Stay or Should I Go: Surviving a Relationship with a Narcissist』를 비롯해 여러 저서를 펴낸 저명한 임상심리학자 라마니 두르바술라Ramani Durvasula에게 연락을 취했다. 두르바술라는, 여기저기 휘날리는 새빨간 깃발을 지나쳐 나쁜 관계를 향해 돌진하고 그 안에서 수년간 고통받기를 선택하는 일을 투자 모델로 설명할 수 있다고 말했다. "이렇게 생각하게 되는 거죠. '이 많은 시간을 쏟아부었는데, 20년 후에 뒤돌아보며 헛수고였다고 생각하고 싶지 않아.'" 전형적인 매몰비용 오류다.

우리는 불리한 상황에 맞닥뜨리면—해로운 관계나 착취적인 영적 집단부터 지루한 영화처럼 그다지 위험하지 않은 것까지—우리가 기대하는 승리가 머지않았다고 되뇌며 버티는 경향이 있다. 그러면 잘못된 내기를 걸었고 결국 졌다는 사실을 스스로 인정하지 않아도 된다. 흥미를 잃은 지 오래임에도 이미 200화까지 본 데다 케이블 텔레비전 비용도 냈으니 〈그레이 아나토미〉를 시즌 19까지 죄다 시청해 완주해야만 한다고 느낄 때 매몰비용 오류가 발생한다. 또는 포커 게임에서 크게 지고 있는데 이미 너무 많은 돈을 잃은 데다 차마 포기할 수는 없어 "이제 몰라"라고 말하고 '올 인'하기로 결심할 때도 마찬가지다. 이러한 편향은 손실을 회피하려는 성향, 즉 패배를 직면할라치면 발생하는 인간의 정신적 알레르기와 관련이 있다.

나는 7년 내내 배낭 씨와의 관계가 나아지기를 바라면서 내가 더 열심히 노력하면 결국 우리가 함께 행복을 찾을 수 있을 거라고 자신을 다독였다. 상황이 절대 처음과 같아지거나 약속된 대로 돌아갈 리 없다는 사실을 받아들이기 거부했다. 관계에서 빠져나온 뒤, 나는 그 오랜 시간 스스로를 기만한 나 자신을 질책했다. 무려 10년 가까이 사랑받는다는 느낌을 받지도 못하면서 무릎을 꿇고 떠나지 말라고 애원하는 사람이 자기 자신을 존중한다고 할 수 있을까?

브라운대학교 철학 교수 라이언 두디Ryan Doody는 2019년 가상 모델과 최적화된 결과의 맥락 안에서는 원칙적으로 매몰비용 오류가 비합리적이더라도, 인간적인 맥락에서는 꼭 그렇지 않을 수 있다는 이론을 제시했다. 「매몰비용 '오류'는 오류가 아니다The Sunk Cost 'Fallacy' Is Not a Fallacy」라는 논문에서, 두디는 자신의 의사결정과정이 긍정적으로 이루어졌다는 인상을 남기려는 보편적인 동기를 고려하면 이미 쏟아부은 시간과 에너지를 근거로 프로젝트를 계속하려는 마음이 충분히 합리적이라고 주장했다.[4]

이제 우리는 인간이 혼자보다 집단으로 지낼 때 더 나은 삶을 산다는 것을 안다. 사람들은 바람직한 인맥을(친구, 동료, 팔로워) 구축하기 위해 사회적으로 매력적인 모습을 보이려 애쓴다. 더 행복해질 수 있는 다른 선택지가 여럿인 상황에서, 은밀히 학대가 이루어지는 관계를 수년간 유지하는 것처럼(두디는 이를 "통시적 불행diachronic misfortune"이라 부른다) 굳이 고통을 유발하는 행위를 이어 가는 것은 낯부끄러운 일이다. 그런 결정을 내렸다고 인정했을 때 자신의 사회적 가치가 훼손되리라는 판단이 늘 착각인 것도 아니다. 그런 오판을 자백하면 다른 사람들이 당신을 스스로 뭘 원하는지 전혀 모르는 방종한 사람이나, 내기에서 진—그것도 아무 내기가 아니라 자기 자신에 관한 내기에서—무능한 바보로 여길 수 있기 때문이다. (포커 패 같은 외부 대상이 아니라) 스스로의 감정이 걸린 도박을 망치면 자기 자신조차 예측하지 못하는 사람이라는 인상을 주게 되고, 상황은 한층 더 창피스러워진다. 그렇게 되면 타인이 당신을 신뢰하게 될 가능성은 더욱 낮아진다. 반면 매몰된 비용을 중요시하면 자기 자신을 잘 알고 현명하게 자신의 행복을 예측할 능력이 있는 사람으로 비쳐지고, 그러면 당신은 인생이 걸린 게임에서 다른 선수들이 자기 팀에 영입하고 싶어 하는 선수가 될 것이다.

인간의 마음은 판단을 내리기 위해 만들어졌다. 2014년 《신경과학 저널Journal of Neuroscience》에 실린 연구에 따르면, 편도체는 어떤 사람을 만났을 때 그가 누군지 알기도 전에, 심지어 그가 어떻게 생겼는지 완전히 처리하기도 전에 신뢰할 만한지 아닌지 즉각적으로 판단을 내린다.[5] 하지만 이런 경험적인 연구가 있어야만 인간이 늘 판단을 내린다는 사실을 알 수 있는 것은 아니다. 우리는 그 사실을 '느낄' 수 있다. 나는 유치원에 들어가자마자 이미 다른 사람들에게 긍정적인 인상을 주기 위해서는 성공을 과장하고 실수는 은폐해야 한다는 사실을 깨달았다. 게다가 모든 사람의 이미지가 고통스러울 정도로 훤히 드러나는—그리고 수없이 많은 혹독한 시선에 의해 조사 대상이 되는—데이팅 앱과 소셜미디어 덕분에, 이론의 여지는 있지만 역사상 타인을 향한 판단이 가장 극심하게 이루어지는 시대가 도래했다. 각자가 가지는 사회적 가치가 극히 덧없고 취약한 비판적이고 경쟁적인 분위기 속에서 사람들은, 일을 망쳤다는 사실을 인정하지 않으려면 매몰비용에 더 신경을 써야 한다는 거센 압박을 느끼게 된다. 배낭 씨와의 관계가 최악일 때마다 온라인에 가장 행복해 보이는 우리 사진을 게시한 것도 분명 이렇게 위협적인 분위기에서 비롯되었을 것이다.

우리는 모두, 사회적으로 가치 있게 보이려면 자신이 원하는 것과 이미 지닌 것이 무엇인지 잘 알고, 인생에 어떤 위험이 있는지 능숙하게 평가하며, 그에 따른 올바른 판단을 내리는 모습을 보이라고 종용받는다. 그리고 그런 위상을 갖추기 위해서는 각자 창의적인 과제를 완수해야 한다. 수년에 걸쳐 내린 많은 결정을 자기 자신을 돋보이게 하는 일관된 이야기로 엮어 내는 것이다. 우리는 거의 기계적으로 이 과제를 수행한다. 어쩔 도리가 없다. 생각해 보면 나 역시 이 책을 통해 그 과제를 수행하고 있는 셈이다.

우리는 다른 사람들이 우리 이야기의 동화 버전을 믿기 바란다. 그리고 우리 자신도 그 버전을 믿고 싶어 한다. 두디는 매몰비용에 집착하는 것이 때로는 가장 결백한 인생 이야기를 써 내려가는 가장 "현명한" 방법이 될 수 있다고 말한다. 우리를 주인공 대신 악당(혹은 동네 바보)으로 보이게 할 만한 성격이나 엉성한 줄거리를 묻어 버릴 수 있기 때문이다. 두디의 말에 따르면, 자신에 대한 최고의 우화를 쓰고자 하는 욕구, 다른 이들이 자기 이야기의 주인공으로 삼고 싶어 할 만한 인물이 되고자 하는 이런 욕구는 "보편적으로 존재하며 뿌리 깊이 박혀 있다". 그중에서도 쉴 새 없이 자기 자신의 서사를 만드는 작가, 더 일반적으로는 몽상가들이 이런 갈망을 유독 강렬하게 느끼는 게 아닌가 싶다. 통시적으로 불행한 관계를 지속하는 것이 궁극적으로 이야깃거리가 되면, 우리는 이렇게 생각하고 만다. **좋아, 될 대로 되라지.**

어쩌면 배낭 씨와의 관계를 그렇게 오랫동안 지속하면서 내가 앞가림을 제대로 하고 있다는 인상을 풍겼을 수도 있고, 그것이 어떤 방식으로든 사회적, 심지어는 직업적인 발전으로 이어졌는지도 모른다. 그렇다고 시간을 되돌려도 같은 선택을 하겠다거나 모든 일에는 '이유가 있는' 법이니 '후회는 없다'라는 의미는 아니다. 후회는 과거의 헛발질에 대한 자연스러운 반응이고, 그 사실을 인정하면 앞으로 나아갈 수 있다. 나 역시 그랬다는 것을 안다.

바닥 모를 우물처럼 깊은 여러 사회적 요인이 사람들을 치명적인 관계라는 덫에 가둔다. 미국 정부의 명백한 결혼 옹호 정책, 우리 문화에 남아 있는 '노처녀'라는 고정관념, 그리고 '알파메일alpha male'이라는 견고한 표준(이 때문에 여성들과 마찬가지로 관계에서 정서적 학대를 경험하는 남성들은 자신의 섬세함을 꼭꼭 숨겨야 한다) 등이 그 요인의 예다. 낭만적인 영화는 '함께하지 않을 바에야 죽음을 택하는ride or die' 열렬한 태도를 영속시킨다. 전 세계 수많은 종교와 심지어 정부는 여전히 이혼을 규탄하며, 가령 2022년 현재까지도 필리핀에서 배우자를 떠나는 것은 불법이다. 프로테스탄트 자본주의는 이별을 부끄러운 '실패'로 여기도록 미국인들을 길들였다. 내 마음을 뚫어뻥 취급하는 누군가와 몇 년을 함께하는 것이 훨씬 더 비극적으로 느껴지는데 말이다. 이런 상황에서는 우리에게 상처를 주는 이들 곁을 지킨다 해도 이상할 것이 없다.

나는 많은 것을 '후회'한다. 하지만 다행히 내가 내린 선택 때문에 답도 없는 멍청이가 되지는 않았다는 사실을 안다. 그때 나는 희망에 가득 차 있었고, 자신에 관한 아름다운 이야기가 알려지기를 바라는 사회적 존재였다. 지금의 나도 결국 마찬가지다.

2021년 버지니아대학교 심리학 연구자 두 명은 참가자 91명에게 특정 패턴을 제시하고 색깔 블록을 더하거나 빼서 대칭을 만들어 보도록 했다.[6] 연구자들은 참가자 20퍼센트만이 블록을 빼서—감산 위주의 접근법으로—문제를 해결하려 했다는 사실을 흥미롭게 여겼다. 이처럼 뭔가를 더하는 해결책을 선호하는 편향은 흔히 나타나며, 배낭 씨와의 관계에 나를 가두었던 손실 회피와도 관련이 있다. 대부분 사람은 문제가 제기되면 자연스럽게, 뭔가가 불필요하거나 잘못 놓여서가 아니라 **빠져서** 그 문제가 발생했다고 생각한다. 가산 편향addictive solution bias은 최근에 내가 수면 습관을 개선하겠다고 오후에 에스프레소를 마시지 않고 침실에 휴대전화를 들고 들어가지 않는 대신 라벤더 베개 스프레이와 아답토젠⁺ 파우더 한 통, 일출 알람 시계에 100달러를 쓰기로 한 이유를 설명해 준다. 나는 문제를 해결하려고 색깔 블록 여섯 개를 추가하려 한 셈이다. 걸리적거리는 두 개만 제거하면 되는 일인데 말이다.

누군가 어려운 코스라고 경고했던 등산을 떠난다고 상상해 보라. 가산 편향은 산에 오르려면 커다란 물병과 등산용 지팡이, 튼튼한 등산용 신발을 챙기라고 당신을 부추긴다. 한 번은 배낭 씨와 등산을 하다가 중도에 포기한 뒤 내가 정상

⁺ 역주: 피로, 스트레스 완화에 도움을 주는 천연 물질로, 주로 식물 추출물을 일컫는다.

에 오르지 못할 만큼 약해 빠졌다는 사실에 몇 달 동안 부끄러워했던 적이 있다. 그러나 같은 해 여름 다시 산을 찾았을 때는 쉽게 정상에 도달했다. 왜냐고? 배낭을 차에 두고 왔기 때문이다. 배낭이 내 발걸음을 무겁게 했던 거였다. 멋진 아웃도어 장비가 승리의 열쇠라고 생각했지만, 실제로 필요한 것은 두 다리뿐이었다.

나는 더 큰 아파트나, 상황을 반전시킬 만큼 근사한 휴가로 배낭 씨와의 관계를 치유할 수 있다고 생각했다. 하지만 때로 행복해지기 위해 정말로 필요한 것은 뭔가를 **치워 버리는** 일이다. 특히 소비주의적인 사람들은 가산 성향에 저항하기 어렵다. 문제를 해결하려면, 한발 물러서서 앞에 놓인 모든 물건의 재고를 확인하고 규모를 축소해야 하는 게 아닐까 고민하는 대신 기기, 앱, 보충제, 단락, 사람을 추가해야 한다고 믿도록 길들여졌기 때문이다. 하지만 색깔 블록을 제거하라. 거추장스러운 아웃도어 장비는 뒤에 남겨 두라. 헤어지라.

지금 배낭 씨와의 관계를 돌이켜보면 나 아닌 누군가에게 오래전 먼 곳에서 일어났던 일처럼 느껴진다. 그러나 내 몸은 바로 오늘 아침 식탁에서 겪은 것처럼 그 모두를 기억한다. 때로는 커피숍에서 시간 가는 줄 모르고 노트북으로 작업에 열중하다가, 문득 지나가는 사람의 목소리가 익숙하게 귀를 간지럽히거나 아이폰 앨범에서 오래된 사진이 불쑥 나타나면, 한 대 얻어맞은 듯 공황에 빠진다. 그러면 숨을 크게 들이마시고, 내가 더는 열여덟 살이 아니라 하나의 삶을 일구어 온 30대라는 사실에 집중하며 한없는 고마움을 느낀다. 이 삶은 때로는 이전과 다를 바 없이 고통스럽지만, 날이 갈수록 나 자신만의 것으로 느껴진다.

나는 결국 캘리포니아에서 작가로서의 경력을 쌓았다. 배낭 씨와 헤어지고 몇 년 지나지 않아 책 두 권을 출간했고, 그중 하나는 컬트에 관한 내용이다. 왜 사람들은 컬트에 빠지고, 그 안에 남는가.

나는 언제나 권력을 남용하는 종교 지도자들과 그들이 끌어들이는 추종자들에게 매료되었다. 그러면서도 스스로 **그런** 사람들과는 전혀 다르다고 확신하며 자랐다. 불안정하거나 지적으로 부족하고, 절망에 빠진 개인만이 맨슨 패밀리+ 나 통일교 같은 집단에 들어간다는 고정관념을 철석같이 믿었다. 카리스마 넘치는 지도자들의 해로운 매력이 내게는 아무런 영향을 미치지 못한다고 자만했다. 그러나 관련된 내용을 조사하면서 곧 컬트 추종자들에 대한 이런 평가가 편협한

+ 역주: 악명 높은 미국 범죄자 찰스 맨슨Charles Manson과 그의 추종자로 이루어진 범죄 집단. 최소 35명을 살해한 것으로 알려져 있으며 로만 폴란스키 감독의 집을 습격해 그의 아내와 친구들까지 살해하기도 했다. 찰스 맨슨은 이 사건의 배후로 지목되어 사형을 선고받았으나 복역 중이던 2017년 자연사했다. 맨슨 패밀리가 히피문화의 일원이기도 했기 때문에 이 사건은 이후 히피문화가 몰락한 원인 중 하나로 지목되기도 한다.

추측에 지나지 않는다는 사실을 깨달았다. 더구나 이런 편견은 우리가 잘 들여다보지 않는 곳—가령 자신이 타인과 맺는 관계—에도 컬트적인 영향력이 드리울 수 있으며 그 누구도 자유롭지 않다는 사실을 은폐한다.

구경꾼들(즉, 당사자가 아닌 사람들)이 컬트 생존자들에게 가장 자주 하는 질문은 사람들이 배낭 씨와의 관계에 대해 내게 물었던 것과 똑같다. "애초에 왜 그 사람이랑 엮인 거야? 낌새를 알아차리지 못했어?" 그러고 나면 이렇게 묻는다. "왜 그냥 떠나지 않았어?" 나는 진정한 사랑을 찾고 싶었다. 그러나 나는 로맨틱코미디에 길들여져 치기 어린 낙관주의로 취약해진 채였고, 로맨스와 통제, 열정과 혼돈을 구별하지 못했다. 배낭 씨가 지혜로운 눈빛을 지녔다는 사실 말고는 아무것도 몰랐고, 다른 이들이라면 포기할 사랑을 좇는 내가 용감하게 느껴졌다. 마음속에서는 내가 극한의 상황에서도 살아남을 수 있는 모험가라고 속삭이는 인생의 오디오 북이 반복 재생되었다. 자기 인생을 '절망에 빠진' 억압받는 개인이 아니라 영웅의 여정으로 인식하며 이상을 좇는 이들이 빈번하게 사회영성적socio-spiritual+ 컬트에 경도되는 것은 우연이 아니다.

'러브바밍'이라는 용어는 1970년대부터 과도한 애정을 퍼부어 신도를 모집하는 컬트 지도자의 전략을 묘사하는 데 쓰였다. 약탈적인 관계에서 '그루밍grooming'이라고 불리는 것과 흡사한 행위다. 컬트에서 듣게 되는 '세뇌'나 '영적 우회'는 사실상 '감정적 학대'와 같은 의미다. 컬트 지도자가 집단을 위해 거액의 돈을 내놓으라고 요구하면 '금전적 착취'가 되고, 파트너가 동의 없이 다른 파트너의 재산을 소비하거나 갈취하면 '연인 간 절도'가 된다. 해로운 관계에서는 협박—파트너가 떠나지 못하게 하기 위한, 불리한 사진이나 메시지를 유포하겠다는 협박—도 동원되는데, 이는 컬트에서도 마찬가지다. 컬트 지도자들은 '카리스마 넘치는 구루'라고 불리고, 학대하는 연인은 '매력적인 나르시시스트'라 불린다.

컬트 지도자가 추종자에게 새 이름과 유니폼을 부여해 서서히 그의 정체성을 빼앗는 과정을 '비인간화dehumanization'라고 부른다. 그러고 나면 지도자는 새내기를 모집하는 데 집중하며 기존 회원을 무시할 수 있게 되고, 충성스러운 추종자들은 관심을 되찾으려 고군분투한다. 건강하지 않은 관계에서는 '비하devaluation'와 '버림discard'이라는 비슷한 과정이 일어난다고, 두르바술라는 내게 설명했다. 학대자는 파트너를 설득해 나라를 가로질러 이사하고, 스타일을 바꾸고, 직업도 바꾸

✢ 역주: 개인 혹은 집단의 사회적 관계나 역할 및 행동과 영적 가치관이 상호 영향을 미치며 결합된 상태. 이를테면 종교 공동체에서 봉사나 자선 사업을 펼치는 것이나, 그 집단 내 개인이 그런 활동에 참여한 후 자신이 영적으로 성장했다고 느끼는 것을 예로 들 수 있다.

게 한 뒤 결국 그를 무시하거나 바람을 피운다. 컬트 지도자들은 공통적으로 회원들이 외부인과 어울리거나 집단에 대해 나쁘게 말하는 언론을 소비하지 못하게 한다. 연애 관계의 학대자들은 파트너를 종용해 그들의 사랑을 '지지하지' 않는 친구나 가족과의 관계를 끊게 만든다.

해로운 관계는 1인 컬트일 뿐이다. 표현은 다르지만, 하는 짓은 대동소이하다. 그리고 도무지 이해할 수 없을 만큼 이런 환경에 오래 남아 있는 이들이 그렇게 하는 이유는 우리 모두에게 있는 비합리성 때문이다. 인간은 무슨 수를 써서라도 패배를 피하도록 적응해 왔지만, 사회 내부의 관계 서사가 너무나 빨리 무질서해져 우리의 판단력이 이를 따라잡지 못했다. 그래서 감정적 학대를 겪게 되면(성인 50퍼센트에서 80퍼센트가 학대 경험이 있다),[7] 우리는 좋았던 기억의 보잘것없는 부스러기—즐거웠던 2년 전 빅서[+] 여행, 식사 중에 한 번도 싸우지 않았던 근사한 저녁—를 음미하길 택한다. 그리고 이 작은 조각에 집착하면서 매몰비용을 인정하고 변화하는 대신 모든 불쾌감을 정당화하고 인지부조화를 극복하려 애쓴다.

시간이 지날수록 배낭 씨가 괴물은 아니었다는 사실을 더

+ 역주: 'Big Sur'는 미국 캘리포니아주에 소재한 지역으로, 험준한 산악 지형에 해안선이 맞닿은 아름다운 풍경으로 널리 알려져 있다.

뚜렷하게 이해하게 된다. 그가 나를 고통스럽게 하면서 즐거워했다고는 생각하지 않는다. 마찬가지로 나도 그 관계에서 베이컨 조각처럼 흐물흐물 가만히 있지는 않았다. 인정하건대 우리 관계가 매력적으로 느껴졌던 이유 중에는 배낭 씨가 나이가 많고 그 모든 일이 금기시되었다는 사실도 있었다. 우리 사이에는 둘만의 농담이나 공통의 모험심 같은 황금빛 조각들이 있었다. 분명 그랬을 것이다. 그렇지 않았다면 애초에 그 광산에 들어가지 않았을 테니까. 절대 관계를 지속하지 않았을 테니까. 컬트 생존자들이 그랬듯이 말이다.

가끔 새로 사귄 친구에게 내 경험을 털어놓으면, 친구들은 왜 부모님이 나를 막지 않았느냐고 묻는다. 글쎄, 나는 부모님도 내게 손쓸 도리가 없었다고 생각한다. 통제하려고 하면 할수록 나는 더 나아갔을 것이다. 극단적인 종교 집단과 함께 달아나는 열여덟 살짜리 자식을 바라보는 부모와 마찬가지로, 나의 부모님도 내가 그 관계에서 필요한 것을 얻고 언젠가 안전하게 집으로 돌아오기를 바랐다.

나 자신조차도 어린 시절의 내게 배낭 씨와 데이트하지 말라고 말하고 싶지는 않다. 고집 센 10대였던 내게 그런 충고가 먹혔을 리 없다. 그리고 무엇보다, 인생을 너무 조심스럽게 살아가고 고통을 너무 두려워하면 삶의 가장 멋진 부분을 경험하지 못할 수도 있다는 생각이 든다.

어쨌든, 그래도 10대의 나 자신에게 역사 속 그 어떤 나쁜 놈도 자기 여자 친구가 간절히 원한다고 해서 왕자님으로 변신한 적은 없다는 사실만은 말해 주고 싶다. 고등학교 때 내린 선택에 영원히 충실하기를 기대하는 사람은 아무도 없다고도 말해 줄 것이다. 자신을 다치게 하는 누군가에게 '불성실'해도 된다고, 언제든지 잠깐 멈춰 서서 이 관계에 의문을 품어도 된다고 말할 것이다. 내 이야기를 다시 쓰게 만드는 이 사람은 누구지? 7년 전의 그 사람 말고, 내가 되기를 바라는 미래의 그 사람도 말고, 지금 이 순간 그는 누구지?

언젠가 섹스 및 연애 칼럼니스트 댄 새비지Dan Savage가, 유독한 관계를 맺고 있거나 그럴 가능성이 큰 사람에게 무슨 말을 건네야 하는지에 관해 중요한 조언을 해 준 적이 있다. 새비지는 안타깝게도 내게는 빤히 보이는 것을 그 사람도 보게 할 비밀번호나 완벽하게 종합된 논리 같은 건 없다고 했다. 그럼에도 그 사람을 돕고 싶다면, 설령 그와 한동안 대화 한 마디 나누지 않았다 해도, 빠져나오고 싶으면—다른 곳에서 머물거나 아니면 그저 수다라도 떨기 위해—언제든지 내가 기다리고 있다는 사실을 알려 주라고 했다. 그 사람을 판단해서도, 심문해서도, 맹비난해서도 안 된다. 그저 전화를 받고, 문을 열어 주면 된다. 만약 그 사람의 성격이 나와 비슷하다면 이런 제안을 그다지 달갑게 받아들이지 않을 수도 있다. 어쩌면 코웃음 치고 무시할지도 모른다. 심지어 한동안은 나와 다시 대화하지 않을 수도 있다. 하지만 그 사람은 잊지 않을 것이다. 컬트 집단이나 컬트적인 관계에 몸담은 사람은 다른 사람이 그들의 고통을 볼 수 있다는 사실을, 바깥의 누군가가 그들을 사랑하고 걱정한다는 사실을 알아차리지 못할 때가 많다. 부분적으로는 그래서 그런 관계에 남아 있는 것이기도 하다. 때로는 고통스러울 만큼 명백한 사실도 큰 소리로 말해야 현실로 만들 수 있다.

내가 지금 하는 이야기가 어쩌면 허공에 흩어질 수도, 어쩌면 당신에게 닿을 수도 있다. 연인이나 지도자의 주술에 걸린 뒤에라도, 손해를 줄이기에 너무 늦은 때는 없다. 언제든 어깨에서 무거운 짐을 산 위에 내버려 두고 돌아와도 된다. 보게 될 거라고 약속받았던 경치는 그 위에 없고, 더 올라갈 가치도 없기 때문이다. 스스로를 용서해도 괜찮다(사실 모두가 각자의 짐을 지고 살아간다). 그리고 너무나 충만해서 아무런 비용을 매몰하지 않아도 좋은, 당신만의 삶을 살아가도 괜찮다.

험담 가설

04

제로섬 편향에 관하여

"아름다움은 공포다.
우리는 그것에 잡아먹히기를 바란다."

— 도나 타트, 『비밀의 계절The Secret History』[1]

내가 선택해서 소위 '뷰티' 업종에서 일하게 되었다고 할 수는 없다. 오히려 미용산업—2008년 경제 침체의 여파와 로스앤젤레스의 끝없는 외모지상주의로 푹 우러난—이 우연히 나를 발견하고 '좋아, 너라면 할 수 있겠어'라고 생각한 것에 가깝다.

대학교를 막 졸업한 나는 정규직을 구하려 9개월 동안 종종거리다가 마침내 월급을 받고 글을 쓰는 일을 구했다. …… 여성 라이프스타일 웹사이트에서 화장품을 리뷰하는 일이었다. 사실은 《제저벨Jezebel》 같은 페미니스트 언론이나 《LA타임스》 같은 뉴스실, 아니면 적어도 책을 다루는 비영리단체에서 일하고 싶었다. 그래서 온갖 군데에 이메일을 보냈지만, 로스앤젤레스에서 신입 작가직 따내기는 캔자스에서 고래 찾기나 다름없었다. 그러던 와중에 '립스틱 효과'[2]—대공

황 당시 처음 묘사된 현상으로, 전반적인 경제가 침체하면 미용 제품처럼 상대적으로 저렴한 사치품 판매가 증가하는 경향—가 비좁은 기회의 틈새를 파고들었다. 마침내 돈을 받고 뭐든 써 달라는 제안을 받은 나는 '피부 관리 루틴'이 뭔지도 전혀 몰랐지만, 찬밥 더운밥 가릴 처지가 아니었다.

첫 번째 임무는 차를 몰고 베벌리힐스로 가서, 바다처럼 푸른 눈을 가진 배우가 어떻게 약국에서 구입한 로션만으로 주사[+] 증세를 치료했는지 인터뷰한 뒤 그 이야기를 믿는 척, 점심시간에 인터넷을 서핑하는 25세에서 34세 사이 여성 구독자들에게 새로 발견한 사실을 알리는 일이었다. 미용산업이 스스로 만들어 낸, 아름다움과 관련된 수많은 걱정(객관적으로 말해서 주름과 셀룰라이트는 '문제'가 아니다)에 대한 해결책이랍시고 너무 비싸고 불필요한 셀프 관리 제품을 홍보하는 일은 내가 꿈꿔 왔던 문학적 글쓰기와는 조금 달랐다. 그러나 마이크로니들링[++], 마이크로블레이딩[+++], 더마플래닝[++++], 쿨스컬프팅[+++++], 질 스티밍[++++++], '뱀파이어 페이셜'[+++++++],

---

+ 역주: 얼굴 중심부에 붉은 발진이 나타나는 피부 질환.

++ 역주: 미세한 바늘로 피부에 미세한 상처를 내서 콜라겐 생성을 촉진하고 피부의 자연 복원 기능을 활성화하는 시술.

+++ 역주: 반영구 눈썹 문신 시술.

++++ 역주: 피부 표면의 솜털, 각질, 노폐물 등을 제거하는 시술.

"'잇걸'의 새로운 헤어 컬러 블로렌지++++++++"의 세계, 카일리 제너의 립 제품 키트 출시가 속보가 되는 배타적인 세계에 둘러싸이자 그 영향력에 딱히 저항할 수 없었다. 고등학교에서 한 번도 해 본 적 없는 것—영화에서처럼 '잘나가는 여자애'가 된 기분을 느끼는 것—을 (몹시 부끄러워하며) 경험해 보려는 마음으로, 나는 그 세계에 자연스럽게 속한 사람인 양 꾸며 내는 일을 사회적 도전으로 받아들였다. 당시에는 얼마나 바닥 모를 비교의 지옥으로 발을 집어넣고 있는지 상상조차 하지 못했고, '뷰티 걸 되기'는 쉽게 이길 수 있는 가벼운 게임처럼 보였다.

3년이 지나자 나는 사실상 사이보그가 되었다. 머리카락에는 하이라이트 염색, 거기에 스프레이 태닝, 보톡스, 속눈썹 연장, 매니큐어와 페디큐어, 피부 스팀과 모공 청소, 브라질리언 왁싱, 얼굴 보정. 더는 우리 집안 얼굴이 아니었다. 연하장 크기의 핸드백에 두 달치 월급을 쏟아부었다. 아파트 구석구석이 크림, 특효약, 레이저 피부 관리 도구로 넘쳐 났고,

---

+++++ 역주: 지방세포를 얼려서 파괴하는 시술.

++++++ 역주: 질에 허브를 우려 낸 증기를 쏘이는 대체의학 요법.

+++++++ 역주: 자기 혈액에서 혈장을 추출해 얼굴에 주입하는 미용 시술.

++++++++ 역주: 금발Blonde과 오렌지의 합성으로, 금발과 주황빛 머리가 섞인 머리카락 색을 부르는 신조어.

개중에는 하나에 수백 달러짜리도 있었다. 과로에 시달리는 수많은 홍보 담당자들이 한 문단이라도 긍정적인 평가를 써 주길 바라며 들뜬 마음으로 보내온 협찬 제품이었다. 2010년대 중반 문화적 분위기에서는 역사상 가장 도달 불가능한, 카다시안과 글로시에Glossier+가 결합한 미적 기준이 추구되었다. 그러나 동시에, 얼핏 보면 거의 페미니즘적으로 느껴질 법한 '자기 몸 긍정주의Body Positivity' 메시지가 홍수처럼 범람해, 모든 여성이 반드시 브랏츠 인형++처럼 생겨야 하지만 그렇지 않다고 해도 절대 불평해서는 안 된다고 외쳤다. 나는 덫에 걸린 느낌이었다. 너무나 힘겹게 구한 이 일을 계속하고 싶었지만, 모두에게 '뷰티'가 **필요하다**고 떠들어 대고 싶지는 않았다. 그러나 동시에 내게도 그것이 필요하지 않다고 완전히 확신할 수는 없었다.

이런 인지부조화를 다스리기 위해 나는 일련의 대처 메커니즘을 개발했다. 나처럼 20대 때 패션지 《마드무아젤Mademoiselle》 소속으로 '여성 라이프스타일' 분야에서 일했던 실비아 플라스에 대한 기괴한 집착도 이에 포함되었다. 외모

+ 역주: 미국 유명 블로거 에밀리 와이스Emily Weiss가 2014년 창업한 뷰티 브랜드. 10~20대 여성을 중심으로 선풍적인 인기를 얻고 있다.

++ 역주: 2001년 미국 MGA엔터테인먼트사에서 출시한 인형으로, 전통적인 바비 인형보다 패션과 화장이 더욱 두드러져 인기를 얻었다.

에 대한 집착으로 유명했던 플라스는 레브론REVLON의 '체리 인 더 스노Cherries In The Snow' 립스틱에 사로잡혔고, 그의 머리카락 색깔은 격렬한 논쟁 대상이었다. 플라스가 사망하고 한참 뒤에는 그의 "진정한 자아"가 비키니를 입고 미소 짓는 금발 여성이었는지 아니면 1954년 어머니에게 쓴 편지에서 "더 학구적이고, 매력적이고, 진지하다"라고 묘사한 "갈색 머리의 인격"이었는지에 대한 논쟁이 일기도 했다.[3] 매일 아침 출근 전 브론저+++를 칠하고 머리카락을 말면서 나는 뱅글스의 1988년 노래 〈벨 자Bell Jar〉를 반복 재생했다. **이건 진정한 내 모습이 아니야.** 나는 스스로를 안심시켰다. **나는 인물을 연기하는 거야. 나는 드래그 퀸이야. 그냥 일을 해, 그리고 남는 시간은 어떻게 빠져나올지 계획하는 데 써. 아, 머리를 오븐에 집어넣지는 마.**++++[4]

그러나 복잡하게도, 특정한 모습을 꾸며 내어 보이는 것과 실제로 그런 모습인 것의 차이는 극히 미묘하다. 특히 인스타그램이 현실을 대체하면서 나는 거의 유체 이탈 상태로 삶과 자아를 경험하게 되었다. 2017년, 인스타그램은 그저 석양과 브런치 사진이 아니라 이국적인 휴가, 한 번 입고 마

+++ 역주: 피부를 태닝한 것처럼 보이게 하는 화장품.

++++ 역주: 소설 『벨 자』의 저자인, 미국 작가이자 시인 실비아 플라스는 머리를 오븐에 집어넣어 자살했다.

는 최신 유행 옷, 아이폰 화면처럼 매끄러운 피부로 가득한 끝없는 포템킨 마을⁺이었다. 나는 고용주인 웹사이트를 대표해 나 자신의 '팔로워'를 늘리라는 지시를 받았다. 그러기 위해서는 매일 몇 시간씩 들여 해시태그를 고르고, 댓글을 달고, 팔로우하고 또 팔로우를 취소해야 했다. 알고리즘은 한 시간마다 나 자신과 비교해 보라며 존재하는지도 몰랐던 계정을 여럿 소개했다. 나는 절망에 빠진 채, 다른 뷰티 에디터의 금발은 내 머리카락을 더 갈색으로 보이게 하고 각 인플루언서의 팔로워 수는 나를 무의미한 개인으로 축소한다는 사실을 뼛속 깊이 깨달았다. 확신하건대 우주에 존재하는 빛에는 정해진 양이 있었고, 누군가 눈부시게 빛난다는 사실을 알게 되기만 해도 내게는 그늘이 드리웠다.

자신이 부족하다는 마음에서 오는 이런 슬픔은 **제로섬 편향**zero-sum bias, 즉 다른 누군가의 이익이 곧바로 나의 손실을 의미한다고 생각하는 그릇된 직감에서 기인한다.[5] 제로섬 편향은 누군가가 성공 가도를 달리고 있다면 나는 실패하고 있는 게 틀림없다고 속삭인다. 이런 사고방식은 시험 점수를 고민

⁺ 역주: 실제보다 상황이 낫다고 믿게 만들 목적으로 외관을 화려하게 꾸민 것을 비유적으로 이르는 표현. 러시아 예카테리나 2세의 연인이자 막강한 장군이었던 그리고리 포툠킨(영어로 '포템킨'이라 알려짐)이 자신이 통치하는 지역에 여제가 시찰을 나오자 초라한 모습을 감추려고 가짜 이동식 마을을 만들었다는 일화에서 비롯되었다.

하는 청소년들부터, 무역이나 이민자 수용에 저항하는 대중까지 수많은 갈등을 불러일으킨다. 제로섬 편향의 문제는 흔히 경제학적 문맥에서 양측이 거래로 동등하게 이득을 볼 수는 없다는 널리 퍼진 의심과 함께 논의된다. 우리는 교환으로 누군가 이익을 얻으면 다른 쪽은 홀랑 속아 넘어간 게 틀림없다고 생각한다. 그러나 사실 교역은 정반대로 작용한다. 그렇지 않다면 애초에 교역을 할 이유가 없다. 조지아그위넷 대학교 언어심리학자 데이비드 루든David Ludden은 내게 "경제를 논할 때, 사람들은 본능적으로 전체 경제가 모두 함께 나눠 먹어야 할 파이라고 생각합니다. 당신이 더 가지면, 내가 덜 갖게 된다는 식이죠"라고 설명했다. "하지만 세상에 존재하는 파이의 크기 자체를 키울 수 있어요. 아니면 둘 다 혜택을 보는 방향으로 협상을 할 수도 있습니다."

강요당하거나 완전히 속은 게 아니라면 소비자가 가격보다 가치가 떨어지는 물건을 사는 일은 드물다. 마찬가지로, 판매자도 물건을 본래 가치보다 낮은 가격에 팔지 않는다. 그런데도 인간은 교환이 그와는 반대로 작용한다고 '고질적으로' 잘못 판단한다는 사실이 여러 연구에서 밝혀졌다.[6] 2021년 《실험심리학 저널Journal of Experimental Psychology》에 실린 연구에서는 정부가 다른 집단에 직접 해를 끼치지 않고 특정 집단을 지원할 수는 없다거나 재화나 서비스를 구매한 사람은 판매자보다 거래에서 얻는 혜택이 훨씬 적다는 등 제로섬 편향에 기반한 일상적인 오해를 한가득 발견했다. 연구진은 이런 잘못된 관점을 "상호이익 부정win-win denial"이라 명명하고 이런 현상이 사람들 사이에 "만연하다"라고 결론지었다.[7]

그 대상이 돈이든 아름다움이든 자기 몫을 지키려는 제로섬 편향은 수천 년에 걸친 치열한 자원 경쟁에 뿌리를 두고 있다. 작고 고립된 공동체만이 삶의 터전이었을 때는 실제로 타인의 이익이 나의 손해를 의미할 때가 많았다. 사실상 유한한 짝, 음식, 지위가 공평하게 분배된다는 보장이 없었기 때문이다. 루든은 "지금도 많은 것이 그렇습니다. 우리가 피자 한 판을 나눠 먹는다고 하면, 그쪽이 많이 먹을수록 제 몫은 적어지겠죠"라고 말했다.

하지만 모두가 동의하지 않을지는 몰라도 윈윈 시나리오야말로 사람들이 개인보다 집단으로 더 큰 성과를 내는 이유다. 인류학자 파스칼 보이어Pascal Boyer와 정치과학자 마이클 뱅 피터슨Michael Bang Petersen은 "민간 경제학folk economics"에 관해 논하면서 인간이 물물교환을 비롯한 "유사 가치 교환like-kind exchange"+에 익숙해져 왔다고 주장했다.[8] 곡식과 도구를 맞바꾸는 것과 같은 구체적인 거래에서는 전문화와 교환으로 상

+ 역주: 'like-kind exchange'는 본디 미국 세법의 용어로, 비슷한 종류의 자산(부동산 등)을 교환할 때 양도소득세 납부를 유예해 주는 제도를 의미한다. 본문의 대목에서는 자산 교환뿐 아니라 교환 일반을 의미하므로 '유사 가치 교환'으로 옮겼다.

호이익을 얻을 수 있다는 사실이 명백했을 것이다. 하지만 그런 직관이 돈과 주식, 혹은 암호화폐를(맙소사) 사고파는 현대의 자본주의 거래로까지 이어졌으리라는 보장은 없다. 심지어 돈은 산업혁명을 거치며 물물교환 체계가 서서히 사라지고 나서야 전 세계적으로 받아들여졌고, 1971년 금본위제가 폐지된 후에는 '가치'라는 개념이 한층 더 혼란스럽고 추상적인 것이 되었다.

정보화시대에 이르러서는 '화폐'와 '가치'의 의미 자체가 알아볼 수 없을 정도로 왜곡되었다. 자본주의라는 깊고 거대한 물웅덩이에 빠진 우리는 언제나 가져 마땅한 것을 제대로 얻지 못한다는 두려움에 허우적댄다. 당장 우리의 시간과 창의적 결과물에 부여할 수 있는 '가격'은 얼마이며, 그만큼의 돈을 실제로 벌 확률, 혹은 우리의 수입이 만족스러울 확률은 얼마나 되는가? 우리 중 과잉사고를 하는 이들은(바로 나다) 돈에 대한 이런 어설픈 직관을 본격적인 편집증으로 전환하기에 최적화되어 있다. 그러면 우리는 돈뿐만 아니라 시간, 영향력, 아이디어 등 대상이 뭐가 됐든 모든 거래 상대가 그저 우리를 벗겨 먹으려고 존재한다고 믿게 된다. 일종의 번아웃 증상인, 이런 경계심 가득한 불신 때문에 우리는 소셜미디어 피드처럼 더 통제하기 쉽다고 여겨지는 환경에 두려움을 투영하기도 한다.

때때로 우리는 '교환'이 아예 일어나지 않는다는 환각에 빠진다. 고도로 발달한 접근성과 물리적 거리감의 혼재로 누가 각자의 사회적 관계에 포함되는지 결정하는 문제 자체가 엄청나게 복잡해진 상황에서, 애초에 어떻게 사회적 이득과 손실을 제대로 측정할 수 있겠는가? 주어진 시간에 나와 물질적으로 경쟁하거나 협력하는 사람은 누구인가? 내 친구들, 가족, 동료들뿐일까? 슬랙에서만 알고 지내는 동료는 어떤가? 인스타그램에서 나를 팔로우하는 사람들은 내 사회적 관계에 포함되는가? 현실적으로, 우리는 서로에게 어떤 존재인가? 이런 질문에 대답하기는 쉽지 않다.

우리는 매우 특정한 방식으로 사회적 게임을 수행한다. 최악의 '경쟁자'들은 대체로 우리 자신을 떠올리게 하는 이들이다. 뷰티 에디터 세상에서 내가 비교 대상으로 삼은 것은 나이가 훨씬 많은 여성이나 남성, 혹은 그래픽디자인 부서의 젊은 여성들이 아니었다. 그들의 '바이브'는 나와 너무 달라 비교하자면 바나나와 블루베리 같았다. 그 대신 나를 가장 미치게 만들었던 것은 공통점이 많아 위협이 되거나, 적어도 2000년 전이라면 위협이 되었을 또래 여성들이었다. 나와 가장 잘 통할 법한 사람들 때문에 거울을 죄다 없애고 뇌엽 절제술을 받고 싶어지다니, 이 얼마나 모순적인 상황인가?

제로섬 편향은 항상 이분법적인 승패를 강조하는 개인주의 사회에서 성장한 이들에게 특히 큰 영향을 미친다.[9] 서구 기준에서 보면 경쟁보다는 집단주의적 태도가 우세한 일본에서 어린 시절을 보낸 뒤 뉴욕에 와서 배우가 된 오랜 친구가 있다. 배우는 넘쳐 나는 지망생끼리 희소한 역할을 놓고 경쟁하고 각자의 외모가 말 그대로 일대일로 비교되는, 세상에서 가장 치열한 직업 중 하나다. 친구는 그 가운데서 여전히 늘 입이 떡 벌어질 만큼 차분한 태도를 유지한다. "일본인들은 여기 사람들만큼 자기 자신에 대해 너무 많이 생각하지 않아." 네 살짜리 딸을 위해 한 이웃이 맨해튼에서 주최한 생일 파티 이야기를 하며 그가 말했다. 파티에 참석한 친구는 호화로운 음식과 장식, 선물, 쏟아지는 관심뿐 아니라 그야말로 올림픽만큼이나 치열한 게임에 경악했다. 유아 손님 모두가 당나귀 꼬리 달기 게임+, 의자 빼기 게임, 피냐타++에 참여해야만 했고, '패배자' 절반은—생일 파티 주인공을 포함해—결국 울음을 터뜨렸다. 고작 유치원생들이었는데 말이다. 친구는 말했다. "그냥 '이렇게 거대하고 괴상한 파티를 열 거라면 적어도 재미는 있어야 하는 거 아닌가?'라는 생각뿐이었어."

2017년 미시간대학교에서 진행한 일련의 연구에 따르면,

+ 역주: 벽에 꼬리가 없는 당나귀 그림을 붙이고 눈을 가린 참가자들이 제자리에서 몇 바퀴 돈 후 알맞은 위치에 꼬리를 붙이는 놀이.

++ 역주: 멕시코에서 유래한 놀이로, 피냐타는 도자기나 종이 등으로 만든 전통 인형을 의미한다. 여기에서는 인형 안에 사탕이나 과자, 작은 장난감 등을 넣고 눈을 가린 참가자가 막대기로 쳐서 상자를 깨뜨리는 게임을 일컫는다.

동아시아권 국가의 학생들은 서구권에서보다 "큰 연못의 작은 물고기"가 되는 일을 훨씬 더 가치 있게 여긴다.[10] 다시 말해, 동아시아 학생들은 이름 없는 소규모 회사에서 높은 직급으로 일하는 것보다 유명 기업에서 낮은 직급으로 일하기를 선호한다는 의미다. 한편, 물불 가리지 않고 남들이 부러워할 만한 지위를 따내고 그 과정에서 누가 파괴되는지는 신경 쓰지 말라고 강요하는 사회에서 자라 성인이 된 아이들은 성공을 추구하는 모든 활동을 제로섬 게임으로 취급하게 될 가능성이 크다.

재정적인 스트레스도 이런 자기기만을 악화한다. 2010년의 한 연구에서는 당시 일시적이거나 만성적으로 낮은 사회경제적 지위에 있었던 미국인들이 더 쉽게 제로섬 결론에 이르렀다고 주장했다. 그렇다면 전반적인 경제 침체 시기에는 이민자 수용이나 무역에 반대하는 시민이 급증하리라고 예상할 수 있다. 2016년 미국 대선이라는 지옥의 어린이 생일 파티 게임에서, 포퓰리즘적인 반反무역 정책을 내세운 후보들은 경제학자들의 회의론에도 불구하고 정치 성향을 아우르며 유례없는 초거대 팬덤을 누렸다.[11] 머리카락 색이든 이민을 대하는 태도든, 문화적 혼란기에는 심지어 자원이 무한하다고 하더라도 남과 비교하려는 충동이 더 강해진다.

미용산업 분야에서 5년을 보낸 후 나는 아이크림 말고 다른 주제로 글을 써서 먹고살 수 있으리라는 크나큰 희망을 품고 환호하며 일을 그만두었다. 그러면서 순진하게도 마침내 비교 지옥에서 해방되었다고 생각했다. 머리카락 뿌리가 자라게 두고, 속눈썹 관리사와도 헤어졌다. 흠잡을 데 없는 모습으로 항상 나 자신을 샌님같이 느껴지게 했던 부루퉁한 인플루언서들을 언팔로우했다. 정말이지 행복했다……. 정확히 3주 동안. 3주가 지나자 인스타그램 알고리즘이 나를 간파했다. 알고리즘은 내 우선순위가 바뀌었다는 것을 알아차렸다. 짧은 원피스를 입고 툴룸으로 출장을 떠난 뷰티 에디터로 가득했던 내 피드는 순식간에 술술 읽히는 데뷔작으로 막 《뉴욕타임스》 베스트셀러 작가가 된, 단정한 단발머리의 젊은 브루클린 작가들을 추천하기 시작했다. 명백히 더 나쁜 상황이었다. 온라인상의 다른 여성들을 보며 자기 연민에 빠지는 것은 나라는 시스템에 오랜 시간 뿌리 박힌 습관이었지만, 이제는 외모만이 아니라 나의 경력, 나의 재치, 나의 영혼이 달린 문제였다. 이전에는 늘 나보다 머리를 더 근사하게 염색하고 중요한 약속이 들어찬 일정을 뽐내며 어깨가 드러난 디올Dior 옷을 입고 루프톱을 거니는 누군가가 있었다. 이제는 늘 더 멋진 필명에 더 호화로운 학위를 가진 누군가가 더 가죽 같은 재킷을 입고서는 화장도 하지 않고 소셜미디어는 거들떠보지도 않으며 그렇지 않은 사람들을 향해 보헤미안적인 경멸을 발산하는 것처럼 보였다.

이 양극단 사이에서 나는 누구였을까? 양쪽 각각의 형편

없는 흉내쟁이? 나는 한가로이 화면을 내리다가 금세 충격에 사로잡혀 막 발견한 인기 만발 신인 작가의 학위와 그가 받은 찬사를 숨 가쁘게 구글링하곤 했다. 그러고 나면 미친 과학자처럼 몇 시간 동안 어떻게 하면 내 가치를 드높여 그를 제칠 수 있을지 음모를 꾸몄다. 그때마다 내 열띤 집착의 대상은 전날까지는 지구상에 존재하는지조차 몰랐던 누군가였다. 사실 그는 내 인생에 아무런 영향을 미치지 않았다. 오히려 내가 메시지를 보내거나 친구가 되거나 협업을 추진할 만한 사람이었다. 그 사람과 내가 동시에 이 세상에 존재하는 상황은 쉽게 '윈윈'이 될 법했다. 적어도 그를 개인적으로 소개받았더라면—미소 지을 때 생기는 주름과 긴장된 모습을 직접 보았더라면—그 사실을 더 확실히 알 수 있었을 것이다. 그러나 소셜미디어라는 기묘한 매개물은 제로섬 편향의 속임수를 극복할 가능성을 사실상 말살해 버렸다. 부끄럽다. 넋 놓고 구글링을 해 댔던 기록이 클라우드 어딘가 남아 있다는 사실을 단 30초만 곱씹어도, 설사약을 집어 먹고 한 해 동안 잠들고 싶어진다.

치명적인 비교 구렁텅이에서 허우적댈 때마다 나는 자기학대적으로 **더 많은** 경쟁자를 찾아 헤매는 자신을 발견했다. 나는 우거진 덤불 속 유목민처럼 위협을 살피러 떠나곤 했다. 물론 나는 온라인의 응석받이 사이보그일 뿐이었고 찾아야 할 '적'은 끝도 없었지만 말이다. 몇 달 동안 한 줌 정도 되는 이방인 무리가 월세도 내지 않고 내 머릿속에 눌러앉아 살았고, 그들을 퇴마하겠다고 내가 보인 행동은 나의 불안만큼이나 비이성적이었다. 나는 내가 자주 이 이방인들을 흉보며—친구들에게도 마음속으로도—머릿속으로 만들어 낸 유령 피냐타에서 더 많은 사탕을 얻어 내려 한다는 사실을 깨달았다. 나뿐만이 아니었다. 특히 창작 분야에 있는 많은 동료가 자신의 유사사회적 경쟁자 무리를 마음에 품고 살았다. 천사 같은 목소리를 지닌 음악가 친구가 그해 내내 자기 영혼을 괴롭힌다던 틱톡 가수를 보여 줬을 때는 친구가 이렇게 괴상한 픽셀 덩어리에 자존감의 위협을 느낀다는 사실을 믿을 수 없었다. "이 사람 노래가 내 것보다 더 중독성 있어?" 친구가 절박하게 물었다. "그게 다 무슨 상관이야?!" 내가 울부짖었다. "넌 정말 특별해! 저 사람 음악은 네 음악과 전혀 다르잖아!" 당혹스럽지만 나는 이 충고를 스스로에게도 적용해 볼 생각은 하지 못했다.

한편 나는 지금껏 만나 온 여성들이 제로섬 편향의 고난을 훨씬 심각하게 겪는다는 사실을 금세 알아차렸다. 젠더 및 사회적 비교와 관련된 연구에서는 여성이 본인보다 나은 사람과 자신을 비교하면서 자신보다 부족한 사람에게 동일시하는 경향이 크다고 밝혔다. 스위스 보Vaud교육대학교가 한 2022년 연구에 따르면, 여자아이들은 초등학교에서 이미 자기보다 우월하다고 생각되는 또래만을 비교 대상으로 삼기 시작한다.[12] 반대로, 남성은 파티에서 주위를 둘러보거나 피드를 스크롤하면서 자기보다 못난 남성에게만 주의를 기울이는 경향이 크다. 이로써 남성들은 **'좋아, 내가 여기서 제일 잘난 남자인 것 같군'**이라고 여기게 된다. 자존감의 승리다. 반면에 여성들은 주변을 살피면서 오직 '위협'만을 감지한다.

이런 차이가 낳는 결과는 실질적이고 극명하다. 오스트레일리아 매쿼리대학교의 2022년 연구에 따르면 사회적 상향 비교와 불건전한 소셜미디어 이용+, 우울증, 낮은 자존감의 악순환은 여성에게 압도적으로 많은 영향을 미친다.[13] 그보다 한 해 전 중국 충칭의 시난西南대학교에서 실시한 연구에서는 틱톡 이용 장애(생활에 부정적인 영향을 미칠 정도로 스크롤을 멈출 수 없는 강박)를 앓는 10대들이 고도의 불안과 우울증, 스트레스, 작업기억 문제를 겪는다고 밝혔다.[14] 인스타그램과 틱톡이 위험한 이유는 바로 그 핵심 기능—중독성, 완벽한 필터, 알고리즘에 따라 추천되는 계정, 선별된 하이라이트만을 보여 주는 유인책—때문이다. 그리고 이런 기능은 젊은 여성들을 심리적 절망에 빠뜨리게끔 설계되어 있다. 이용자들도 속수무책으로 심리적 학살을 당하고만 있지는 않지만, 이들의

+ 소셜미디어가 자신의 건강과 인간관계에 해로운 결과를 초래함에도 이용자가 접속을 계속한다면, 이러한 소셜미디어 이용은 '불건전한' 것으로 간주되었다. 앱을 얼마나 자주 확인하는지는 중요하지 않았다. 이용 빈도에 상관없이도 소셜미디어를 불건전하게 이용할 수 있다.

복수는 앱 자체를 향하지 않는다. 이런 앙갚음은 다른 이용자들을 향한 험담과 '저격'의 형태로 나타난다.

자본주의와 페미니즘이 잘 어울린다는 착각은 제로섬 편향을 부추기는 고급 연료다. 직장 생활을 하면서 나는 적지 않은 여성으로부터 '파트너십'이나 '멘토십'을 가장한 착취를 겪었다. 이들은 가부장제 제로섬 게임의 희생자인 동시에 가해자였다. 여성 참가자의 일부만이 '승리'할 수 있다고 적힌 규범을 따르는 일부 부역자들은 나를 보며 자신들의 어린 시절이 떠오른다고 떠벌렸지만, 결국 내가 절대 자기 자리를 빼앗지 못하도록 가스라이팅하는 문지기 걸보스⁺⁺일 뿐이었다. 이런 경험은 흔하지만, 관련된 모두에게 위험한 결과를 불러온다. 작가이자 활동가인 제이컵 토비아Jacob Tobia는 2019년 회고록 『시시Sissy』에서 소외된 개인을 토큰화하면 해로운 내부 갈등 문화를 초래한다고 말했다.[15] 토비아는 다음과 같이 썼다. "토크니즘tokenism⁺⁺⁺ 심리를 진정으로 받아들이려면 자신의 공동체를 완전히 저버려야 한다. 이것이 바로 토큰주의의

⁺⁺ 역주: 'Gaslight, Gatekeep, Girlboss'는 흔히 쓰이는 '살고, 웃고, 사랑하라Live, Laugh, Love'를 변형한 문구로, 특히 다른 여성을 희생시켜 자신의 자리를 지키고 권력을 강화하려는 여성의 형상을 비판하는 신조어다.

⁺⁺⁺ 역주: 배제된 집단 중 소수에게만 형식적인 대표성을 부여해 구색을 갖추는 관행. 기업에서 소수 집단의 일원 일부를 고용해 다양하고 평등한 이미지를 확보하는 것이 그 예다.

어두운 함정이다. 당신과 비슷한 사람이 부재할 때 제도와 규칙, 그리고 주변 사람들의 사회적 태도를 비판하는 대신 당신 자신의 공동체를 탓하는 것이다."

공공연하게는 아니지만, 나는 유한하고 소중한 삶에서 끔찍할 정도로 많은 시간을 과도하게 '경쟁자'를 분석하며 불안을 해소하려 애쓰는 데 허비했다. 다른 사람이 지닌 빛이 마법처럼 내게로 쏟아지기를 바라며 저주처럼 험담을 퍼부었다. 그러면 일시적으로 카타르시스가 찾아와 아드레날린이 치솟았고 실제로 저주가 효과가 있는 것처럼 느껴지기도 했다. 그러나 카타르시스는 불쾌감을 사라지게 하지는 않았고, 오히려 반대로 작용했다. 프로이트의 카타르시스 가설은 고함을 치거나 물건을 부수면 부정성을 '해소'하는 데 효과가 있다고 보지만, 오늘날 못되게 구는 것이 나쁜 **기분**을 가시게 하는 방법이라는 주장을 뒷받침하는 근거는 없다. 분풀이의 심리적 효과에 관한 2013년 연구에서는 "뇌가 작용하는 방식을 보면 카타르시스는 애초에 성립할 수 없다. 무엇인가를 미리 연습한다고 해서 그것을 행할 가능성이 작아지는 것은 아니다"라고 했다.[16] 코카인을 한 무더기 흡입한다고 코카인을 **덜** 흡입하고 싶어질 리는 절대 없으며, 험담은 하면 할수록 **더** 하고 싶어질 뿐이다. 동시에 남의 험담을 듣는 사람은 당신을 음침하다고 여기게 된다. 심리학자들은 실제로 사람들이 타인을 뒤에서 헐뜯을 때 이른바 '자발적 특성 전이

spontaneous trait transference'가 일어난다는 사실을 밝혀냈다. 당신이 비판하는 대상에게 부여하는 특성을 당신도 띠기 시작한다는 의미다. 경쟁 상대이자 친구의 재미없는 농담이나 저속한 감각에 대해 조잘대 보라. 그러면 십중팔구 당신의 대화 상대는 **당신**이 재미없고 저속하다고 여기기 시작할 것이다. 이런 결과는 일관되게 나타난다. 문제는 이 현상이 대면 소통에만 적용된다는 점이다. 온라인에서 타인에 대해 부정적으로 이야기하는 사람들은—심지어 게시된 내용이 주관적이거나 명백히 거짓이라 해도—오히려 사정을 더 잘 알고 있다고 여겨진다. 더 매력적으로 보인다는 의미다. 그러면 그들은 결국 험담을 계속하라는 알고리즘의 격려를 받게 된다.

자신의 사회적 가치를 높이기 위해 남을 험담하는 일에서 그 누구도 자유롭지 않다는 사실을 알게 되면 위안이 될 수도, 낙담할 수도 있다. 심지어 자신의 게임에서 가장 우위에 있는 사람들도 예외는 아니다. 몇 가지 일화를 증거로 들어보겠다. 두 번째 책이 출간된 후, 나는 파트너 케이시와 함께 80년대 로큰롤 밴드에서 화려한 경력을 쌓은 뒤 최근 문학에 관심을 두기 시작한 신인 소설가가 주최한 소규모 저녁 파티에 초대받았다. 피노누아 와인에 얼큰하게 취한 내로라하는 손님들은 가장 저명한 친구들 모두가 겪는 제로섬 불안감에 관한 이야기를 나누며 저녁 시간을 보냈다. 우리는 프린스가 늘 마이클 잭슨에 대한 질투로 속을 끓였으며 스티븐 스필버

그는 자신에게 마틴 스코세이지와 같은 강렬함이 부족하다고 불안해한다는 이야기를 들었다. 톰 행크스가 어느 날 촬영장에서 대니얼 데이루이스가 표지 모델인 《타임》을 발견하고는 잡지를 머리 위로 들어 올리며 고작 몇 년에 한 번씩 영화에 등장하는 동시대 배우가 그런 영예를 누린다는 사실에 하늘을 저주했다는 이야기도 들었다.

나는 온 힘을 다해 입이 무릎까지 떡 벌어지지 않도록 애쓰며 모든 이야기를 행주처럼 빨아들였다. 100번을 다시 살아도 프린스가 수많은 히트곡을 내는 사이사이 마이클 잭슨을 떠올렸다거나 톰 행크스가 미국의 아버지라는 영광을 한껏 누리는 것 말고 다른 일을 하며 하루를 보내리라는 사실은 몰랐을 것이다. 이런 상징적인 인물들이 내가 그들과 비교할 생각조차 하지 않았던 사람들에게 미치지 '못했다'라는 이유로 고뇌하며 몇 년을 허비한 것이다. 집으로 돌아오는 차 안에서 으레 그렇듯 소감을 나누던 케이시는 이런 일화들이 실망스럽다는 의견을 밝혔다. 반대로 나는 긍정적인 해방감을 느꼈다. 우리 중 누구도 자신의 매력과 성공을 정확하게 인식하지 못한다. 당장 다른 사람이 착각한 이야기를 똑같이 들어도 하나의 정해진 방식이 아니라 다 다른 방식으로 받아들이지 않는가. 내가 보기에는, 만약 스필버그조차 자신이 스코세이지가 아니라는 사실을 항상 의식했다면 그건 우리가 모두 망했다는 뜻이었고, 그렇다면 나는 자유였다.

사회적 비교는 본능이며, 긍정적으로는 정체성 형성에 도움이 된다. 자기 객관화를 위한 수단을 전부 갖추고 포궁을 빠져나오는 사람은 없다. 사람들은 도대체 자기가 누구인지 파악하기 위해 서로를 관찰해 왔다. 어렸을 때는 놀이터에 가고, 텔레비전을 보고, 책이나 잡지에서 여러 사람에 관해 읽은 뒤 그 정보를 활용해 어떤 자질을 더 갖추거나 덜 갖추고 싶은지 선택한다. 심리학자 디나르도 박사는 "글쎄요, 인스타그램이나 틱톡에서는 이런 영감의 원천이 매일매일 24시간 나타납니다"라고 말했다. "놀이터가 항상 열려 있는데 누가 나가 놀고 싶은 충동에 저항할 수 있겠어요?" 디나르도의 설명에 따르면, 정체성을 종합해 내는 여러 방법 중 가장 감당하기 쉬운 방법은 물리적 세계에 사는 소수의 개인 사이에서 균형점을 찾아내는 것이다. 온라인에서 만나는 모든 사람 사이에서 방향을 잡기는 불가능하다. 더구나 온라인에서 나타나는 여러 정체성은 실제 사람이 아니라 홀로그램이기 때문에 더욱 그렇다.

《실험심리학 저널》은 상호이익 부정이 무엇보다도 마음 이론theory of mind+의 문제로 인해 강화된다고 결론지었다. 순진한 현실주의자인 인간은 자신이 선호하는 것이 근본적인 진

+ 역주: 심리학과 신경과학에서 비교적 최근 발달한 이론으로, 타인에게 나와 다른 신념, 의도, 욕구, 감정, 지식 등의 정신 상태가 있음을 이해하는 능력을 일컫는다.

실이라고 인식하는 오류를 범할 수밖에 없다. 우리는 마주치는 모든 사람이 우리와는 다른 가치와 사고방식에 따라 결정을 내린다는 사실을 간과한다. 앞에서 언급한 경제학 연구에서는, 단순히 참가자들에게 판매자와 구매자 모두 나름의 **이유**로 각자의 선택을 내렸다는 사실을 상기하기만 해도("메리는 그것을 **원했기** 때문에 초콜릿 바를 샀습니다" 같은 얄팍한 이유라도) 상호이익 부정이 덜 발생했다. 다른 사람의 실제 선택과 소셜미디어상의 모습 뒤에 우리가 절대 예측할 수 없는 동기가 숨어 있다는 사실을 깜박하기는 너무나 쉽다.

'뷰티' 업계에서 일할 때 나는 동료들이 인스타그램에 호사스러운 선셋타워호텔 브런치 사진을 올리는 것은 블랙홀처럼 다른 이들의 빛을 빨아먹기 위해서라고 생각했다. 하지만 어쩌면 전혀 상관없는 일이었는지도 모른다. **메리가 그날 브런치 사진을 찍은 것은 수개월 만에 처음으로 행복하게 느꼈기 때문이다. 메리가 그날 브런치 사진을 찍은 것은 자기 얼굴이 못생겨 보여서 아름답다는 환상을 누리고 싶었기 때문이다. 메리가 그날 브런치 사진을 찍은 것은 상사가 인스타그램에 게시물을 더 올리라고 말했기 때문이다.** 뭔가를 게시하면서 사실은 더 불행해지는 게 아닐까? 디나르도는 말했다. "우리는 비교 대상들이 …… 사생활 [등]을 희생하거나 잃고 있다는 생각은 거의 하지 못하는 것 같습니다. 셀 수 없이 많은 셀카를 찍는 일반인은 나르시시스트이고 똑같이 하는 '유명한' 사람은 멋지게 보일 이유는 또 뭘까요? 양쪽이 원하는 것은 같지 않습니까?"

조화로운 관계를 맺기 위해서는 타인이 나와 다르게 생각하고 느낄 수 있다는 사실을 인정해야만 한다. 심리학자들은 이런 능력이 2~3세 어린이의 발달에 핵심적인 단계라고 본다. 추론, 문제 해결, 창의성, 의사소통, 주의력을 담당하는 부분인 전두엽이 제대로 기능한다는 의미이기 때문이다. 전두엽이 유연하고 활발하게 기능하지 않으면 흑백논리를 극복하고 문제를 파악하는 능력이 손상된다. 그렇게 되면 사회에서 조화를 이루며 살 수 없다. 심리학자 조너선 하이트Janathan Haidt는《애틀랜틱》에서 학교에서 스마트폰을 금지해야 한다고 주장하며 청소년이 지속해서 인터넷을 사용하면 잠재적 사회성이 파괴된다는 증거를 제시했다.[17] 그는 말했다. "아이들이 학교에 꾸준히 출석하고, 잘 배우고, 친구를 만들고, 소속감을 느끼길 바란다면 학교에 있는 동안 최대한 오래 아이들을 스마트폰과 소셜미디어에서 떼어 놓아야 한다." 나는 궁금해졌다. **소셜미디어를 너무 오래 이용해서 내 전두엽의 활동과 유연성이 저하된 걸까?**

디나르도가 개인 진료 중에 관찰한 바에 따르면, 소셜미디어와 관련해서 발생하는 가장 심각한 정신 건강 문제(청소년 자살이 그 예다)는 사랑하는 이들로부터 존중받는 느낌을 받지 못하거나 풍부하고 활달한 오프라인 생활을 누리지 못하는 환자들에게서 나타난다. 틱톡이 생겨나기 훨씬 전부터, 심리적인 혼란은 타인과 잘 소통하지 못하는 문제와 밀접한 연관이 있었다. 전 미국 공중보건위생국장 비벡 H. 머시Vivek H. Murthy는 2020년 저서 『우리는 다시 연결되어야 한다Together』에서 다음과 같이 썼다.[18] "어린이의 치명적인 스트레스를 예방 및 해결하는 데 가장 중요한 요소 중 하나가 건강한 사회적 관계라는 사실은 오늘날 널리 알려져 있다." 삶이 점점 더 가상화되면 제로섬 게임이라는 고통스러운 인식을 극복하기는 더 힘들어질지 모른다.

그러나 다행히도 자발적 특성 전이는 양방향으로 작용한다. 새 동료가 얼마나 창의적인지, 혹은 친구들이 얼마나 착한지 떠벌려 보라. 그 말이 진심이기만 하다면 곧 당신도 더 빛나는 자질들을 갖추기 시작할 것이다. 그렇다고 부정적인 감정을 억압하라고 권장하는 것은 아니다. 그보다는 자존심과 험담 사이의 악순환에서 제로섬 편향이 무슨 역할을 하는지 고민해 보고, 그런 악순환이 끊어질 수 있다고 기대해 보라는 의미다.

기자 앤 프리드먼Ann Friedman은 가장 친한 친구 아미나투 소Aminatou Sow와 함께, 쉽게 실천할 수 있는 해결책으로 "빛남 이론Shine Theory"[19]을 제안했다. 2013년 《더컷The Cut》에 실려 많은 사랑을 받았던 기사에서 프리드먼은 다음과 같이 조언했다. "위협적일 만큼 재치 넘치고, 스타일 좋고, 아름답고, 뛰어난 직업적 성취를 이룬 여성을 만나면, **그와 친구가 되어라.** 최고의 사람들에게 둘러싸여 있다고 당신이 상대적으로 초라해 보이지는 않는다. 오히려 당신은 더 좋은 사람처럼 보인다. …… 진정한 자신감은 전염된다." 자존감을 키우면 다른 사람을 더 제대로 대할 수 있다. 아름답고, 성공적이고, 멋진 사람이 존재하기만 해도 우리의 아름다움과 성공, 멋짐이 위험에 처한다는 잘못된 인식이 줄어들기 때문이다. 우리는 다른 사람이 빛난다고 우리의 빛이 사그라지지 않는다는 사실을 깨닫는다. "켈리 롤랜드가 자신이 비욘세와 가까워서 (덜이 아니라) 더 빛난다는 생각을 받아들일 수 있다면, 우리에게도 희망은 있다." 프리드먼이 말했다.

'뷰티' 업계를 떠나고 반년 뒤, 나는 프리드먼의 제안을 받아들여 그 해결책을 환장의 인스타그램 소용돌이의 해독제로 실험해 보기로 했다. 나를 주눅 들게 하는 계정을 마주치면, 나는 우선 경쟁심에 토하고 싶어지는 충동을 인정했다. 그러고 나면 토하는 대신 '팔로우'를 눌렀다. **스스로에게 적이 아니라 관계를 만들 기회를 줘.** 나는 나 자신에게 말했다. 계정 주인에게 작품에 대한 진심 어린 찬사를 담은 다이렉트 메시지를 보내기도 했다. 많은 경우에는 건너편의 다층적인 인간 존재가 상냥하게 감사를 표했지만, 답변이 오지 않으면 나는 메시지를 보내는 것만으로도 충분히 자유로워졌다는 듯 보통 그 일을 잊어버렸다. 서로 연결된 관계가 나의 카타르시스였다. 실험이 성공적이었다고 말하는 것만으로는 부족하다. 메시지를 보냈던 사람 중 일부는 소중한 진짜 친구가 되었다. 그들을 적으로 두는 일은 상상할 수조차 없다. 서로의 빛이 합쳐지면, 우리는 크라이슬러 빌딩[+]이 된다. 부정할 수 없는 '윈윈'이다.

+ 역주: 뉴욕시를 대표하는 마천루 중 하나. 건물 높이 319.4미터로 세계에서 가장 높은 벽돌 건축물이며, 아르데코 양식과 여러 층의 아치로 이루어진 첨탑으로 유명하다.

온라인에서 죽는 건 어떨까

05

생존자 편향에 관하여

나는 죽어 가는 여성들에 대한 글을 쓰다가 가장 소중한 친구를 만났다. 라첼리는 우연히 살아남은 이들 중 하나다. 그의 구독자들은 선의를 담아 표현했겠지만, 라첼리가 생존한 것은 하늘이 내린 “기적”이나 업보의 “보상”, 혹은 단호한 의지로 철저하게 지킨 비건 식단에 따른 결과가 아니었다. 그는 ‘선택받아서’ 살아남은 게 아니다. 뒤따르는 불운을 전부 무시한 채 긍정적인 결과에만 집중하는 **생존자 편향**survivorship bias[1]이 부리는 속임수 때문에 그렇게 보이는 것뿐이다. 뿌리 깊은 이런 사고방식은 인식을 얼룩지게 한다. 때로는 색유리처럼, 때로는 잉크와 피처럼.

나는 2017년《마리끌레르》에 중병을 앓는 청년들을 주인공으로 한 기사를 게재했다.[2] 암처럼 삶을 송두리째 뒤흔드는 병을 진단받은 후 유튜브를 시작해 생사를 이야기하는 브이로그를 제작하는 이들이었다. 메이크업 튜토리얼 재생목록을 훑어보다가 코트니라는 20대 여성이 올린 영상들을 발견하고 기사를 쓰기 시작했다. 딸기색 머리의 코트니는 처음으로 아이섀도를 칠하는 법을 게시하고 1년 만에 치명적인 뇌종양을 앓게 되었다. 유튜브가 '추천 영상'으로 소개한 영상 속 코트니는 짬을 내서 메이크업 영상을 촬영하는, 사과색 볼을 가진 건강한 유치원 선생님이었다. 그러더니 유튜브는 코트니가 뇌종양 진단을 받고, 방사선 치료와 수술을 견디고, 직장과 머리카락, 발화 능력을 잃고, 치료를 끝내고, 병을 이겨 내고, 잃어버린 모든 것을 되찾는 과정을 지켜보게 했다. 이 모든 사연이 한 시간 안에 지나갔다.

그 후 몇 주간, 유튜브에서 가히 하위문화를 이룬다고 할 법한 만성질환 관련 영상들이 풍선처럼 내 시야에 들어왔다. 코트니와 비슷한 사람이 수십, 아니 수백 명이었다. 대부분 10대나 20대 브이로거인 이들 중 일부는 원래 채널을 운영하다가 진단 후 투병 중심의 콘텐츠를 제작하기 시작했고, 일부는 첫 진료부터 화학요법, 때로는 나쁜 소식을 전하기까지 치료 여정을 기록하기 위해 유튜브를 시작했다. 몇몇 채널은 말 그대로 '셀러브리티'의 지위에 올랐다. 초기에 생겨난 가장 유명한 채널 중 하나는 태양 표면에서 일어나는 폭발처럼 쾌활한 웃음소리로 화면을 가득 채우는 활기찬 열세 살 뷰티 유튜버 탈리아 조이 카스텔라노Talia Joy Castellano의 채널이었다.

탈리아는 일곱 살 때부터 진행성 신경계 종양인 4기 신경모세포종 치료를 받았다. 그가 열한 살에 개설한 채널은 2년 만에 140만 명이 넘는 구독자를 모았다. 탈리아의 조숙한 재치와 대담한 화장법—클레오파트라식 아이라이너와 난초색 립스틱—, 그리고 무엇보다 죽음의 문턱에서도 흔들리지 않고 기쁘게 삶을 누리는 모습에 매료된 이들이었다.

"탈리아는 사람들에게 희망을 줬어요." 언니 마티아가 회상했다. "죽어 가는 어린 여자아이가 그렇게 긍정적인 태도를 지닌 것을 보면 사로잡힐 수밖에 없죠. 처음에는 그저 재미로 화장하는 영상을 올리기 시작했는데, 소아암에 관한 이야기를 시작하자 곧바로 구독자 수가 폭발했어요."

탈리아는 만성질환자 브이로거 한 세대가 활발히 활동할 수 있는 길을 닦았다. 나는 온라인 쇼핑과 영국 팝 스타에 대한 전염성 강한 열정과 수레국화처럼 푸른 눈을 지닌 오스트레일리아의 활기찬 10대 소피아 갈Sophia Gall과 이야기를 나누었다. 소피아는 열세 살에 희귀 뼈암인 골육종을 진단받고 채널을 개설했다. 2년 뒤, 14만 5000명 이상의 구독자가 소피아가 호스피스 시설에 입원하는 모습을 지켜보았다. 걸걸한 웃음과 "코마 상태에 빠진다면 어떨까"나 "사망 101"과 같은 으스스한 유머가 담긴 브이로그로 20만 명이 넘는 구독자에게 널리 알려진 용감한 낭포성섬유증 환자 클레어 와인랜드Claire Wineland도 있다. 세 아이 엄마이자 스팽글처럼 빛나는 미소와 나긋나긋한 목소리를 지닌 캐나다 메이크업아티스트 레이그다 제하Raigda Jeha는 마흔네 살에 위암으로 3개월 시한부 선고를 받았다. 레이그다는 2년 동안 자신의 병을 전체론적 방법으로 관리했으며, 친구의 권유로 유튜브에 자기 경험을 바탕으로 한 희망찬 원테이크 영상을 올리기 시작했다.

나는 환자들이 자기 죽음과 맺는 관계에서 브이로그가 어떤 역할을 하는지 이해하고 싶었다. 마치 낮이 밤에 자리를 내어 주는 모습처럼, 자신의 몸이 허약해지는 것과 동시에 구독자 수가 늘어나는 모습을 바라보면 어떤 기분일까?+ 아픈 10대의 모습을 그려 낼 때는 대부분 '기적처럼 회복한' 경우—당당한 태도로 희박한 가능성을 이겨 내서 뉴스에까지 등장한 말기암 환자—만을 골라 묘사한다. 하지만 나는 내가 만난 죽어 가는 젊은 여성들만큼 패기 넘치는 사람은 만나 본 적이 없다. 소피아는 금의환향하지 못했다. 나와 인터뷰한

+ 죽음은 웹상의 존재감에 왜곡된 효과를 일으킬 수 있다. 뇌종양을 이겨 낸 코트니는 수많은 전문적인 메이크업 영상을 올렸는데, 그럼에도 조회 수가 가장 많은 것은 실어증 수술 후의 질의응답 "업데이트: 말하기는 어려워"다. 조회수 500만이 넘는 이 영상의 섬네일에는 반짝이는 분홍색 배경 속, 방사선 헬멧 옆에서 얼굴을 찌푸리고 있는 코트니의 모습이 담겨 있다. 1년 뒤 코트니가 완치를 선고받자 조회 수는 수천 건씩 추락했다. 어쩌면 우리는 누군가 생생하게 **죽어 가는** 과정을 바라보는 것을 흥미로워하는지도 모르겠다. 그러나 상황이 나빠지는 데도 한계가 있고, 인터넷에서 관심을 끄는 데 관해서라면 완치는 죽음과 마찬가지로 사업에 별 도움이 되지 않는다.

이듬해 소피아의 유연한 몸은 급격히 수척해졌고, 이내 걷지 못하게 된 그는 2018년에 사망했다. 그로부터 몇 달 뒤, 클레어가 두 차례 폐 이식 후 뇌졸중으로 스물한 살 나이에 사망했다. 탈리아는 열네 번째 생일을 맞지 못했고, 자신을 기리며 대신 이뤄 달라고 구독자들에게 동글동글한 글씨로 직접 적은 버킷리스트를 남겼다. "10번. 커다란 물풍선으로 싸움하기 …… 22번. 하루 동안 모든 것에 알겠다고 대답하기 …… 56번. 내 방 구석구석 청소하기." 하지만 운이 좋았던 라첼리는 살아남았다.

처음 실제로 만났을 때 스물세 살이던 라첼리는 호지킨림프종에서 완치된 지 2년 차였다. 대학교 4학년 때 진단을 받은 그는 그날로 자신의 경험을 브이로그에 기록하기 시작했다. "그냥 휴대전화를 꺼내 들었어." 라첼리가 회상했다. 우리는 로스앤젤레스의 서로 이웃한 동네에 살았다. 내가 기사를 작성해 제출하자 라첼리가 근처 술집에서 생맥주를 마시자고 제안했다. 그전까지 취재원과 친구가 된 적은 한 번도 없었는데, 따뜻하고 사람을 좋아하는 라첼리를 보니 왜 그간 굳이 그러지 않으려고 했을까 하는 생각이 들었다.

어머니는 늘 사람들은 아플 때 자기 자신의 극단적인 버전이 된다고 말했다. 냉소적인 사람은 더 냉소적이 되고, 정중한 사람은 더 정중해지며, 웃긴 사람은 더 웃겨진다고 말이다. 팔에 각양각색의 문신을 새기고 초록 눈을 반짝이는 외향적인 유아교육 전공자이자, 예산에 딱 맞게 활기찬 안식일 저녁 식사를 주최하는 재능을 소유한 사람인 라첼리는 삶에 대한 강렬한 열망을 지니고 있었다. 전염성 강한 그 열망은 삶을 거의 잃을 뻔했다는 사실과 관련이 있어 보였다. 한참 함께 시간을 보내다 라첼리가 길모퉁이 노래방으로 자리를 옮기자고 제안했고, 세 시간 동안 2000년대 초의 버블검팝[+] 히트송을 열창한 끝에 우리의 결속은 굳건해졌다. 6개월도 채 지나지 않아 나는 라첼리의 결혼식장 맨 앞줄에 앉아 있었다. 위기에 대처하는 데도 좋은 일을 만끽하는 데도 모두 뛰어난 라첼리는, 뭐든 새로운 소식이 있으면 내가 가장 먼저 전화하는 사람이 되었다. 우리 부모님은 가족 모임이 있을 때마다 라첼리와 그의 남편을 초대하기 시작했다. 우리가 함께 자라지 않았다는 사실은 사실상 잊은 채였다. 그러나 라첼리가 나를 알게 되기 몇 달 전, 나는 그가 머리를 깎고, 새로 이식한 케모포트를 자랑하고, 폐에 생긴 혈전과 씨름하고, 마지막 화학요법이라며 종을 울리고, 암 수술 후 첫 생일을 맞아 케이크 촛불 빛으로 얼굴이 환히 빛나고, 검사 결과가 깨끗하다는 소식에 안도의 한숨을 내쉬고, 머리카락을 기르고, 학교로 돌아가고, 약혼하는 모습을 지켜보았다. ……전부 온라인으로.

[+] 역주: 청소년을 겨냥한 밝은 멜로디의 팝 음악.

카메라 앞에서 라첼리는 무척 자연스럽지만, 누리꾼의 관심은 애초에 목표가 아니었다. 진단서를 받아 든 라첼리에게 유튜브는 그저 친구와 가족들에게 계속해서 건강상태가 어떤지 알려 줄 수 있는 편리한 수단이었다. 바람이 있다면 자신의 브이로그가 단 몇 명이라도 다른 젊은 암 환자들에게 닿아 공감을 안겨 주었으면 하는 것뿐이었다. 라첼리의 첫 번째 비디오는 어지러운 형광 조명에 휩싸여 꼭 디스코볼처럼 보이는 그의 얼떨떨한 얼굴로 시작한다. 배경에서 경쾌한 전자음악이 들린다. "지금 친구들이랑 볼링을 치고 있는데요……. 오늘은 제가 호지킨림프종에 걸렸다는 사실을 알게 된 날입니다." 라첼리가 당황스러운 미소를 지으며 카메라에 대고 말한다. "조금 충격받긴 했지만, 그래도 최고의 친구들이 있으니까요." 그 뒤로는 눈이 똥그란 꼬마 친구들과 심부름을 하고, 새로운 생식 식단을 시작하고, 플로리다 집으로 돌아가 혈액학 전문의를 만나기 위해 공항으로 향하는 라첼리의 모습이 이어진다. '암을 진단받은 하루'라는 제목의 이 브이로그는 친구와 함께 라일락색 침대 시트 밑에 파묻힌 라첼리의 모습으로 끝난다. "다 잘될 거야." 라첼리가 선언한다.

이 선언은 라첼리의 브이로그에서 상징적인 마무리 문구가 되었다. 치료를 받는 동안 라첼리는 극도의 낙관주의—그가 늘 말하듯 "긍정성으로 역경을 이겨 내는" 태도—를 생존 전략으로 삼았다. 그러나 완치 후 몇 년이 지나자, 라첼리는 자신의 "암 여정"을 그처럼 장밋빛으로 그려 내도 되는 건지 고민하기 시작했다. "암 투병에서 살아남으면 진단받았을 때만큼이나 감정이 롤러코스터처럼 요동쳐." 만난 지 4개월째에 접어들던 어느 오후, 함께 라첼리의 로스앤젤레스 집 소파에 앉아 그가 직접 만든 모로코식 스펀지+를 먹고 있었는데 그가 털어놓았다. "감사하는 마음과 PTSD가 섞여 있고, 사람들이 내 경험에 무엇을 투사할지 약간 불안한 마음도 있어." 실제로 라첼리를 모르면서도 그가 세상에 없어서는 안 될 사람이어서 살아남았다는 듯이 말하는 사람이 적지 않았다. 라첼리가 말했다. "일단 압박감이 너무 심해. 난 '옳은' 삶을 살았는데도 세상을 떠난 정말 좋은 사람들을 알아. '잘못된' 짓을 하고도 살아남은 끔찍한 사람들도 알고. 내가 긍정적인 사람이라 살아남았다고 믿고 싶어 하는 시청자들이 있는 것 같아. 언젠가 자신도 아프게 되면 내 방식을 참고하려는 건지도 모르지."

이렇게 심리적으로 상황을 재구성하는 것은 생존자 편향의 결과다. 생사와 관련된 문제뿐 아니라 사업, 피트니스, 순수예술, 전쟁 등 '성공'이 측정되는 모든 상황에서 이런 오류가 나타난다. 생존자 편향은 어떤 일이 왜 잘 풀렸는지 그 '이

+ 역주: 반죽을 튀겨 만드는 일종의 도넛.

유'를 판단할 때 특정 기준을 충족한 사람이나 대상에게만 집중하고 그렇지 못한 이들은 간과함으로써 잘못된 결론을 내리게 만든다.

생존자 편향의 가장 고전적인 예시라고 볼 수 있는 사건은 제2차세계대전 중에 발생했다. 1943년 미군 측에서는 컬럼비아대학교 통계팀을 동원해 전투기가 격추되지 않으려면 어떤 부위에 장갑裝甲을 보강해야 하는지 알아내려고 했다.[3] 전투기 전체를 빛나는 기사 갑옷으로 뒤덮었다가는 무거워서 추락하고 말 테니 가장 취약한 부분에 집중해야 했다. 군대는 먼저 직관적으로 전장에서 돌아온 전투기를 조사해 어떤 부분이 가장 크게 손상되었는지 분석하기로 했다. 그러면 자연스럽게 그 부분에 안전장치를 덧댈 수 있을 터였다. 그런데 한 수학자가 군의 계획에서 치명적인 결함을 발견했다. 바로 조국으로 돌아오지 **않은** 전투기는 고려되지 않는다는 점이었다. 생존자 편향은 군인들을 정확히 반대 방향으로 인도했다. 즉, 그다지 치명적이지 않은 손상에 대비해 전투기를 보호하려고 한 것이다. 군에서는 어떤 총탄이 최악의 위치에 적중했는지 알 수 없었다. 그 전투기들은 끝까지 돌아올 수 없었기 때문이다.

이렇게 비가시적인 실패를 간과하면 현대를 살아가며 우리가 내리는 수많은 판단이 왜곡된다. 취소 불가 조건의 체육관 회원증과 상처 입은 자존감만 남은 수많은 사람은 고려하지 않고, 경탄스러운 전후 사진에 사로잡혀 새로운 운동 프로그램을 시도하려 들 때가 그렇다. 똑같은 전략을 시도했다가 실패한 이름 모를 이가 얼마나 많을지 모르는데도 롤 모델 단 한 명이 성공했다는 이유로 그 경력을 곧이곧대로 따라 할 때도 마찬가지다. 박물관을 거닐며 고대 이집트 건축가들과 빅토리아시대 재봉사들의 솜씨에 감탄하다가, 뭐가 됐든 예전만 못하다고 한탄할 때도 있다. 이때 우리는 아름답거나 정교하지 않아서 살아남지 못한 과거의 수많은 옷과 예술작품, 건축물의 존재를 잊는다. 분명 예전만 한 것들이 만들어지고 있으며, 사실 만들어지는 총량은 더 많다. 그저 전체를 놓고 보면 쓰레기도 그만큼 많아졌을 뿐이다. 숨 막히게 아름다운 수제작 새 보디스+ 한 벌당 조악한 문구가 적힌 공장제 티셔츠가 한 무더기는 만들어진다. 반대로 '좋았던 옛 시절'의 유물로는 최상급 물품만이 남았고, 우리가 보는 것은 그게 전부다.

타바스코소스처럼 뜨거웠던 로스앤젤레스의 어느 여름, 케이시와 나는 환각버섯을 먹고 게티박물관Getty Museum을 찾았다. 1990년대 말 지어진 게티센터 건물은 머나먼 미래의 도시를 연상시킨다. 뼈 같은 빛깔의 기하학적 건물과, 뱀처럼

+ 역주: 서구의 전통적 여성 상의 혹은 드레스 윗도리 부분. 몸통에 꼭 맞춰 끈으로 조여 입는 형태로 되어 있다.

똬리를 튼 정원이 말리부의 건조한 적갈색 산 위로 달에 꽂힌 깃발처럼 솟아올라 있다. 우리는 박물관에서 진행 중인 묘한 매력의 〈중세의 신화〉 전시가 볼 만하다는 얘기를 들었고, 약간의 실로시빈**이 전시와 잘 어울리리라 생각했다. 화려하게 장식된 약재 그릇과 중세 영어 필사본 사이를 느릿느릿 돌아다니다 보니 1400년대 사람들 모두의 예술성에 정신을 차릴 수가 없었다. 그러다가 나는 이 전시가 **모두**를 대표하지는 않는다는 사실을 떠올렸다. 심지어 전시품 절반은 실제로 중세에 만들어진 것도 아니었다. 전시의 목적은 장인정신이 쇠락하지 않고 더욱 정교해진 후대의 시점에서 중세를 낭만적으로 재해석해 조명하는 것이었다. 나는 벨벳으로 벽을 장식한 전시관에서 대리석 아트리움으로 옮겨 가면서 단지 보존될 만하지 않다는 이유로 이 전시실에 다다르지 못한 수많은 물건에 대한 회한에 젖었다. 우리가 15세기의 할 일 없는 10대나 아마추어 화가가 그린 조잡한 작품을 볼 일은 없다. 그런 작품은 살아남을 만큼 견고하거나 특별하지 않았기 때문이다. 나는 어느 왕이 소유했던 600살 먹은 그림책을 멍하니 바라보며 내 고조의 고조의 고조부모님이 만든 까슬까슬한 모직 망토나 음정이 엉망인 겜스호른***은 어땠을까 생각

** 역주: 환각버섯에 들어있는 환각 유발 물질.

했다. 그런 보잘것없는 유물들이 어떻게든 살아남았다면, 객관적으로 저반사 유리 뒤에 진열될 만하지는 않더라도 내게 어떤 의미를 지녔을까 궁금했다.

내가 인터뷰했던 여성 여섯 명 중 라첼리를 제외하고 단 한 명이 살아남았다. 그 한 명의 이름은 메리다. 메리는 열다섯 살에 소아 뼈암인 유잉육종을 진단받았다. 나는 지금도 인스타그램으로 메리와 연락을 주고받는데, 그건 내가 지금껏 그 앱으로 한 일 중 가장 쓸모 있는 일이다. 메리가 인생에서 고등학교 졸업이나 대학교 합격, 머리카락 염색 등 크고 작은 중요한 전환점에 도달하는 것을 볼 때마다 목이 메어 온다. 머리카락은 산더미같이 다시 자라났다. 2017년 인터뷰 당시 메리는 막 14차 화학요법을 마무리한 참이었다. 두피에 황갈색 반점 모양으로 솜털이 돋아나기 시작했는데, 마치 뿌연 지구본 위 대륙 같았다. 아직 미성년자일 때 치료를 시작했기 때문에 자기 건강과 관련된 결정이 온전히 메리에게 달린 문제는 아니었다. 메리는 즐겁게 유튜브 영상을 촬영하고 편집하면서—"암 환자와의 일주일 | 병원 브이로그" "암 투병의 가장 좋은 점과 나쁜 점"—조금이나마 주체성을 누릴 수 있었다. 또 치료 과정이 일상이라는 인식은 그처럼 길고 지루한

+++ 역주: 물소의 뿔로 만든 중세 유럽 관악기.

입원 기간을 버틸 수 있게 해 주었다. 메리가 설명했다. "아프면서 정말 외로웠는데 사람들에게 다가갈 방법이 많지 않았어요. 그래서 유튜브는 치유의 방법이었어요. 끔찍한 것들을 비디오로, 예술로 바꿔 낼 수 있었거든요. 그리고 원하는 방법으로 사람들에게 공유할 수도 있고요. 그래서 견딜 수 있었어요." 시청자들은 매일같이 메리의 영상 덕분에 이별이나 나쁜 성적 등 자신들의 문제를 거리를 두고 바라볼 수 있게 되었다는 댓글을 남겼다. "자기 경험을 한참 뛰어넘는 극심한 싸움을 하는 누군가를 보면, 자기 문제는 해결할 수 있겠다는 걸 깨닫죠." 메리가 말했다.

실제 알지도 못하는 사람에게 깊은 애착을 느끼고 그 죽음을 애도한다는 것이 기묘하게 느껴지기도 하지만, 정신의학 전문가들은 이것이 소셜미디어를 활용하는 가장 건전한 방식 중 하나라는 데 동의한다. 낯선 젊은이가 매일 시련을 겪다가, 기념할 만한 일이 생기고, 결국 스러지는 모습을 목격하면 팔로워들은 자신이 처한 환경 너머를 보게 된다. 미네소타 구스타부스아돌푸스 칼리지 행동 건강behavioral health✣✣✣✣ 분야 학자이자 교수인 페그 오코너Peg O'Connor 박사는 말했다. "많은 젊은 여성이 머리가 엉망이 된 하루를 걱정합니다. 하

✣✣✣✣ 역주: 개인의 정신 건강 상태가 행동에 미치는 영향을 다루는 학문 분야.

지만 앞머리가 너무 길어서 머리가 엉망인 하루와, 머리카락이 한 움큼씩 떨어져서 머리가 엉망인 하루 사이에는 엄청난 차이가 있지요."

지난 세대의 가장 뛰어난 물리적 예술품만이 전해지는 것과 마찬가지로, 소셜미디어 이용자는 흔히 자기 인생의 가장 영광스러운 모습만을 보존한다. 하지만 죽어 가는 젊은 여성의 '불완전한' 브이로그는 유튜브라는 가상 전시 공간을 활용해, 물리적 예술로는 절대 불가능했을 방식으로 생존자 편향에 맞선다. 매일의 투병을 날것 그대로 그려 내는 자전적 스케치는 디지털 예술품이며, 시간이 지나도 해체되지 않는 아마추어 도자기와 직물 컬렉션이다.

이 젊은 여성들의 영상은 또한 뉴스에서 흔히 채택되어 시청자들의 생존자 편향을 부추길 따름인 판타지적인 암 묘사 방식에 질문을 던진다. 중대한 건강 문제를 겪는 사람이 순수한 의지만으로 역경을 극복하는 것처럼 묘사하는 모든 미디어를 통틀어 '영감 포르노inspiration porn'라고 일컫는다. 미국 장애인 대부분은 본인의 의지가 얼마나 굳은지에 상관없이 충분한 지원을 받거나 고용되지 못한다. 2015년 《장애 및 건강 저널Disability and Health Journal》에 실린 연구에서는 신체적 장애가 있는 개인의 의료상 필요가 충족될 확률이 비장애인보다 75퍼센트 낮다고 밝혔다.[4] 《미국 공중보건 저널American Journal of Public Health》에 실린 또 다른 2015년 연구에서는 "장애인 인구는 대체로 공중보건이 관심을 기울이는 대상으로 인정받지 못해 왔다"라고 설명했다. 이런 연구 결과에 따르면 선천적 장애나 후발성 질병이 있거나 부상을 입은 성인은 실업률이 세 배 가까이 높았으며 가계소득이 1만 5000달러 이하일 확률도 두 배 높았다.[5] 말기암 환자 대부분은 밝은 태도 덕분에 '기적적으로' 회복되지 않는다. 죽어 가는 여성 대부분은 유명한 유튜버가 되지 못한다.

어머니가 아팠던 바람에 암 관련 용어들을 많이 익히게 되자, 나는 사람들이 너무나 쉽게 성패의 언어를 써서 생사의 문제를 논한다는 사실에 충격을 받았다. 삶을 빼앗기기를 선택했기 때문에 암과의 '싸움'에서 '패배하는' 것이며, 따라서 이는 '포기'이자 '굴복'이다. 여기에는 황금처럼 삶을 소중히 그러모아야 하고 '승리한' 이들은 그럴 만했다는 암묵적인 교훈이 숨어 있다.

생존자 편향은 장애나 죽음과 관련된 문제 이외에서도 심각한 성공-실패 이분법을 낳을 수 있다. 대학교를 중퇴하고 억만장자가 된 IT CEO들의 전설을 생각해 보라. 부유한 중퇴자들에게 푹 빠진 시대정신 덕에, 삐딱한 우파 IT 억만장자 피터 틸Peter Thiel은 2011년 대학교를 때려치울 계획인 젊은 사업가들에게 10만 달러를 지급하는 장학 프로그램을 만들었다. 확률에 도전하는 서사가 눈부실지는 몰라도 그 안에 담긴, 적절한 기술과 노력만 있으면 누구나 부자가 될 수 있으며, 실패한다면 눈에 띄지 않는 보편이 아니라 불쌍하기 짝이 없는 한심한 예외라는 메시지는 옳지 않다. 우수한 기술과 신념을 갖추었음에도 부유하지 못한 가족과 인맥 부족, 구조적 편견, 어긋난 시운時運 등 통제할 수 없는 요소로 인해 사업에서 성공을 거두지 못한 이들의 이야기는 훨씬 흔하지만 말해지지 않는다. 《포브스》는 2017년 미국 억만장자 중 84퍼센트가 대학을 졸업했으며, 이 가운데 가장 수입이 높은 이들은 하버드, MIT, 스탠퍼드 출신이라고 발표했다.[6] 전체 인구 중 0.000001퍼센트에 해당하는 이들 가운데에는 학위가 아예 없는 사람보다는 석사학위나 박사학위를 소지한 사람이 더 많았다.

억만장자들은 잠시 잊자. '성공한' 일상을 보내는 밀레니얼세대의 모습—부동산을 사들이고, **모든 사람**이 레이캬비크에 있는 게 아닌가 싶었던 어느 여름 아이슬란드에서 휴가를 보내는—에만 집중하면, 그렇게 풍요롭지 않은 삶을 경험하는 평균적인 밀레니얼세대의 현실은 왜곡된다. 퓨리서치센터와 연방준비제도Federal Reserve('연준'으로 약칭) 데이터에 따르면, 밀레니얼세대는 비슷한 연령대에서 X세대나 베이비붐세대보다 빈곤하게 살 가능성이 크다.[7] 2022년 연준은 미국 밀레니얼세대 31퍼센트와 Z세대 36퍼센트가 학자금 대출에 허덕이고 있으며, 그 비율은 2009년에서 2019년 사이 두 배 이상 증가했다고 발표했다.[8] 한편 온라인에서는 모든 젊은 세대가 디자이너 브랜드 스웨트팬츠와 통조림 생선 말고는 아무것에도 관심이 없다고들 한다. '빚이야 어차피 다 갚지 못할 게 뻔한데 아무래도 상관없잖아?'라며 멋들어지게 포장된 앤초비에 16달러를 쓰는 사람이 있을지도 모르는 일이다.

기본적으로 생존자 편향은 인과관계에 대한 근본적인 오해로 발생한다는 측면에서 비례 편향과 비슷하다. 음모론에 불을 지피는 잘못된 판단과 유사하게, 생존자 편향은 상관관계만이 존재하는 패턴에서 긍정적인 인과관계를 읽어 내도록 한다. 라첼리의 눈에서 마음을 울리는 반짝임을 발견한 유튜브 구독자들을 설득해 햇살 같은 마음가짐이 그를 구했다고 생각하게 만드는 것이 생존자 편향이다. 라첼리, 소피아, 메리, 클레어가 애초 유튜브 채널을 개설한 것도 무의미한 불행을 논리적인 서사로 변화시키려는 이런 욕망 때문이다. 위중한 의학적 진단을 받고 교차하는 수많은 감정 중에는, 삶은 무작위로 흘러가고 우리가 바꿀 수 있는 것은 아무것도 없다는 사실에 대한 고통도 있다. 처음으로 대화를 나누었을 때 라첼리는 유튜브 비디오를 올리고 구독자들에게 좋은 영향을 줄 수 있어서 당시의 경험이 덜 무의미해졌다고 말했다.

"힘든 시기에도 뭔가 의미가 있다는 느낌이 들었어. 아무 이유가 없어서 그런 일이 일어난 것은 아니라고 말이야."

우리는 때때로 실제 인간의 삶이 줄거리가 잘 짜인 영화처럼 느껴지기를 바란다. 역경과 드라마를, 종국에는 우리가 심은 알뿌리에서 꽃이 피어나는 결말을 갈망한다. 나는 시나리오 작가들이 '그러고 나서'식 스토리텔링보다 '그러나/그러므로'식 스토리텔링의 이점이 많다고 말하는 것을 들어 본 적이 있다. 나쁜 영화 대본에서는 무작위 사건 위에 무작위 사건이 덧붙여진다('그러고 나서, 그러고 나서, 그러고 나서'). 반대로, 설득력 있는 대본은 서사의 씨앗을 심고, 그에 따라 갈등과 해결이 피어나게 만든다('그러므로, 그러므로, 그러나, 그러므로'). 우리는 이 구조가 픽션에서만큼이나 우리 자신에게도 적용되기를 간절히 바란다.

인생은 영화가 아니지만, 유튜브는 그 둘 사이 어디쯤에 있다. 브이로그는 실제 경험과 스토리텔링, 셀러브리티와 아픈 10대, 청중과 친구 사이 경계를 흐릿하게 만든다. 사건이 '일관성 있게' 전개되지 않으면 어떤 시청자는 불만스러워하며 비난을 쏟아 낸다. 라첼리, 메리, 소피아, 클레어가 올린 영상에는 대부분 응원하는 피드백이 달렸지만, 가끔 나타나는 적대적인 반응이 더 크게 느껴지는 것은 어쩔 수 없었다. 상상하기 어려운 일에 직면해 '사소한 일'에는 초연해야만 했던 이들도 온라인상의 악의에서 오는 고통에는 면역되어 있지 않다. 열다섯 살이었던 소피아 같은 그가 거짓말로 병에 걸렸다고 꾸며 냈으니 감옥에 보내야 한다는 댓글을 본 적도 있다고 말했다. "진짜 거짓말이었으면 좋았을 텐데요." 소피아가 애통하게 웃었다.

40대인 레이그다 제하는 화면을 보며 자라지 않은, 얼마 안 되는 X세대 브이로거 중 하나였다. 신중하게 편집된 메리의 짧은 영상과 액션이 가득한 라첼리의 브이로그와 달리, 레이그다의 영상은 보통 원테이크로 촬영되었다. 레이그다는 셀카를 찍는 자세로 휴대전화를 들고 앉아 최근에 어떤 음식과 치료법이 잘 맞았는지 수다 떨듯 친근하게 이야기했다. 시청자들에게 스스로의 치료 과정에서 적극적인 역할을 할 수 있는 완화 치료를 권하고, 의사의 권고와 각자의 행복을 잘 저울질해 보라고 조언했다. 레이그다는 첫 번째 영상을 올린 뒤 죽어 가는 마당에 뭐 하러 화장은 하는 거냐고 물었던 남자를 떠올렸다. 그가 말했다. "그러고 나면 '나한테 치료법이 있어! 이걸 사!'라고 말하는 트롤+들이 나타나요. 내가 대체의학을 강요한다고 화를 내는 사람들도 있는데, 그게 아니거든요. 내 병에는 치료법이 없어요. 난 그저 살아 있는 동안 그 삶을 공유할 뿐이에요."

널리 퍼진 기대를 어느 정도 충족하기 위해 양적 연구에서는 낙관주의와 건강 사이의 연관성을 밝혀내 왔다. 우울증 환자 중에서도 기질이 희망적인 사람은 우울 수준이 낮고, 심장마비와 뇌졸중 위험이 적고, 일반적으로 수명이 더 길다.

+ 역주: 온라인상에서 의도적으로 논쟁을 유발하거나 사람들을 불쾌하게 만드는 언행을 하는 사람을 북유럽신화 속 괴물 트롤troll에 빗댄 신조어.

새로운 운동 루틴을 시작했다고 해서 그 유익성에만 초점을 맞추면, 엄밀하게는 결과를 편향적으로 해석하게 될 수 있다. 그러나 2019년 연구에서는 '비이성적으로' 높은 수준의 낙관성을 보인 참여자가 긍정적 사고를 하지 않는 이들보다 11퍼센트에서 15퍼센트 더 오래 산다는 사실이 밝혀졌다.[9]

물론 희망이 몸을 돕는 데는 한계가 있다. 『암: 만병의 황제의 역사The Emperor of All Maladies』의 저자 싯다르타 무케르지Siddhartha Mukherjee가 말했듯, "영적인 의미에서 긍정적인 태도는 화학요법이나 수술이나 방사선 치료 등을 헤쳐 나가게 도울 수는 있다. 그러나 정신적으로 긍정적인 태도가 암을 치료하지는 않는다. 정신적으로 부정적인 태도가 암을 유발하지 않는 것과 마찬가지로 말이다".[10] 탈리아, 레이그다, 소피아, 클레어의 쾌활한 기질은 회복을 '얻게 해 주지' 않았다. 하지만 나는 제아무리 짧았대도 그들이 삶을 한껏 즐기는 모습을 보고 경외감을 느꼈다. 같은 방법으로 측정할 수 없다 해도 기쁨 역시 '성공'으로 여겨져야 하지 않을까?

뉴욕의 심리치료사이자 정신의학 교육자 미나 B.Minaa B.는 장수와는 별개로 낙관적인 실천이 충분히 가치가 있다고 말한다. 그는 내게 말했다. "낙관적인 기질이 부족한 것은 대체로 개인의 자율성이 부족해서 생기는 문제입니다. 인생을 다르게 느끼고 싶은데 아침에 일어나서 같은 일을 하고 또 할 때 그렇죠. 계획하고, 창조하고, 멈춰 서서 '내가 상황을 통제할 거야'라고 말하지 않는 거예요." 비참할지는 몰라도 무기력에는 일종의 아늑함이 있다. 뇌가 무엇을 기대해야 하는지 알기 때문이다. 심각한 질병을 앓으면서 유튜브 채널을 개설하는 것처럼 새로운 일을 시도하면 불확실성이 동반되지만, 그 보상으로 희망을 얻게 될 수도 있다. 미나 B.는 말했다. "지구상 모든 사람에게 책임과 고난이 있지만, 낙관적인 태도를 만들어 낸다는 것은 그런 일상의 책임 사이로 흐르는 즐거운 변화를 만들어 내는 일입니다." 불규칙한 '그러고 나서' 커브볼은 어느 때고 나타나 우리의 흡족한 마음을 위협할 수 있다. 그럴 때는, 미나의 말을 빌리면, "내 통제 범위 내에서 어떻게 삶을 더 즐길 만하게 만들 수 있을까?" 하고 자문해 보라.

레이그다가 세상을 떠나고 몇 달 뒤, 레이그다의 딸이 그의 채널에 추모 영상을 올렸다. 캡션에는 다음과 같이 적혀 있었다. "어머니는 매일 여러분을 위해 영상을 만들 수 있기를 기대하고 모두에게 힘이 될 수 있기를 바라셨습니다. 여러분 모두 어머니께 희망과 매일 아침 기대할 만한 뭔가를 주셨어요. …… 어머니가 돌아가셨다고 여러분이 희망을 잃을 필요는 없습니다. 여러분은 거기에서 그 어떤 장해물이 앞길을 막아도 …… 고통은 일시적이며 …… 감사해야 한다는 사실을 배우시면 됩니다."

레이그다, 탈리아, 소피아, 클레어는 유튜브를 통해 죽음이 현실임을, '기적'만이 보도할 만한 유일한 증거는 아니라는 사실을 보여 주었다. 이들은 억만장자가 되지 못한 중퇴자와 돌아오지 못한 전투기를 볼 수 있게 해 주었다. 우리가 절대 보지 못하는 데이터를 기록했을 뿐만 아니라, 인간의 것으로 만들고 존엄하게 만들었다. 어떤 의미에서 이들은 유튜브 덕분에 죽음을 속일 수도 있었다. 레이그다는 떠나기 3개월 전 굴뚝새의 마지막 노래 같은 부드러운 목소리로 내게 말했다. "우리는 대가족인데, 내가 이 영상들을 남기고 떠날 수 있잖아요." 자기만의 언어로 마지막 순간을 기록하기를 선택한 죽어 가는 여성들은, 죽음이 그들을 파괴하게 둔 것이 아니라 죽음과 함께 춤을 추었다. 그리고 그들이 영상을 만들던 나날들이 끝났다 해도, 가족과 팔로워들은 언제든지 돌아가 수백 개 브이로그를 보며 그들이 여전히 이곳에 남아 눈꺼풀에 반짝이를 바르고 있는 듯 느낄 수 있다.

소용돌이치는 시간

06

최신성 환상에 관하여

“불행하게도 시간은,
동물과 식물은 놀랍도록 정확한 시간에
피어나고 사그라들게 하면서,
인간의 마음에는 그처럼 단순하게 작용하지 않는다.”

— 버지니아 울프, 『올랜도』

짧지만 강렬한 한순간, 나는 외계인이 정말로 우리에게 최후의 핵 일격을 가할지도 모른다고 생각한다. 로스앤젤레스답지 않게 끈적끈적한—무언가 불길한 의미를 투영하기 쉬운 무겁고 습한 공기—어느 저녁, 꺼질 줄 모르는 내 노트북 화면 빛 아래 쌍둥이 비행접시처럼 서성이며 나와 내 영원한 사랑은 전 육군 정보장교가 미국인들을 향해, 네, UFO는 진실입니다, 네, 맞습니다, 그들은 언제든지 우리를 찾아올 수 있습니다, 라고 경고하자 헉하고 숨을 들이쉰다.

날짜는 2021년 5월 16일, 케이시와 함께 아늑한 집에 있지만, 어쩌면 ‘집’이 더는 우리 것이 아닌지도 모른다. 적어도 유튜브 〈60분〉 채널에 마지막으로 올라온 영상에서는 그렇게 말한다.

“지금까지 〈60분〉에서 이상한 이야기를 많이 다루었지만,

아마 이런 건 처음일 겁니다." 콧수염이 난 CBS 특파원이 입을 떼자 방송기자 특유의 억양이 방 안의 중압감을 고조시킨다. "미국 정부가 마지못해 UFO로 더 널리 알려진 미확인 공중 현상Unidentified Aerial Phenomena, 즉 UAP를 인정했다는 이야기입니다."

케이시와 나는 토성 고리처럼 커다랗게 눈을 뜨고 어둠 속에서 소파에 파묻혀, 특파원이 눈을 가늘게 뜬 채 전 해군 조종사와 공군 장교 몇몇으로 이루어진 UAP 목격자 패널을 의심스러운 눈초리로 훑어보는 모습을 바라본다. 흐릿한 눈의 민머리 전직 중위 한 명이 불가사의한 속도로 윙윙거리는 정체불명의 공기부양정 함대가 "적어도 지난 몇 년간 매일같이" 버지니아 해변 물속과 공중에 나타났다고 말한다. 특파원이 끼어든다. "잠시만요, **몇 년 동안** 매일같이요??" 체념한 듯 중위는 고개를 끄덕인다. "**으음.**"

〈60분〉은 반복해서 군사용 적외선 카메라로 흐릿하게 촬영된 흑백 영상을 재생한다. 어렴풋한 짙은 회색 얼룩이 애니매트로닉animatronic+ 집파리처럼 화면을 가로질러 미끄러진다. 무지갯빛 이등변삼각형이 대기를 가로지르며 등대처럼 깜박인다……. 아니, 추적 장치인가? 일부는 수십 년도 전

+ 역주: 사람이나 동물을 본떠 만든 로봇. 실제처럼 유연하게 움직이도록 기계로 작동하며 특수 촬영, 전시 등에 많이 쓰인다.

에 촬영된 영상들이 다시 방송을 타고 있다. 1980년대부터 국방부가 숨겨 왔다고 추정되는 비非기밀 UAP 문서를 공개하라는 의회의 명령 덕분이다.[1] 다음 달부터는 누구나 레딧reddit 스레드만큼이나 간편하게 온라인으로 보고서를 열람할 수 있다. CBS에서는 전 CIA 요원이 이제 UAP는 공식적으로 '국가 안보 위협'으로 간주되며, 대중도 이를 알아야 할 때가 되었다고 말한다.

케이시와 나는 종종 우주와 관련된 영상을 본다. 페르미의 역설이나 달 테라포밍, 관측 가능한 우주에서 가장 큰 은하인 초은하단과 가장 작은 입자인 쿼크 사이의 크기 차이에 관한 짧은 온라인 영상들이다. 함께한 지는 5년이 되었지만 우리는 외계인, 공룡, 치아 요정의 존재가 똑같이 그럴듯하게 보이는 어린 시절부터 서로를 알았다. 우리는 볼티모어에서 같은 공연예술 학교에 다니다가 10년 뒤 로스앤젤레스에서 다시 만났다. 케이시는 영화와 비디오게임 음악을 작곡하려고 로스앤젤레스로 돌아왔다. 나는 그가 다른 방에서 지금 우리가 보는 것과 비슷한 SF 장면의 배경음악을 작곡하는 것을 엿듣곤 한다. 예민한 10대에서 과잉사고를 하는 성인이 된 우리 두 사람은 주기적으로 우리가 얼마나 작고 보잘것없는지 되새길 필요가 있고, 블랙홀과 광년에 대해 배우는 일은 그 치료법처럼 느껴진다. 때로 나는 로스앤젤레스 사람들이 그렇게 자기중심적인 것도 그래서가 아닐까 생각한다. 나르시시즘을 타고난 것이 아니라, 빛 공해가 너무 심해 별을 올려다볼 수 없기 때문이다.

우리는 늘 댓글을 확인한다. UAP 영상이 시작되고 약 1분 후 케이시와 나는 분명 고리타분한 이 외계인 침략이라는 위협이 대중에게 어떻게 받아들여지는지 보려고 화면을 아래로 내렸다. 케이시는 미확인물체가 러시아 비밀 기술일지도 모른다고 했다. "외계인이면 좋겠는데. 그리고 나를 제일 먼저 광선으로 납치했으면 좋겠어." 나는 반쯤 농담으로 답했지만, 솔직하게는 그저 시각적 환영—시각을 담당하는 부분과 판단을 담당하는 부분 사이 어딘가에서 우리를 속이는 빛과 색깔—임이 분명하다고 어렴풋이 생각했다. 어렸을 때 몇 시간이고 나를 사로잡았던 고전적인 환시에 관한 책이 하나 있다. 루빈의 꽃병(물병 아니면 마주 보는 얼굴로 보이는 모호한 로르샤흐식 이미지)이나 불가능한 물체(끝없이 오르는 계단, 논리적인 축으로 이어지지 않는 큐브), 그리고 주변부의 움직임 때문에 고동치거나 회전하는 것처럼 보이는 정지 상태의 얼룩덜룩한 형체 등 우리가 가지고 있는 패턴 인식 체계의 오류로 발생하는 시각적 착시들이 장마다 이어졌다. 인지 편향을 "사회적 착시"라고 말하는 사람들도 있다. 우리 마음은 이야기를 만들어 내기 위해 언제나 빈틈을 메운다. 지금 눈 앞에 펼쳐진 것은 경이로운 우주 시대 이야기다. "말도 안 돼ㅋㅋㅋ. 세상이 우리 눈 바로 앞에서 너무 빨리 변하네." UAP 영상에서 가장 위에 있는 댓글로, 총 1만 7000개 '좋아요'를 받았다.

기술적으로 훨씬 앞선 외계 생명체 군단이 우리의 초라한 행성을 시찰하고 어쩌면 불태우러 당도했다는 이야기는 2021년 미국 뉴스미디어가 우리의 닳고 닳은 연약한 신경계에 안겨 준 가장 암울한 우려는 아니었지만, 그래도 꽤 심각하게 여겨졌다. 이미 전 세계적 감염병 범유행과 계속 심화하는 기후 위기, 세계적 기근 등 신경 써야 할 문제가 한둘이 아니었다. 우리의 선량한 석기시대 출신 편도체가 처리하기에는 아마겟돈이 너무 많았다. 경험으로 미루어 볼 때 시선을 끄는 데 성공한 모든 머리기사가 '뉴스'거리는 아니었고, 하물며 긴급 뉴스는 더더욱 아니었지만, 충격에 빠지는 것이 적어도 나에게는 대체로 가장 안전한 반응으로 느껴졌다. 자랑은 아니지만, 나는 별것도 아닌 이유로 혼비백산하는 데 일가견이 있다. 매일같이 집안 건너편에서 극적인 헉 소리를 끝없이 들어야 하는 케이시에게 물어보라. 그런데 이상하게도 정말 위기의 순간이 닥치면(몇 년 전 캠핑 중 곰과 마주쳤을 때 상황을 주도한 것은 나다) 나는 묘하게 차분해진다. 그러나 유튜브 알고리즘이 지진 대비에 관한 12년 전의 테드TED 강연이나 미국식 장례 관행이 토양을 오염시키는 이유를 설명하는 영상을 추천하면—영상이 아무 해를 끼치지 않는 픽셀 모음일 따름이며 이미 한물간 주제라 당장 위협이 아니라 해도—내 몸은 마음의 허락 없이 빙글빙글 요동친다.

결론부터 말하자면, 이렇게 객관적으로 터무니없는 공황은 **최신성 환상**recency illusion이라는 뿌리 깊은 인지 편향에서 비롯한다. 최신성 환상은 그저 내가 새로 접했다는 이유로 어떤 대상이 객관적으로도 새로우며, 따라서 위협적이라고 가정하는 경향을 일컫는다.[✢] 위급하지 않은 추상적인 '위험'이 당장 자신을 절벽에서 밀어 떨어뜨릴 것처럼 반응해 본 적이 있다면, 끝없이 발생하는 최신성 환상을 탓해도 된다. 이 편향은 어떤 현상이 단지 우리 눈에 우연히 들어왔다는 이유로 그 현상이—사실은 몇 시간, 수개월, 수천 년 동안 이어져 왔다고 해도—지금 막 발생했다고 믿도록 속인다.

2017년에 스탠퍼드대학교 언어학자 아널드 즈위키Arnold Zwicky가 그 이름을 붙인 최신성 환상은 언어에서 처음 관찰되었다. 여기에서는 처음 들어 보는 단어나 문법구조가 당연히 최근에야 어휘에 포함되었다고, 따라서 마치 깔끔한 잔디밭을 망쳐 놓는 잡초처럼 영어를 위협하는 비표준어 속어라고 추론하고자 하는 충동을 가리킨다. 최신성 환상은 내가 예

✢ 유튜브에는 노골적으로 최신성 환상을 활용하는 영상 카테고리가 따로 있다. 맞춤형 홈페이지에 나타나는 '새로운 **맞춤** 동영상' 플레이리스트는 당신이 아직 보지 않았다는 것을 알고 3년, 5년, 혹은 12년 전 영상을 추천한다. 이 글을 쓰는 지금, 내 '새로운 맞춤 동영상' 카테고리에는 화산 폭발을 다룬 3년 전 뉴스, 다른 차원의 존재 여부를 설명하는 11개월 된 천체물리학 영상, 그리고 2013년《바이스》에서 공개한 "야단법석…웨스트민스터 도그 쇼!"라는 제목의 영상이 올라와 있다. 예상했겠지만, 나는 그 모두를 클릭했다.

전에 페미니스트 사회언어학에 대해 글을 쓸 때 마주쳤던 많은 오해를 설명해 준다. '그They'를 단수 대명사로 쓴다는 신성모독적인 새로운 견해에 사람들이 기절초풍하며 분개했던 것이 그 예다. 사실 무려 14세기 글에서도 이런 쓰임이 나타나는데 말이다(초서, 셰익스피어, 오스틴 모두 'they'를 단수 대명사로 즐겨 썼다). '문자 그대로literally'라는 표현을 써서 '문자 그대로가 아닌' 의미를 전달하는 천인공노할 일에 사람들이 펄펄 뛰는 것도 마찬가지다. 그러나 이런 정의는 250년 동안 존재해 왔다.⁺⁺

UFO 이야기는 현대인의 마음에 무언가 특별한 영향을 미쳤다. 그 5월 한 주 동안 내가 아는 모든 사람이 두꺼운 양말에 일어난 보푸라기처럼 UFO에 매달렸다. 외계인의 공격이라니, 사람들을 결속하는 이런 두려움은 기분전환이 되었다. 그에 비교하면 정치는 정말이지 하찮게 느껴졌다. 갈등이

⁺⁺ 단어가 정확히 반대 의미를 띠게 된다고 해서 비정상적인 현상은 아니다. 문맥에 따라 '문자 그대로'는 '사실상' 또는 '실질적으로'를 의미할 수 있으며, 사전에서도 이런 부가적인 정의를 오랫동안 승인해 왔다. 메리엄-웹스터 사전 속 '문자 그대로' 표제어의 두 번째 항목은 다음과 같다. "**문자 그대로** 사실이거나 가능하지 않은 진술 혹은 묘사를 과장되게 강조하는 데 쓰임." 두 상반된 정의를 가지는 하나의 단어를 '동어반의어contronym'라고 부르며, 영어에는 '괜찮은fine'(정말 좋다는 의미와 그저 적당하다는 의미를 동시에 지닌다)과 '투명한obvious'(비가시적인 것과 명백한 것을 둘 다 나타낼 수 있다)을 포함해 수십여 단어가 있다. '나쁜bad'를 사용해 '좋은good'의 의미를 표현하는 것도 그 예다("너 진짜 **나아아아아빠**."에서처럼).

은하계로 번지기 전까지는 지구에 적이 너무 많았다. 그러다 초음속 공기부양선 군단과 마주하자 심지어 미치 매코널Mitch McConnell⁺마저 친근해질 지경이었다. 하늘로부터의 침략은 신기하고 재미있게 느껴지기도 했다. 기아나 질병 등 당시의 다른 실존적 위협과 달리 적어도 상상력을 동원할 수 있었기 때문이다. 외계인은 어떻게 생겼을까? 우주 어디에서 온 걸까? 우리를 연구하러 지구에 온 걸까? 아니면 구원하러? 아니면 인간이 상대적으로 너무 원시적이라 우리의 귀여운 푸른 지구를 스캔한 뒤 대화할 만한 지적 존재가 없다고 결론짓고선, 목재를 구하겠다고 다람쥐 세입자에 대한 일말의 동정심도 없이 나무를 베어 버리는 것처럼 곧 우리 자원을 싹 쓸이하고는 가던 길을 마저 즐겁게 가겠다는 계획을 세우고 있을까? 합리적이든 아니든 나는 이 우주 버전의 멸망 시나리오가 마음에 들었다. 드디어 우리가 다 같이 집착할 만한 대격변이 일어나는구나, 라고 생각했다. 그러나 이것은 물론 희망 사항이었고 실망스럽게도 바로 다음 주가 되자 아무도 UAP에 관해 이야기하지 않았다. 뉴스 헤드라인은 공급망 위기, 그리고 틱톡에서 유명해진 '버니'라는 이름의 쉬파두들 강아지로 옮겨 갔고, 클릭과 광고 수익도 마찬가지였다. 하지

⁺ 역주: 미국 켄터키주 공화당 상원의원.

만 어쨌든 평소보다 오랜 시간 우리의 관심은 집단으로 별을 향해 있었다.

그 습하던 저녁 로스앤젤레스에서 케이시와 〈60분〉을 보고 있자니 알 수 없는 묘한 기분이 들었다. 하늘에 떠 있는 이 수수께끼 같은 존재가 마침 우리가 막 그 존재를 알아볼 수 있는 기술을 발명하자마자 딱 맞추어 나타나 '국가 안보 위협'이 된 것은 이상한 우연이 아닌가? 나는 국방부의 발표가 왜 그처럼 위협적으로 느껴지는지 이해해 보려고 절박하게 유튜브 댓글 속 모든 혼란과 음모론을 훑어 내려갔다. UAP가 정말 초고도로 발달한 외계인이라면 수천 년 전에 이미 지구에 도달했어야 하는 게 아닌가 하는 생각이 들었다. 지금까지 우리에게 아무런 해를 끼치지 않았는데 갑자기 그렇게 할 것이라는 징후도 딱히 없었다. 새로운 정보 하나를 지독히 충격적으로 받아들이고 마찬가지로 당혹스러울 만큼 빠르게 잊고 나아가게 하는 인간 정신의 요소는 뭘까? 미디어상에서 강력한 영향력을 지닌 인물이 어떤 사건을 사실과 달리 본질적으로 위험한 새로운 대상처럼 다룬다면, 그는 이익을 위해 의도적으로 공포를 조장하는 걸까? 아니면 그 역시 더 강력한 힘에 조종당하는 걸까?

알 수 없는 인간의 행동이 매번 불러일으키는 "우리는 왜 이럴까?"라는 질문에는—살면 살수록 자꾸만 이 질문이 등장하는데—두 가지 심리학적 답변이 있다. 현재의 비이성이 한때는 진화적 이점을 가지고 있었거나(원한다면 인지적 사랑니라고 부를 수도 있겠다), 실질적으로 유용한 다른 특성의 거추장스러운 부산물이라는 것이다(과학자들은 이를 때로 "스팬드럴spandrel"+이라고 부른다. 신체적인 예시는 인간의 '턱끝chin'이다++). 다른 인지 편향의 근원이 당혹스러울 만큼 불분명한 데 반해, 최신성 환상은 전자에 해당할 가능성이 크다.

UFO 영상 탐닉을 마친 나는 자극적인 구글링에 몰두하다가 인류 역사 여러 지점의 사망 원인 1위를 나열한 기사를 발견했다. 인류학자들은 농경이 시작되기 전 유아기를 지나 살아남은 사람 대부분은 추락이나 익사, 동물의 공격 등 외부의 요인으로 사망했으리라고 추정한다. 급작스럽고 피할 수 있는 부상이 가장 큰 위험 요소라면, 급작스럽고 피할 수 있는 위협을 극도로 경계하는 편이 나았다. 덤불 속에서 부스럭 소리를 내는 맹수가 실제로 새로운 위협인지 아니면 자기 자

+ 역주: 기둥을 만들고 아치를 세울 때 불가피하게 만들어지는 불필요한 삼각형 공간. 생물학이나 진화학에서는 다른 성질이 진화하면서 부수적으로 발달한 특성을 가리키는 비유적 표현으로 쓰인다.

++ 현존하는 종들 가운데 인간만이 '턱끝'을 가지고 있다. 수천 년에 걸쳐 식습관이 변화하면서 작아진 턱뼈와 근육은 그 자체로는 뚜렷한 목적이 없는 이상한 뼛조각을, 즉 턱끝을 얼굴 아래쪽에 남겼다. 이제 머릿속으로 턱끝이 있는 고양이를 그려보라. 분명 이상하게 보일 것이다. 〔역주: 해당 저자 주에서 말하는 '턱끝'은 정확히 말해 아래턱뼈의 앞쪽이 돌출된 부분을 의미한다. 다른 동물들은 아래턱이 뒤쪽으로 기울어져 있거나 평평해, 이처럼 돌출된 턱끝을 가진 종은 인간뿐이라고 알려져 있다.〕

신에게만 새로운지는 극히 사소한 문제였다. 인간의 주의력은 제한적이었고, 새로운 정보가 들어오면 자연스럽게 그리로 쏠리기 마련이었다. 행동경제학 연구소 '더 디시전 랩The Decision Lab'을 공동 설립한 세쿨 크라스테프Sekoul Krastev는 내게 인터뷰 도중 "최신성은 자신에게 유의미한 것과 연관이 있습니다, 그렇지 않나요? 우리는 최근의 일을 가장 중요하게 생각합니다"라고 설명했다.

인간의 주의력은 여전히 제한적인데 현대의 자극은 보통 덤불 속 움직임보다 더 관념적이라 정확히 어디에 집중해야 할지 알기 어렵고, 그 사실이 우리를 극도로 괴롭게 만든다. 예술가이자 기술비평가인 제니 오델Jenny Odell은 저서 『아무것도 하지 않는 법How to Do Nothing』에서 주의력의 지속시간과 속도, 그리고 저질 뉴스 사이의 강력한 연관성에 관해 이야기했다.[2] 오델은 "자기를 식민지화하라는", 즉 자기 몸과 마음을 생산성 기계처럼 대하라는 자본주의적 압박이 과도한 뉴스로 자기 시간을 식민지화하라는 압박과 똑같다고 통탄했다. 그는 다음과 같이 썼다. "[일하는 데] 매일의 시간을 바치는 것과 똑같은 방식으로, 우리는 가히 비인간적이라고 할 만한 속도로 정보와 거짓 정보로 자신을 괴롭힌다."

디지털 뉴스가 최신성 환상과 결합하면 강력한 환각제가 만들어진다. 두 가지 재료로 탄생한 이 묘약은 실로 재빠르게, 새로운 정보가 정말 새로운지 예전의 것인지, 나와 연관이 있는지 무시해도 괜찮은지, 위협적인지 안전한지 알아차리는 우리의 능력을 왜곡한다. 주목 그 자체가 일종의 화폐가 되면서 온라인 매체 입장에서는 모든 사건을 긴급하고 위험천만하게 묘사하는 것이 경쟁에서 살아남는 데 유리해졌다. 온라인 뷰티 에디터로 5년간 일할 때 내가 맡은 임무는 매일 〈60분〉의 외계인 비디오처럼 순식간에 퍼져 관심을 끌 수 있는 기사를 여섯 개씩 쏟아내는 것이었다. 우리 편집팀은 매일같이 예전에 다루었던 이야기에 어마어마하게 중요하게 보이는 헤드라인만 새로 붙여 다시 홍보하는 데 매진했다. "영양사가 **당장** 그만두라고 조언하는, 부기를 유발하는 잘못된 식습관 아홉 가지" "켄달 제너가 인정한 파운데이션, 느닷없는 품절 대란!" "화제의 새로운 피부관리 성분이 나도 모르게 버트니buttne[+]를 유발할 수 있을까?" 그리고 어떤 종류의 기사 제목과 뉴스레터 목차가 가장 많은 클릭을 이끌어 내는지 파악하려고 독자 테스트를 시행했다(홀수가 짝수보다 좋은 성과를 냈고, 카다시안은 지고 제너는 뜨고 있었다. 그러나 이런 전략은 무대 뒤에서 차례를 기다리는 AI나 신경마케팅neuromarketing[++]과 비교하면 이제 완전히 선사시대 유물처럼 보인다). 클릭을 유도할 만

+ 당신도 버트니가 뭔지 안다. 바로 엉덩이에 난 뾰루지다.

++ 역주: 소비자의 무의식적 반응을 분석하기 위해 뇌과학적 방법을 활용하는 새로운 마케팅 접근법.

한 미끼를 제목 하나에 죄다 욱여넣는 일은 정신 나간 게임이 되었다. 편집진이 고의로 독자의 신경계를 이용한 것은 아니다. 우리는 뇌과학을 몰랐다. 그러나 사무실 사람들은 암묵적으로 어떤 문제가 새롭게 느껴지면 더 심각하게 느껴지고, 더 심각하게 느껴지면 구경꾼의 관심을 불러일으키고, 그러면 상사들에게 더 많은 트래픽과 보수를 안김으로써 우리 자리를 보전해 줄 것이라는 사실을 알았다. 뷰티 저널리즘의 비중은 그다지 크지 않지만, 강력한 영향력을 휘두르는 뉴스 언론도 같은 방식으로 트래픽을 생성하는 것이 유리하다고 여기게 되었다. UFO를 UAP로 업데이트하기로 한 CIA의 결정을 생각해 보라. 그저 적확성만을 추구하려는 게 아니라, 마찬가지로 헤드라인을 새로 붙이는 결정이었다.

헤드라인과 섬네일은 심리학적인 영향력을 발휘해 뇌의 변연계에서 감정 본부 역할을 하는 작은 콩 모양 편도체를 장악하려 애쓴다.[3] 일부 심리학자는 편도체를 인지적 "경보 시스템"이라는 별칭으로 부르기도 한다. 위험이나 기회를 가리키는 신호를 감지하면 편도체는 특정한 신체적 감각(울렁거림, 메슥거림)을 느끼게 하는 호르몬이 분비되도록 한다. 이런 감각을 느끼면 곧바로 우리는 특정 대상에 집중하게 되고, 그러면 논쟁 방식이나 호감을 느끼는 대상, 검색엔진을 사용하는 행태와 규모 등, 무의식적으로 우리가 행하는 일 대부분이 영향을 받는다. 두뇌의 감정 본부는 이성을 담당하는 전전두엽 피질보다 훨씬 오래되고 더 원초적인 기관이다. 변연계는 인간 존재의 주요 걱정거리가 먹이를 찾고 먹이가 되지 않는 것 두 가지뿐이었던 때부터 존재했다. 우리가 가진 교감신경계는 수천 년에 걸쳐 최악의 상황을 상정하는 데 능숙해졌다. 결론적으로, 자극에 과잉반응을 하지 않도록 자신을 '합리화'하는 것에는 아무런 이점이 없었다. 너무 위험했기 때문이다. 목숨을 부지한다는 고귀한 목적 아래서는, 감정적인 뇌가 들어오는 정보를 해석하는 데 '우선권'을 가지고 있었다. 전전두엽 피질은 결론을 내리기 전에 복잡한 데이터 집합을 분류하는 데 능숙하지만, 그 순서는 나중이다. 한편 편도체는 인지적인 장대높이뛰기를 통해 결론에 도달하기를 선호한다. 가파른 절벽과 낚시성 기사를 구분하는 데 어려움을 겪는 우리의 스트레스 호르몬은 두 대상 모두에 똑같은—싸우고, 도망치고, 얼어붙는—반응을 한다. 그리고 디지털 시대에 이런 반응은 가치 있는 목표물이 되었다.

낚시성 기사가 우리의 인지적 경보 시스템을 작동시키는 방아쇠라면, 그 방아쇠를 당기는 무정부주의자는 뉴스 알고리즘이다. 당신 앞에 처음 신호가 나타나고—애플 뉴스가 당신의 보관함에 UAP 기사를 띄운다—한번 그 뉴스와 엮이면, 당연히 같은 내용을 기하급수적으로 많이 보게 될 확률이 높다. 실시간으로 참 경보와 거짓 경보가 변연계에 맞추어 개인화되고, 당신은 순식간에 온통 UAP나 버트니 혹은 비유적인

'문자 그대로'의 위험성에 관해서만 이야기하게 된다. 내용이 실제로는 새롭지 않을 수도 있지만 당신의 마음은 대상을 마주하는 스트레스에, 마치 덤불 속 소리에 그러하듯 성급히 반응한다. 온라인 잡지에 글을 쓰면서 나는 이 〔정보의〕 소시지가 만들어지는 과정을 빤히 목격했지만, 그럼에도 기꺼이 그것을 먹어 치웠다. 디지털 미디어 산업은 최신성 환상 없이 존재할 수 없으며, 시도 때도 없이 울리는 경보 대부분이 이윤과 음해를 위해 조작되었다 해도 이 편향에서 벗어날 수 있는 사람은 없다. 나는 언론계 고위 인사들이 자기네 헤드라인을 읽고 기절초풍하는 모습을 봤다. 부기와 버트니에 그 누구보다 안절부절못하는 사람은 바로 뷰티 웹사이트 CEO다.

2021년 5월 잠시 동안, 나 포함 유튜브 이용자 1만 7000명은 화면을 가로지르는 비행접시 무리를 보고 세상이 "우리 눈 바로 앞에서" 변하고 있다고 직감했다. 그러나 세상은 변하지 않았다……. 적어도 우리의 스트레스 호르몬이 계속해서 분비되어 UAP에만 집중할 만큼은 아니었다.[4] 외계인으로부터 안전하다는 사실을—곡식밭에 나타난 불가사의한 거대 문양도, 납치도 없었다—확인하자마자, 우리는 앞으로 나아갔다.[+] 매시간 허물이 벗겨지고 다시 자라나는 뉴스의 순환 속에서 주의력은 반짝임을 잃은 사건에서 벗어나 끊임없이 가장 최근의 잠재적 재난을 받아들인다. 새로운 사건이 객관적으로 그 전의 위협보다 덜 중대하더라도 말이다.

기억 하나가 떠오른다. UAP 뉴스가 나오기 5년 전이던 2016년 여름, 내가 소중히 여기는 모든 사람이 플로리다 올랜도의 LGBTQ+ 나이트클럽 펄스Pulse에서 발생한 대규모 총기 난사 사건에 뒤이은 시위와 기금 모음으로 가득 찬 일상을 보냈다. 그러나 가을이 찾아오자 그토록 강렬하고 으르렁거리던 분노의 파도는 정점에 다다랐다가 사그라지는 듯 보였다. 내 소셜미디어 피드를 채웠던 떠들썩한 총기 폭력 반대 자료와 공공연하게 표명된 격노는 다시 뾰로통한 셀카와 브런치 사진으로 옮겨 갔다. 나 자신의 행동이 스스로도 무척 당황스러웠다. 나는 왜 더 이상 수정헌법 제2조⁺⁺에 대해 목이 터지라 외치지 **않는** 걸까?

뇌과학자들은 꼭 신경을 덜 쓰기 때문에 주의가 옮겨 가는 것은 아니라고 본다. 의사결정과정을 연구하는 세쿨 크라스테프는 다음과 같이 설명한다. "'미투'나 '흑인의 생명도 소중하다'처럼 사회적 심판을 통해 조명받게 된 쟁점은 모두

⁺ 끊임없이 휴대전화를 확인할 때 나타나는 호르몬 반응은 스트레스 요인만큼이나 정신을 피로하게 한다. 휴대전화 중독에 관한 연구에서는 사용자가 알림을 애타게 기다리게 만드는 작은 도파민 자극들이 비극적인 부작용을 동반한다는 사실이 밝혀졌다. 사실 이 자극은 우리가 실생활에서 새로운 대상을 마주쳤을 때 느끼는 도파민 양을 억제한다. 달리 말하면, 휴대전화 중독이 물리적 세계에서 새로운 경험을 누릴 수 있는 우리 능력을 감소시킨다는 의미다. 전자화된 형태의 참신함에 중독되면, 새로운 음식과 꽃은 그 마법을 잃는다.

⁺⁺ 역주: 미국 수정헌법 제2조는 개인이 총기를 소지할 권리를 보장하는 내용이다.

이미 존재해 왔고, 거기에 대한 반응도 어떤 의미에서는 한참 전에 이루어졌어야 한다. 그러나 문제는, 그러고 나면 이런 쟁점이 중요해지게 만든 바로 그 힘이 빠르게 다른 대상에 중요성을 부여한다는 사실이다." 우리 신경계는 여러 뉴스 플랫폼에서 제공하는 수많은 위기 앞에서 계속해서 동요하느라 고초를 겪는다. 특히 즉각적인 결과로 물리적인 변화가 나타나지 않기에 더욱 그렇다. 심리치료사 미나 B.는 다음과 같이 말했다. "두뇌는 그렇게 자주 트라우마에 노출되는 데 대비되어 있지 않습니다. 우리가 생존 모드에서 빠져나오기 위해서는 두뇌에 긍정적인 피드백도 필요해요." 최신성 환상 같은 인지 편향은 세상을 흑백과 생사의 필터를 통해 보라고 부추긴다. "하지만 삶이 **늘** 공포스럽거나 **늘** 만족스럽지는 않다는 사실을 받아들이지 않으면 그저 불안과 우울감만 악화할 뿐입니다. 도움이 안 돼요. 우리는 여러 진실이 동시에 존재할 수 있다는 것을 인정해야 합니다." 미나가 말했다.

덴마크공과대학교 과학자들이 2019년 발표한 연구에서는 지난 세기 접근할 수 있는 정보의 양이 급증하면서 전 세계적으로 주의집중 시간이 짧아졌다는 것을 밝혀냈다.[5] 연구자 중 한 명인 수네 레만Sune Lehmann은 이렇게 말했다. "우리의 집단 정신에 부여된 주의집중 시간에는 정해진 크기가 있는데, 그 한정된 주의를 얻기 위해 경쟁하는 문화 요소가 이전보다 빽빽하게 들어찬 것처럼 보인다."[6] 이런 인지적 고갈이 새로운 것을 향한 이끌림과 만나, 점점 짧아지는 간격으로 여러 주제 사이를 폴짝거리게 만든다. 최신성 환상의 시각에서 보면, 처음에 사로잡혔던 압박감이 한바탕 지나간 뒤 사람들은 특정 주제를 받아들였던 것만큼이나 빠르게 내친다. 물론 가장 최신 문제로 주의를 돌리는 편리한 특권을 누리지 않는 사람들도 있다. 그들에게는 이전 문제가 여전히 위급한 사항이기 때문이다. 끝없이 복잡해지는 이 세상에서 단지 생존할 뿐 아니라 최대한으로 살기 위해, 우리는 기억해야 한다. 현대의 걱정거리가 얼마나 위중한지 판단할 때, 늘 우리의 관심을 가장 믿을 만한 기준으로 삼아서는 안 된다는 것을.

시간과 의미는 언제나 충분하지 않고, 그 둘 모두를 극대화하려는 태도가 가장 어지러운 인지 편향들을 낳는다. 비즈니스 분야 리더들은 직장에서 둘을 조화시킬 계획을 고안하고자 노력해 왔다. 사망 전 평생에 걸쳐 시간 관리에 관한 책을 수십 권이나 출간한 피터 드러커Peter Drucker도 그 예다. 드러커는 1966년 『자기경영노트The Effective Executive』에 "효율성efficiency은 일을 올바르게 하는 것이고, 효과성effectiveness은 옳은 일을 하는 것이다"라고 썼다.[7] "애초에 행해져서는 안 되는 일을 상당히 효율적으로 해내는 것만큼 쓸모없는 일은 없다." 가장 널리 알려진 드러커의 기술은 "시간-의미 매트릭스"라고도 부를 수 있는 긴급도 대 중요도 매트릭스다. 단지 긴급하다는 이유로 업무상의 특정 임무가 중요해지지는 않으며, 그

반대도 마찬가지다. 마감이 촉박한 거대 프로젝트처럼 둘 모두에 해당하는 경우도 있지만, 대부분은 둘 중 하나에 속한다. 예를 들어, 네트워킹은 중요하지만 긴급하지는 않으므로 나중으로 계획할 수 있다. 당신이 주요 참석자가 아닌 회의는 설령 긴급하더라도 중요하지 않으므로 노력을 덜 들이거나 누군가를 대신 보낼 수도 있다. 둘 다에 해당하지 않는 것도 많다. 나는 개인적인 삶에 이 매트릭스를 적용해 보고 어느새 깨달음을 얻었다. 뉴스 읽기는 중요하나 항상 위급하지는 않은 일로 분류할 수 있다. 만약 우리가 뉴스 소비를 내일까지 잠시 멈추거나 심지어 한 주가 다 가도록 미룬다면 오히려 더 잘 이해하게 되지 않을까? 내게 별을 바라보거나 케이시의 손을 잡는 일은 당장 급한 것은 아니지만, 의미 있는 일이다. 소셜미디어상에서 벌어지는 한바탕 드라마는 긴급하게 느껴질지는 몰라도 중요한 경우는 거의 없다. 다시 잘 생각해 보면 사실 긴급하지도 않다. "애초에 행해져서는 안 되는 일"인 것이다. 곰곰이 생각할수록 내가 매시간 마주치는 '문제'의 상당수는 그다지 긴급하지도 중요하지도 않아서 즉각 모든 주의를 기울일 필요가 없고, 혼비백산할 필요는 더더욱 없다. 보이는 것보다 시간이 훨씬 여유롭다는 징후다.

시간에 대한 인간의 인식, 특히 신체가 생체주기(우리 세포 내부의 시계로, 거의 완벽하게 지구의 24시간 밤낮 주기와 일치한다)를 통해 시간의 흐름을 정확히 추적한다는 사실은 나를 황홀하게 한다. 그러나 반대로 우리 마음은 시간을 왜곡하는 데도 더 없이 능숙하다. 내가 가장 좋아하는 수많은 사상가가 시간의 경이로운 가변성으로 괴로워했다. 버지니아 울프는 1928년 소설 『올랜도』에서 다음과 같이 썼다. "한 시간은, 일단 인간 정신의 기묘한 영역에 머물게 되면, 시계에서의 길이보다 50배 혹은 100배 늘어날 수 있다. 반면에, 마음의 시계에서 한 시간이 정확히 1초로 표현될 수도 있다. 시계의 시간과 마음의 시간 사이의 예사롭지 않은 이러한 괴리는 충분히 알려지지 않았으며 철저히 조사되어야 한다."[8] 알베르트 아인슈타인은 1955년 사망한 친구 미켈레 베소Michele Besso의 유족에게 편지를 썼다.[9] "물리학을 믿는 우리 같은 사람들은 과거, 현재, 미래를 구분하는 일이 그저 고집스럽게 지속되는 환상일 뿐이라는 것을 압니다." 콘서트에서 알딸딸한 상태로 좋아하는 밴드의 음악에 몸을 흔들 때는 레인스틱+ 속 자갈처럼 여섯 시간이 쏜살같이 지나가는데, 똑같은 시간이 차량관리국Department of Motor Vehicles, DMV에 있을 때나 심통 난 표정의 낯선 이가 가득한 파티에서 취해 있을 때는 늘 괴로울 만큼 늘어진다는 사실은 얼마나 놀라운가.

+ 역주: 칠레의 선주민 마푸체족이 고안했다고 알려진 악기. 기다란 빈 통에 자갈이나 쌀알 등 작은 조각을 채운 뒤 아래위로 움직여 마치 빗소리 같은 소리를 낸다. 기우제를 지낼 때 사용되었다고 추정된다.

케이시와 사랑에 빠졌을 때, 처음 몇 달은 자기부상열차 같은 속도로 지나갔다. 볼티모어에서 서로를 마지막으로 보고 10년이 지나 우리는 서로가 로스앤젤레스에서 고작 두 블록 떨어진 곳에 산다는 사실을 알게 되었다. 그러고 나서 DM으로 농담을 주고받다가 동네 셔플보드 술집에 다다랐고, 추억을 안주 삼아 2달러짜리 블루문을 마셨다. 깨끗이 면도한 얼굴에 소년 같은 케이시는 15년 전이나 다를 바 없어 보였지만, 거기에 더해 화려한 이력을 암시하는 귀갑무늬 안경을 쓰고 있었다. 나는 그가 아이비리그를 졸업했으니 이제쯤이면 온통 브룩스브라더스 스타일의 옷만 입으리라고 확신했다. 한편 나는 머리에 하이라이트가 얼룩덜룩한 뷰티 에디터였고, 케이시는 내가 영혼도 염색해 버렸을까 봐 긴장했다. 하지만 놀라움이 섞인 익숙함만큼 강력한 해독제는 없다. 만난 지 5분 만에 우리는 함께하기로 마음먹었다. 아니, **정말로** 단 5분이었을까? 시간이 요가 밴드처럼 늘어났다 줄어들었다 하니까 말이다. 사귀기 시작한 어느 날 아침, 나는 세 시간이나 늦게 살금살금 회사에 출근했다. 전날 밤 내내 차 앞자리에서 케이시와 서로의 눈동자 속 반점을 세며 시간을 보냈기 때문이었다. 그때는 자체 제작 유스트레스eustress++ 칵테일을 마신 듯 모든 것이 수수께끼 같고 황홀해서, 서로의 얼굴을 쳐다보기만 해도 반나절을 알차게 보낼 수 있었다. 막 시작한 로맨스의 나날은 쌩하고 지나갔지만, 흐릿한 회상의 렌즈를 통해서 보면 그 시간들은 목성에서의 1년+++[10]만큼 길게 느껴진다.

얼마만큼 새로운 것을 경험하는가에 따라 우리의 시간 감각이 정해진다. 기억 없이 시간은 존재하지 않으며, 시간에 기록될만한 사건들의 시작점과 끝점은 시간의 흐름을 기록하는 데 꼭 필요한 지표다. 코로나19 격리 기간에 시간이 그토록 뒤틀리게 느껴진 이유도 그래서다.[11] 2020년 영국에서 행해진 설문조사에서는 응답자의 80퍼센트 이상이 격리 시간이 왜곡되게 느껴졌다고 답했다. 기억에 새길 만한 경험이 많지 않은 시기였다. 새로 생긴 동네 음식점에서 처음으로 굴을 들이켜거나 중고품 매장 옷더미에서 믿을 수 없을 만큼 근사한 양모 코트를 발견하는 일 같은 일상 속 작은 새로움, 심지어는 어색한 첫 데이트나 자동차 여행 중 묵은 칙칙한 모텔 같은 그저 그런 새로움도 없었다. 전염병은 우리 두뇌를 바다로 휩쓸어 가 버렸고, 시간은 지독히 느릿느릿 흘러갔지만 돌아보면 그 모든 시간이 어디로 가 버렸는지 영문을 알 수 없다. 사랑에 빠지면 정반대의 일이 일어난다. 케이시와 나 사이의 모든 새로움이 우리를 온전히 현재에 머물도록 했고, 시간은 시계 위에서보다 100배는 늘어났다. 유년 시절

++ 역주: 신체와 정신의 건강, 동기 부여, 성과 등에 영향을 미치는 유익한 스트레스.

+++ 목성이 태양을 한 바퀴 도는 데는 지구 시간으로 거의 12년이 걸린다.

이 그토록 길게 느껴지는 이유도 마찬가지다. 모든 것이 새롭기 때문이다. 적어도 자신에게는.

최신성 환상.

사람들이 간헐적으로 날카로운 불안에 사로잡히는 한편 시간의 흐름을 인식할 자연스러운 경계가 전반적으로 부족했던 시기에 이 인지 편향이 우리를 사로잡은 것은 놀라운 일이 아니다. 모두가 실로 열렬하게 〈60분〉의 외계인 이야기에 매달린 것도 우연이 아니다. 심지어는 나처럼 그 이야기를 진심으로 믿지도 않는 킬조이들까지도 말이다. UAP는 위협이자 기회였으며, 동시에 판타지였다.

뉴스는 중요하지만, 우리는 우리의 관심을 강탈해 가는 이 악덕 자본가를 감당할 수가 없다. 시계와 기이한 인간 정신에 관해 고민하다 보니, 헤드라인과 소셜미디어가 그처럼 쉽게 시간을 빨리 돌릴 수 있다면 우리도 의식적으로 마음을 다스려 시간이 다시 느려지게 할 수 있는 게 아닌가 궁금해진다. 우리가 시간 인식에 대한 통제력을 조금이나마 되찾을 수 있다면 어떨까? 최소한 디지털 연기 신호가 피어오르는 것을 마주할 때, 지금은 자신이 그저 그 중요성을 어림짐작하고 있을 뿐이라는 사실을 기억할 만큼만이라도 말이다.

지금까지 가장 마음에 드는 전략은 경외심과 관련이 있다. 경외심은 자연이나 라이브음악, 단체 무용, 영적인 의례, 그리고 환각에 푹 빠졌을 때 생겨나는 겸손한 경탄으로, 즐거움과는 다르다.[12] 캘리포니아대학교 버클리캠퍼스('UC 버클리'로 약칭) 심리학 교수이자 『경외심: 일상에서 맞닥뜨리는 경이의 순간은 어떻게 내 삶을 일으키고 지탱해 주는가AWE: The New Science of Everyday Wonder and How It Can Transform Your Life』의 저자 대커 켈트너Dacher Keltner는 경외심이 "이해하지 못하는 광대한 신비를 마주했을 때" 마음에 이는 특정한 감정이라고 말했다. 약간의 경외심만으로도 사람들은 덜 초조해지고, 덜 자기중심적이 되며 더 관대해지고 소유보다는 경험을 위해 돈을 쓰고 싶어 한다.[+13] 음반 제작자 릭 루빈Rick Rubin은 저서 『창조적 행위: 존재의 방식The Creative Act: A Way of Being』에서 경외심을 예술의 도구로 제시한다.[14] "예술가로서 우리는 어린아이 같은 통찰력을 되찾으려 애쓴다. …… 덜 무뎌진 시각으로 바라보면 우리가 보는 세상 대부분은 경탄을 불러일으킬 만한 잠재력을 지니고 있다."

경외심은 그리스어에서 '현실 바깥에 서다'를 의미하는 엑스터시(황홀경)나 심리학자 미하이 칙센트미하이Mihaly Csikszentmihalyi가 묘사한 몰입flow의 경지와 다르지 않다. 인간은 별다른 노력 없이 즐거운 도전에 주의가 사로잡혀 "시간이

+ 자연을 바라보기만 해도 우리는 덜 물질만능주의적인 사람이 된다. 《심리과학Psychological Science》에 실린 연구에 따르면, 방금 막 경이로운 야외 경치를 감상한 참가자들은 근사한 손목시계보다 브로드웨이 공연에 50달러를 쓸 의향이 있다고 대답할 확률이 통제 집단보다 높았다.

사라지고, 자기 자신을 잊고, 더 큰 무엇인가의 일부로 느껴질 때 몰입"에 빠진다.[15] 칙센트미하이는 더 많은 일상을 그 "몰입의 통로flow channel"에서 보내는 것이 웰빙의 핵심이라고 주장했다. 마음챙김으로도 시간을 늘리고 줄이는 기술을 닦을 수 있다. 2014년 《심리학 프런티어Frontiers in Psychology》 저널에 게재된 논문에 따르면 마음챙김 명상 전문가는 감각적인 순간에 극도로 집중하면 "시간이 천천히 흐르고 겪고 있는 현재가 확장하는" 경험을 한다.[16] 이러한 결과를 얻으려고 평생을 훈련할 필요는 없다. 2023년 미국의학협회 정신의학회지 《JAMA 정신의학JAMA Psychiatry》에 실린 연구에서는 단 8주간의 마음챙김 수업을 받은 사람도 렉사프로Lexapro++ 효과와 비견할 만한 스트레스 감소치를 보였다고 밝혔다.[17]

2021년 여름, 저주받은 외계인의 계절 내내 매일 아침 메스꺼운 불안감에 휩싸여 눈을 떴다. 심장이 갇힌 벌새처럼 파닥거렸다. 내 문제에 단 하나의 '확실한' 원인은 없었다. 오히려 단일하지 않은 여러 원인 덩어리가 있었을 뿐이다. 전염병, 정치적 상황, 갑작스러운 직업적 불안, 서서히 죽어 가는 사랑하는 반려동물 등, 사람들이 으레 겪는 일들이었다. 몇 달간 진저리가 날 만큼 식은땀을 흘리며 소스라쳐 깨어난 뒤

++ 역주: 우울증 및 범불안장애 치료에 널리 쓰이는 항우울제.

에는 이 감정이 과연 어떻게 끝날지 상상이 되지 않았다. 혼자서 노스캐롤라이나 서부의 블루리지산맥으로 여행을 떠나기 전까지는 말이다. 수십억 년 묵은 푸른빛 산봉우리 사이에서 나흘을 보냈을 뿐인데 감정적으로 균형을 되찾자(적어도 몇 주는 그랬다) 안도감으로 스스로가 바보처럼 느껴질 지경이었다. 2017년《환경심리학 저널Journal of Environmental Psychology》에 실린 연구에서는 도시 산책과 비교했을 때 참가자들이 자연 속을 걸었을 때 기분이 고조되고, 스트레스가 줄어들며, 시간 감각이 느슨해졌다고 밝혔다.[18] 내가 그 증거다. 숲속을 거닐며 나는 '몰입'했다. 애팔래치아에서 보낸 사나흘 동안 나는 딱 맞는 속도로 둥둥 떠다니는 한 줌 해초와 같았다. 그 속도는 뉴스 주기보다, 그리고 틀림없이 나 자신보다 위대한 힘으로 정해진 속도였다.《뉴욕타임스》칼럼니스트 니콜라스 크리스토프Noicholas Kristof가 2012년에 썼듯, "어쩌면 산업화 이후 우리의 자기도취에 대한 해독제는 황야일지도 모른다".[19]

물론 낙엽이 지는 떡갈나무를 올려다본다고 모두의 문제가 마법처럼 해결되지는 않는다. 하지만 최신성 환상에 관한 한, 우리가 애초에 속한 물리적 세계와 연결되면 자그마한 정신의 웜홀이 열려, 피드에 뜬 헤드라인이 덤불 속 포식자나 뒷마당의 거대 문양이 아니라는 사실을 잠시나마 떠올릴 시간이 생긴다. 잠깐 반짝이는 이 의식 덕에 우리는 어제 우리를 걱정하게 했던 뉴스보다 새 뉴스에 소중한 시간과 인지적 자원을 더 투자할 만한 가치가 있는지 명료하게 결정할 수 있다. 나는 진정한 관심을 쏟을 대상을 선정하는 우리의 힘이, 우리가 생각하는 것보다 더 크다고 확신한다. 극도로 발달한 항공 기술은 인상적이고, 뉴스 알고리즘도 마찬가지지만, 마음이야말로 내게 훨씬 큰 경외심을 불러일으키는 대상이다.

어쩌면 바로 우리가, 언제나 미래로 향하는 외계인이었는지도 모른다.

내
안의
사기꾼

07

과신 편향에
관하여

"겸손해라, 새끼야."

— 켄드릭 라마

그것은 내가 늘 갈망하는 자극적이면서도 크게 위험하지 않은 진짜 범죄 이야기였다. 1995년 1월 6일, 눈부신 한낮의 태양 아래 마흔네 살 백인 남성 맥아더 휠러McArthur Wheeler는 피츠버그 은행 몇 군데에 잠입해 행원들에게 총을 겨누었다.[1] 휠러를 놓치기는 불가능했다. 보안 카메라 영상 캡처 속 그는 남색 지퍼형 스웨트셔츠 차림으로 대머리를 감추려고 올려 빗은 희끗희끗한 머리에 오클리 선글라스를 얹은 채 스키 마스크도, 부끄러움도 없이 상당히 느긋해 보인다. 한 지역 뉴스 채널이 영상을 입수해 방송한 뒤, 휠러는 즉시 경찰에 체포되었으며…… 매우 당혹스러워했다. "하지만 즙을 발랐는데요." 그가 말한 것은 레몬즙이었다. 탈출을 공모한 동료가 레몬즙을 보이지 않는 잉크처럼 쓸 수 있다는 이야기를 들었고, 두 사람은 휠러가 온 얼굴에 레몬즙을 바르면 카메라에 형상이 불분명하게 찍히리라고 추측했다. 마약을 한 상태도 아니었다. 휠러는 정신적으로 안정되었다는 진단을 받았다. 그저 그는, 뭐랄까, 자신감이 지나쳤던 것이다.

과도한 자신감과 관련된 자료를 분석하기 시작하자마자 곧바로 휠러 사건이 등장했다. 나는 그처럼 자기 풍자적인 이야기를 도저히 거부할 수가 없다. 하지만 굳이 장르를 고르자면, 내가 선호하는 실제 범죄 사건은 사실 '진짜 사기극'이라고 불리는 하위분류다. 나는 평범한 사람들이 살해당하는 이야기보다는 부유한 이가 재정적으로 망하는 이야기를 좋아한다. 예술품 강도, 포도주 사기, 폰지와 피라미드 사기. 왜 살인사건에는 그다지 끌리지 않는지 모르겠다. 내 이론에 따르면 백인 여성은 백인 남성이 제2차세계대전에 집착하는 것만큼이나 연쇄살인에 목을 매는 경향이 있는데 말이다. 그 많은 〈라이언 일병 구하기〉 광신도들이 쉽사리 징집당하는 자신의 모습을 그려 보듯이, 살인사건 '중독자'들은 으스스한 추리 팟캐스트를 배경음악 삼아 갓 세탁한 속옷을 개면서 이야기 속 자신의 모습을 상상한다. 스웨덴 식인 살인마의 지하실에 갇힌다든지, 교외에 사는 청초한 희생자의 잘린 팔다리 곁에 토막 난 채로 호수 아래 놓인다든지. 이런 주제에 탐닉하는 것은 일상에서 물리적인 폭력을 많이 마주하지 않아 그것을 오락거리로 여길 만한 사람들의 왜곡된 감정이입 연습처럼 보인다. 이는 통제에 대한 또 다른 환상이기도 하다. 마치

기괴한 리허설처럼, 우리는 점점 더 많은 살인과 전쟁 다큐멘터리를 소비하면서 그런 공포가 닥쳤을 때 살아남을 수 있는 가상의 능력을 상상하며 안도감을 느낀다.

하지만 내 앞가림이나 하는 게 좋겠다. 고품격 사기 장인을 애호하는 취향도 자랑은 아니다. 내가 억만장자 의료기술 CEO에서 유죄 판결을 받은 사기범으로 전락한 엘리자베스 홈스Elizabeth Holmes나 '틴더 협잡꾼'으로 알려진 데이팅 앱 폰지 사기범 사이먼 러비에프Simon Leviev 같은 사기꾼에게 집착하는 것이 사실은 그들을 **우러러보게** 될까 봐 겁이 나서는 아닌지 살펴볼 필요가 있다. 어쨌든 사기꾼 수준의 자기 과신은 미국이 유별나게 칭송하는 특성이니까 말이다. 미국 문화에서는 '이루기 전까지 이룬 척하라Fake it till you make it'가 지혜로운 속담으로 여겨진다. 나는 어렸을 때 지역 공동체 연극에 많이 참여했는데, 스카프를 두른 동네 극장 감독들로부터 항상 비슷한 말을 들었다. "캐스팅 담당자가 스케이트보드를 탈 수 있는지, 탭댄스를 출 수 있는지, 캥거루를 탈 수 있는지 물으면, 할 수 없더라도 그냥 할 수 있다고 대답해!" 나는 일찍이 자신의 능력을 넘어서는 약속을 하고 운이 좋아 그대로 이루어지기만을 바라는 것이 칭찬할 만한 재능이라는 사실을 배웠다. 그러나 엘리자베스 홈스가 사기범 찰스 폰지Charles Ponzi가 아니라 저명한 천재 스티브 잡스에게서 넘치는 자신감을 배웠다는 것은 얼마나 불편한 진실인가. 애플 CEO가 자신의 첫 번째 아이폰 모델을 선보였을 때, 아이폰은 설명대로 작동하지 않았으며 그러리라는 보장도 없었다. 자신감이 야심만만한 것에서 저속한 것으로, 나아가 기소할 만한 것으로 바뀌는 시점은 언제일까?

한때는 이 질문에 대한 답이 전문 지식과 관계가 있다고 생각했지만, 틀린 생각이었다. 실패한 은행 강도 사건 1년 뒤, 웃음이 나오는 맥아더 휠러의 무능은 1996년《세계연감World Almanac》에 영원히 기록되었다. 코넬대학교 심리학자 데이비드 더닝David Dunning은 바로 이 연감을 넘기다가 무지와 자신감 사이의 경험적 관계를 연구해야겠다는 영감을 받았다. 오늘날 널리 인용되는 연구에서 더닝과 대학원 제자는 특정 주제에 대해 가장 지식이 적은 사람이 자신의 전문성을 계속해서 과대평가할 가능성이 가장 크다는 **더닝-크루거 효과**Dunning-Kruger effect[2]를 제시했다. 연구가 발표된 이래, 비전문가 무리가 양육 방식부터 정치까지 여러 주제에서 판결권을 휘두르면 논설가들은 언제나 더닝-크루거 효과를 들어 그들의 어리석음을 설명해 왔다. 적을 물리치기에 참으로 만족스러운 방법이 아닐 수 없다. 그들이 자기 자신을 똑똑하다고 **생각하면** 할수록, 그 멍청함이 더욱 확실시되니까 말이다. 게다가 당신이 더닝-크루거 효과를 언급할 만큼 현명하다면, 그 효과가 당신에게 적용될 일은 절대 없지 않은가.

그러나 밝혀진 바에 따르면 실제 더닝-크루거 효과는 사실 많은 이들이 생각했던 내용과 다르다. 자세한 조사로 밝혀졌듯, 더닝의 유명한 실험은 매우 조금 아는 것이 많이 안다고 생각하게 되는 이유라고 명확히 증명하기에는 사회적 및 심리적 요소(기분, 나이 등)를 충분히 고려하지 않았다. 사람은 대부분, 심지어 전문가조차, 기계적으로 자신의 기량을 과대평가한다. 최초로 논문을 출간하고 20년이 지나 맥길대학교와 한 인터뷰에서 더닝은 다음과 같이 설명했다. "전문가들은 그저 더 좁은 범위 안에서 그렇게 할 뿐입니다. 이 효과의 교훈은 항상 우리 자신에 대해 겸손하고 신중해야 한다는 것이었습니다."[3] 해당 효과는 거드름을 피울 또 하나의 핑계가 아니라는 말이다.

현실에서 휠러처럼 우스꽝스럽거나, 틴더 협잡꾼처럼 추잡스럽거나, 홈스처럼 치밀한 범죄자를 만드는 것은 하나의 강력하고 변덕스러운 직관이다. 스티브 잡스 같은 비즈니스 '교란자'를 압도적으로 숭배하게 만드는 바로 그 성질이지만, 정도가 지나치면 이들을 영광의 자리에서 빠르게 퇴출하기도 한다. 실리콘밸리 CEO와 흉악범(토마토와 토-마-토의 차이다)만이 이 인지적 왜곡에 굴복하는 것은 아니다. 사람들 대다수가 매일 행하는 더 평범하고 미묘한 행동과 판단 속에서도 나타나는 이 성향은 주로 세 가지 형태로 드러난다. 사람들은 자신의 실제 기량을 과대평가하거나, 자신의 판단을 지나치게 확신하거나, 긍정적인 결과 앞에서 자신에게 과도하게 공을 돌린다. 이 삼위일체를 단출하게 **과신 편향**overconfidence bias이라 일컫는다.

과도한 자신감이라는 개념을 마주하면, 특히 자기비판으로 너덜너덜해진 이들은 더더욱 십중팔구 **이건 다른 사람들이 누리는 편향이야, 내가 아니고**라고 생각하기 마련이다. 나로서는 자기 과신을 조사하는 일이 자기반성 연습과 다를 바 없었다. 살면서 만난, 병적으로 자기중심적인 몇몇을 향해 손가락질하고 싶어질 참이면(세상에, 내가 얼마나 간절히 실명을 거론하고 싶은지 상상도 못 할 것이다), 그 대신 강제로 나 자신을 들여다보게 하는 연구가 또 하나 등장하곤 했다. 과신 편향은 1960년대 처음 언급된 이후 아름다운 지구 곳곳에서 수많은 실험으로 입증되었다.[4] 연구자들은 외상후스트레스장애나 임상 수준의 우울증[+]처럼 심각한 심리학적 요인이 끼어들지

[+] 뜻 모를 우주의 모순으로, 우월감에 관한 연구에서는 우울증을 앓는 사람이 다른 이들보다 자기 재능을 더 객관적으로 평가한다는 사실이 밝혀졌다. 이런 증상을 '우울한 현실주의depressive realism'라고 부른다. 2013년《미국 국립과학원 회보Proceedings of the National Academy of Sciences》에 실린 논문에 따르면, 두뇌 전두엽(자아 감각을 담당)과 선조체(보상 시스템의 일부) 사이의 연결성이 약한 사람은 연결성이 강한 이들보다 전반적으로 자기 자신을 높게 평가했다. 선조체에 있는 도파민 신경전달물질은 마치 댐에 쌓인 바위처럼 전두엽과의 연결을 방해한다. 따라서 도파민이 많을수록 두 영역 간 연결성은 낮아지고, 그러면 자기 인식은 한없이 아름답게 미화된다. 반대로, '도파민 고갈 = 우울증 심화 = 더 현실적인 자기평가'의 등식이 성립한다. 그러나 '정상'으로 묘사되는 경우는 전자다. 이의 없이 우리 자신의 제단을 숭배하는 것은 '정신적으로 건강한' 상태로 여겨진다.

않는 한, 살아 있는 모든 사람이 대부분 자연스럽게 내가 지금까지도 받아들일 수 없을 만큼 꾸준히 자신의 도덕적 기준과 일상적인 재능, 그리고 상식 수준을 과대평가한다는 것을 밝혀냈다. 응답자 절반이 훌쩍 넘는 수가 자신이 운전,⁺⁺[5] 요리, 그리고 섹스에서 평균 이상이라고 생각했다.[6] 확률상 그럴 수 있는 것은 50퍼센트뿐인데도 말이다. 일반 상식 테스트에서("기대수명이 가장 긴 나라는 어디입니까?" "태양을 관장하는 고대 그리스 신은 누구입니까?" 같은 질문이 주어졌다), 참가자 대부분이 예측한 자신의 정답률은 실제보다 10퍼센트에서 25퍼센트 높았다. 채프먼대학교 박사과정을 수료한 공인 상담교사 레이철 토레스Rachel Torres는 엉망진창인 결과를 낳은 온라인 공예 튜토리얼을 언급하며 말했다. "[과신은] '실패한 핀터레스트Pinterest Fails'⁺⁺⁺를 낳는 바탕 그 자체야. 누군가가 구워 낸 고양이 모양 컵케이크를 보면 '아, 저 정도는 만들 수 있어. 엄청 예쁠 거야'라고 생각하지. 그런데 막상 결과물은 토사물처럼 보여." 실제로, 단언컨대 담즙처럼 보이지 않는 무언가를 구워 낸 적이 한 번도 없음에도 나는 자신에게 평균보다

⁺⁺ 스웨덴의 의사결정 연구자 올라 스벤손Ola Svenson의 널리 알려진 1981년 연구에서는 무려 93퍼센트의 응답자가 다른 사람 대부분보다 운전대를 능숙히 다룬다고 자신했다.

⁺⁺⁺ 역주: 핀터레스트에서 발견한 아이디어를 따라 했으나 망친 사진을 밈으로 공유하는 인터넷 문화.

형편없는 제빵사라는 딱지를 붙일 마음의 준비가 되어 있지 않다. 명명백백한 데이터가 있지만, 나의 자기 과신은 건재하다. 오, 도대체 이 끔찍한 자아의 저주는 무엇을 의미하는가?

주제넘을지는 몰라도 역사적으로 자만심은 쓸모가 있었다. 2011년《네이처》에 실린 연구에서는 잔뜩 부푼 자아가 자연선택에 유리했을 수도 있다고 주장했다.[7] 자만심은 결단력과 인내심을 강화해 경쟁 상대에게 쉽사리 겁을 줄 수 있게 하고, 자기 확신만이 생존 확률을 높인다는 자기 충족적 예언self-fulfilling prophecy+을 가능케 했다. 영국과 독일, 스위스 정치과학 연구자들은 일련의 전쟁게임 실험을 통해 과도한 자신감이 생존에 어떻게 유리하게 작용하는지 관찰했다. 참가자들은 격자에 사각형으로 표현된 주변국의 약점을 분석하고, 공격할지 말지 결정하라는 요청을 받았다. 연구 결과에 따르면 자신감이 넘치는 참가자는 도발 행위 없이 상대를 맹공격하고 전반적으로 많은 전투를 벌일 가능성이 매우 컸으며, 전쟁 막바지가 되면 항상 과도한 자신감을 바탕으로 행동한 참가자가 승리를 차지했다. 지나치게 자신만만한 집단은 더 많이 패배할 것으로 예측되었지만, 동시에 연구진은 더 많은 전투에 참여하기로 한 선택이 결론적으로 "효과적으로 경

+ 역주: 어떤 일이 일어나리라고 굳게 믿음으로써 그 일을 실현하는 방향으로 행동해 결국 부분적으로나마 현실화하는 현상.

쟁에서 생존하기 위해 '복권을 더 많이 사는 행위'"가 되었다고 분석했다. 물론 확신에 찬 일부 국가는 너무 멀리 나아가서 상당한 타격을 입었지만, 웬일인지 다른 나라들은 연승을 만끽하며 매번 자기네 나라가 실제로 생각만큼 위대하며 그러므로 정복을 이어 가야 한다는 긍정적인 피드백을 확보했다. 결국 이들은 빠르게 세력을 키우며 차례로 획득한 자원을 통해 더욱 부강해졌다. 계속해서 승리하는 판인데 자기 자신을 재평가해서 어디에 쓰겠는가? 기자 로저 로언스타인Roger Lowenstein이 저서 『천재들의 실패When Genius Failed』에 썼던 것처럼, "다른 무엇보다도 성공 때문에 실패할 가능성을 보지 못하게 된다".[8]

문명사회에서도 자기 과신에는 이점이 있다. 친구와 추종자들을 매료하고, 사기를 돋우기 때문이다. 과신 편향은 경력상의 자산이 될 수 있다. 비극적이지만, 전문적이거나 반半전문적인 환경—월가에서 학부모교사연합회Parent-Teacher Association, PTA까지—모두에서 가장 총애받고 존경받는 인물은 대체로 가장 유능한 사람이 아니라 자기 자신을 가장 잘 통제하는 사람이다. 과신과 정치학, 비즈니스 리더십을 연구하는 UC 버클리의 심리학자 캐머런 앤더슨Cameron Anderson은 "[사람들이] 선량하고 아니고는 그다지 관계가 없다"라고 주장했다.[9] 주목할 점은 **꾸며 낸** 자신감은 효과가 없다는 사실이다. 앤더슨은 진정한 자기 확신은 자주 먼저 나서서 낮고 편안한 톤으로 말하는 등 특정한 언어적, 신체적 표지를 단서로 측정될 수 있다고 말한다. 구경꾼들은 이런 지표에 민감하게 반응하고 허튼소리에는 속지 않지만, 허튼소리를 하는 사람 자신도 자기 말을 믿지 않을 때만 그렇다. 2014년《사이언티픽 리포트Scientific Reports》에 실린 연구에 따르면, 과신을 조장하는 것은 "자기기만적 허세self-deceptive bluffing"[10]다. 자기기만적 허세는 단순히 실제보다 더 나은 사람인 양 행세를 하는 것이 아니라, 진심으로 그렇다고 믿는 일종의 심오한 기만을 말한다. 이에 따라 과도한 약속과 과도한 자신감의 피드백 순환구조가 만들어지며, 허풍이 '레몬즙을 바르면 내가 안 보일 거야' 수준으로 치닫지만 않으면 이 비틀린 자기평가는 놀라운 효과를 거두게 된다.

이런 자기평가는 유명세를 불러온다. 전쟁에 나간 적은 없지만, 나는 로스앤젤레스에 살면서 집을 나설 때마다 대기오염처럼 떠다니는 자기 과신을 느낀다. 이 도시는 야망으로 가득한 연예인들에게는 전쟁터와 다름없다. 전쟁과 명성의 언어는 위험하리만치 비슷하다. '한 방을 노리다shooting your shot' '부숴 버린다crushing' '죽인다killing it'. 블룸버그의 2022년 조사에 따르면 미국 중고등학생 98퍼센트가 인터넷상에서 유명해지기를 갈망한다.[+11] 98퍼센트라니.[12] 할리우드와 소셜 미디어의 결합은 마치 이용자들이 상업적인 영향력을 갖는 것이 너무나 마땅하다는 듯 노골적으로 자기기만적인 허세

문화를 부추긴다. 틱톡 덕분에 그저 카메라 앞에 존재하기만 해도 하룻밤 사이 유명해질 수 있게 되었다. 전례 없는 자아도취의 가능성이 열린 것이다. 노파심이라 해도 어쩔 수 없지만 성공하는 길이 점점 더 (조작된) 복권 당첨과 비슷해지는 지금, 오프라인에서 기술을 갈고닦아 적당한 자신감으로 온라인에 공유하면서 느끼는 매력은, 바이럴 게임에서 잘 팔리기 위해 허세를 교환하며 '한 방을 노리는' 일 앞에서 퇴색하지 않을까 우려된다.

자기 과신의 위험성은 '원하는 게 하나는 있겠지'식 짤막한 코미디나 피부미용 루틴을 한참 뛰어넘는다. 현대 정신은 곤란하게도 명확한 판단을 내리기 가장 어려운 상황에서 가장 과도한 자신감을 드러내는 경향이 있다. 새롭고 예측 불가능한 기술(인공지능, 행성 간 여행), 자연재해(허리케인, 기후변화), 그리고 양극화된 정치인들(한두 명 떠오른다)이 그러한 상황의 예다. 억만장자들이 기술 발전을 향해 전속력으로 달려가는 맥시멀리즘의 시대, 이런 사실은 그 어느 때보다 불길하게 느껴진다. 2018년 케임브리지대학교《재무 및 정량적 분석 저널Journal of Financial and Quantitative Analysis》에 실린 논문에 따르면 자

+ 이로부터 3년 전 해리스여론조사Harris Poll와 레고가 실행한 조사 결과에 따르면, 영국, 중국, 미국에서 유튜버가 되고 싶은 어린이는 우주인이 되기를 바라는 어린이보다 그 수가 세 배 많았다.

신을 과신하는 CEO일수록 지나치게 낙관적인 약속을 하고 부정적인 결과는 축소하는 경향을 보이며 그 결과 대규모 소송을 유발하기도 한다.[13] 과신은 주식시장 폭락, 의학적 오진, 기술적 실패(1986년 우주왕복선 '챌린저' 사고가 그 예다. NASA는 사고 전 치명률이 10만분의 1에 불과하다고 추정했다) 등 현대적 재난을 초래하는 원인이다.

범죄에서도 반복적으로 과신 편향이 나타난다. 이는 맥아더 휠러 같은 범죄자(그리고 더 영리한 동료들)의 행동뿐만 아니라 피고인에 대한 외부인의 판단에도 작용한다. 1980년대 후반 미국에서 잘못된 유죄 판결을 포괄적으로 검토한 결과, 결백한 피고인이 "합리적인 의심 없이" 형량이 사형에 해당하는 중죄로 유죄 판결을 받은 사례가 350건이나 발견되었다. 그중 다섯 건은 최종 판결이 내려지기 전에 오류가 발견되었다. 나머지 345명은 운이 나빴다. 67명은 최대 25년형을 선고받았고, 139명은 종신형을 선고받았으며 또 다른 139명은 사형을 선고받았다. 검토 당시 피고인 23명은 이미 처형된 뒤였다. 웨슬리언대학교 심리학자 스콧 플라우스Scott Plous가 저서 『판단과 의사결정의 심리학The Psychology of Judgment and Decision Making』+에서 적었듯, 아마도 우리의 모든 인지 편향 중에 과신만큼 "널리 퍼져 있고 잠재적으로 가장 큰 재앙을 불러일으킬 수 있는" 편향은 없을 것이다.

지난겨울 버니 메이도프Bernie Madoff++를 다룬 다큐멘터리를 탐닉하다가, 내가 사기꾼 이야기에 그토록 매료되는 이유가 나 자신을 사기꾼이라고 여기게 하는 숨겨진 두려움 때문일지도 모른다는 생각이 들자 마치 손목에 덜컥 수갑이 채워진 듯한 충격을 받았다. 경력이 한 발짝 나아갈 때마다 내가 하나의 거대한 폰지사기를 운영하고 있다는 사실이 명백해지는 것 같다. 당장이라도 상상 속의 내 젊은 부하들이 위조문서 더미를 들고 나를 고발해서 FBI가 문간에 들이닥칠 것만 같다. 넘치는 자신감이 그처럼 매혹적인 것도, 내가 그것을 갈망하는 동시에 이미 너무 자신감이 넘치는 것이 아닌가 두려움에 떨기 때문일지 모른다. 미국 문화는 자신감과 관련해서 너무나 복합적인 메시지를 던진다. 성취를 과시하되, 나르시시스트가 되지는 말라. 진솔하되, 완벽하라. 탭댄스를 출 수 없고 다른 사람이 배역에 더 잘 어울리더라도 캐스팅 담당자에게 할 수 있다고 말하라. 얼마만큼의 자신감이 '적정량'인지 알고 싶다. 직업적인 성공에 도움이 되고 스스로 만족하면서도 망상이 지나쳐 해를 입히고 모두를 극도로 짜증나게 하지 않을 정도는 얼마만큼일까?

+ 역주: 국내에는 2006년 『비즈니스맨을 위한 심리학 카페』라는 제목으로 번역본이 출간되었다.

++ 역주: 역사상 최대 규모의 폰지사기를 주동했던 사기범. 미국 증권중개인이자 투자상담사로서 나스닥 외부 이사를 역임할 정도로 월가에서 막대한 영향력을 끼쳤으나. 2009년 150년형을 선고받고 복역 중이던 2021년 사망했다.

채프먼대학교 심리학자 레이철 토레스는 때때로 더닝-크루거 효과의 반대로 여겨지는 가면 증후군Imposter syndrome을 연구한다. 토레스와 나는 대학교 창의적 글쓰기 워크숍에서 만난 이래 친구로 지내고 있다. 나는 자신만만한 대학생일 때조차 자신의 의견이 우아하게 뒷받침되기 전까지는 절대 입을 열지 않았던 토레스의 학문적 신념을 늘 우러러보았다. 그가 이 '증후군'을 연구하게 된 것은 당연한 일이다. 그의 정의에 따르면, 가면 증후군은 반대 증거가 차고 넘치더라도 계속해서 자신이 가짜이거나 무능하다고 여기는 자기 인식을 말한다. "수년간 훈련을 받고 이렇게 많은 자격증을 땄는데도 일할 때 가면 증후군을 자주 경험해. 회의에 참여할 때는 사기극처럼 느껴져." 석사학위를 여럿 취득했을 뿐 아니라 원했던 모든 상과 장학금을 따낸 화려한 경력을 보유한 토레스가 고백했다. 그는 가면 증후군이 특히 직장에서 나타나는 불안장애와 흡사하다고 설명했다. 부정적인 사고, 자기 불신, 성과 축소 등이 증상에 포함된다(내게는 전형적인 사무실에서의 하루처럼 느껴지는데 말이다). "개인적으로 가면 증후군을 경험하지 않는 사람 알아?" 내가 물었다. 토레스는 잠시 숨을 고르고, 한숨을 내쉬더니 담담히 대답했다. "아니."

토레스는 나와 마찬가지로 진짜 사기극 장르에 집착한다. 우리는 뉴스에서 엘리자베스 홈스의 10억 달러짜리 의료기술 기업 테라노스Theranos가 사기라는 소식을 접하고 그에 대해 온갖 수다를 떨었다. 나는 오랫동안 홈스가 다른 모든 사람처럼 가면 증후군의 순간을 경험했으면서도 그 순간을 무시하고 너무 멀리 나아간 것이 아닐까 궁금해했다. 그는 차세대 스티브 잡스가 되기를 꿈꾸는 WASP〔백인 앵글로색슨 프로테스탄트〕 미국인이었고, 더구나 '이루기 전까지 이룬 척' 해야 하니까 말이다. 그렇지 않은가? 1970년대 최초로 언급된 가면 증후군은 시민권 운동과 제2물결 페미니즘, 그리고 제2차세계대전 이후 급속히 성장한 경제로, 이전까지 소외되었던 노동인구가 백인 남성의 성공을 위해 짜인 노동시장으로 밀려들면서 탄생했다. 토레스는 "범죄는 차치하고, 우리 사회는 애초에 엘리자베스 홈스가 스티브 잡스 신화를 재현하고 성공적으로 이루는 것이 불가능하게 되어 있어. 그만큼 우리 사회에서 여성 CEO는 애초에 불가능해"라고 말했다. 언론에서는 홈스의 기이한 행동과 낮은 목소리, "소름 끼치는" 눈빛을 들먹이며 그를 짓밟았다. "만약 홈스가 남성이었다면 우리의 답변이 달랐을까? 맞아." 토레스가 말을 이었다. "그가 더 멀리 나아가거나 다른 방향으로 나아갔을까? 그럴지도 모르지. 홈스가 유색인 퀴어였다면 이야기가 통째로 달라졌을까? 아마 그럴 거야."+

토레스는 살아 있는 사람 대부분이 일정 수준의 가면 증후군을 경험한다고 짐작했다. 넘치는 카리스마를 지닌 특권층 인물이나, 겉으로는 아무도 건드릴 수 없는 듯 보이지만 혼자서 자기소외와 혐오감에 시달리는 특정 유형의 나르시시스트도 마찬가지다.[14] 소시오패스로 입증된 몇몇을 제외하고는 사회에서 가장 칭송받는 구성원도 예외는 아니다. 그런 의미에서 가면 증후군은 어쩌면 실제로 '존재'하지 않는지도 모른다. 수많은 연구에서 가면 증후군이 자연스러운 현상이 아니라고 주장한다. 토레스는 "많은 사람이 가면 증후군은 전적으로 사회적이고 체제적인 요소로 발생한다고 생각해"라고 했다. 가면 증후군은 체제가 낳은 질병이며, 최근의 현상이다. 기업가정신이 부상하고 커리어 상담이 생겨나던 1980년대에 들어서야 직업적 성공과 '인생의 목적'이 불가분의 관계가 되었다. 이런 합성물에 뿌리 깊은 능력주의 신화를 결합해 보라. 당연하게도, 자신이 직장에서 잘나가지 않으면 존재 가치가 없으며, 만약 **실제로** 잘나간다면 사기꾼이 틀림없다고 국민 대부분이 느끼게 되었다.

남아시아계 정체성과 퀴어성 사이의 교차성을 연구하는 샤하마트 우딘Shahamat Uddin은 직장 내 인종차별에 관한 사설에서 다음과 같이 썼다.[15] "주 40시간 근무 체계는 아내가 모든

+ 더욱이, 홈스는 평범한 사람들을 대상으로 자만심에 찬 약속을 해서 감옥에 간 게 아니다. 그는 부유한 투자자들을 대상으로 자만심 넘치는 약속을 했고, 이들 중 많은 수가—우익 언론계 거물 루퍼트 머독Rupert Murdoch과 '월마트'로 널리 알려진 월턴Walton 가문을 포함해서—내 생각에는(말장난이 아니라 정말로) 손에 더 많은 피를 묻혔을 것이다.

양육과 가사 활동을 책임지는 동안 백인 남성이 직장에서 성공할 수 있도록 만들어졌다. 나는 모든 면접과 교대 근무, 회의에 20분 일찍 도착한다. 갈색 피부를 가진 사람은 으레 늦으리라는 기대와 싸워야 한다는 사실을 알기 때문이다. …… 내가 이곳에 속해 있음을 증명하기 위해서는 두 배 더 열심히 일해야 한다는 사실을 안다." 자발적으로 "병들어 있는" 미국 노동시장은 애초에 여성과 유색인종이 존재하도록 만들어지지 않았고, 그들이 근본적으로 받아들여진다고 느낄 리는 더더욱 없다.

토레스와 나는 틴더 협잡꾼이나 버니 메이도프같이 행동에서 가면 증후군의 징조가 전혀 느껴지지 않는 인물들에게는 좀 이상한 구석이 있다고 생각한다. 토레스가 한탄했다. "내 말은, 그 사람들이 대체 어느 순간부터 자기 엉덩이에서 햇빛이 뿜어져 나온다고 믿게 됐냐는 거야."

그러나 자기 과신은 단순히 행동 방식만이 아니라 정신적 태도이기도 하다. 한편으로 과신 편향은 지휘관이 전쟁에 나가도록 하고 운 좋은 악인이 성공을 지나치게 자기 덕으로 돌리게 만든다. 그러나 더 일상적인 맥락에서는, 사람들이 소파에 늘어져 인터넷을 탐색하거나 텔레비전에서 리얼리티쇼를 시청하며 다른 사람의 어리석은 실수에 이를 갈며 비난할 자격을 얻는 것도 과신 편향 때문이다. 누군가가 상식적인 인간의 품위를 지키는 데 내가 평균보다 낫냐 못하냐를 물으면,

나는 본능적으로 당연히 더 낫다고 대답하려 들 것이다. 사람은 이런 식의 자기 팽창self-inflation을 타고난다. 우리는 나쁜 결과를 낼 만한 일을 하고도 그런 결과 앞에서 자연스럽게 깜짝 놀란다. 도덕적인 잘못을 했다고 비판받으면, 일반적인 인간은 빠르게 방어적으로 돌변한다. 그 이유는 대부분 그토록 상냥한 마음과 공정한 의도를 가진 **자기**가 일을 망칠 수 있다는 믿음이 솔직히 충격적이기 때문이다.

여성은 실제로 남성보다 도덕적으로 더 가혹하다. 2018년 《성격 및 사회심리학 공보Personality and Social Psychology Bulletin》에 실린 연구에 따르면, 역사적으로 여성은 "정서성emotionality"이 더 높다고 "인식"되었기 때문에 대체로 덜 도덕적으로 여겨졌다.[16] 감정은 도덕적 추론을 방해한다는 오명을 썼다. 그러나 연구에서는 여성이 사실 전반적으로 남성보다 더 감정적이지는 **않다는** 명백한 증거가 존재하며, 그럼에도 여성은 "의식적으로 도덕적인 감정과 공감적 관심empathic concern"을 드러내는 경향이 있다고 밝혔다. 이런 특성 때문에 연구 참여자들은 사적이거나 직업적인 이익을 가져다줄 수 있더라도 그 과정에서 해를 끼칠 수 있는 행동, 가령 규칙을 어기거나 협상 중 거짓말을 하는 등의 행동을 할 의도가 더 낮다고 답했다. 조사에 참여한 여성 대부분은 또한 남성 참여자보다 이런 행위가 "더 용납될 수 없으며 혹독한 도덕적 지탄"을 받아 마땅하다고 여겼다.

공감적 관심은 훌륭한 일이고, 사실 정말 중요한 부분이지만, 도덕적인 지탄에 관한 부분은 썩 마음에 들지 않는다. 긍정적인 결과는 자신의 덕으로 돌리면서 부정적인 결과에 대해서는 타인을 탓하는 과신 편향의 이기적 면모와 궤를 같이하는 듯 보이기 때문이다. 나는 2010년대 말부터 2020년 초까지 반인종주의와 임신중지권 시위를 포함해 여러 사회적 심판 전반에 버섯구름처럼 드리운 이기적 편향self-serving bias을 발견했다. 특히 다른 이들의 고통에 걱정을 표하면서도 자기 자신에게서는 책임을 찾지는 않으려는, 특권적 자리에 앉아 있는 여성들에게서 말이다.

기자이자 『백인 페미니즘: 서프러제트에서 인플루언서까지, 누가 남겨졌는가White Feminism: From the Suffragettes to Influencers and Who They Leave Behind』의 저자인 코아 벡Koa Beck에게, 이기적인 태도가 현대 사회정의 운동에 영향을 미치느냐고 물었다. 벡이 답했다. "특히 트위터나 인스타그램에서 백인 여성이 다른 백인 여성을 지적하는 아주 열띤 비난의 장이 나타나는 걸 볼 수 있어요. 이런 사회적 환경에서 그런 행위가 일종의 화폐가치를 지니는 것처럼 보이죠. 이제 누군가의 인종주의적 무지나 트랜스젠더 혐오, 계급주의를 비판하는 것이 유리한 일이 되었어요. 온라인 플랫폼은 손가락질을 바탕으로 자기 플랫폼을 구축하는 경향을 강화하고 수량화했어요."

벡은 일부 소셜미디어 이용자는 반의식적으로 타인의 실

수를 강조할 뿐 아니라 이용하는데, 구체적으로는 그 실수가 자기 역시 거의 저지를 뻔했던 것일 때 이야기를 "주도하기" 위해 그렇게 한다고 말했다. 한 백인 비장애인 이용자가 '미친'이라는 단어를 무신경하게 사용한 타인의 소셜미디어 게시글에 대해 재치 있는 비판을 남겼고 그 덕에 '좋아요' 200개를 받았다고 치자. 누군가에게는 행동주의처럼 보이겠지만, 여기에는 이기적 편향도 작용한다. 원고는 가해자의 실수에서 간발의 차이로라도 같은 약점을 만들지 않은 자신이 얼마나 고귀한지를 읽어 낸다. 가해자를 지적하려는 유혹을 떨치기는 너무나 힘들다. 특히 그 많은 찬성의 '좋아요'로 가득한 도파민 목욕이 기다리고 있을 때는 더더욱. 심리학자 캐럴 태브리스Carol Tavris와 엘리엇 에런슨Elliot Aronson의 책 『거짓말의 진화: 자기정당화의 심리학Mistakes Were Made (But Not by Me): Why We Justify Foolish Beliefs, Bad Decisions, and Hurtful Acts』의 유명한 인용구는 다음과 같다. "유리집에서 살겠다고 결정하기 **직전이었던** 이들이 제일 처음 돌을 던진다."[17]

역설적인 사실이 뭔지 아는가? 사실 우리가 실제보다 많이 안다고 착각하게 해 주는 것은 바로 **다른 사람들**의 전문지식이다. 필립 페른백Philip Fernbach과 스티븐 슬로먼Steven Sloman의 2017년 책 『지식의 착각The Knowledge Illusion』은 예일대학교에서 이루어졌던 연구로 시작한다.[18] 연구에서 대학원 학생들은 자신이 변기나 지퍼 같은 일상적인 도구를 얼마나 잘 이해하는지 스스로 평가하라는 요청을 받았다. 그러고 나서, 연구진은 학생들에게 이런 도구가 어떻게 작동하는지 처음부터 끝까지 낱낱이 파헤쳐 적은 뒤 다시 한번 이해도를 평가하라고 요청했다. 학생들은 이 과제를 통해 자신들의 부족함을 깨달은 듯했다. 두 번째 자기평가가 곤두박질쳤기 때문이다. 사소한 지퍼 하나도 사실 생각보다 더 복잡하다. **누군가는** 당연히 지퍼가 어떻게 작동하는지 안다. 누군가는 모두가 당연하다는 듯 쉽게 사용할 수 있도록 지퍼를 발명했다. 이런 식의 전문화와 협업은 우리 종만이 갖춘 독특한 기술이다. 협업이 너무나 원활한 나머지 우리는 타인의 이해가 어디서 시작하고 우리의 이해가 어디에서 끝나는지 거의 알아차리지 못한다.[19] 『지식의 착각』에 따르면, 우리는 너무나 자연스럽게 인지적 노동을 분담해서 결국 "한 사람의 아이디어와 지식"과 "[집단의] 다른 구성원의 것" 사이에 "뚜렷한 경계가 존재하지 않게" 된다.

우리는 우리의 지식이 사그라들고 검색엔진의 지식이 시작하는 지점조차도 식별하지 못한다. 웹 검색 덕분에 누구든 1초도 안 되어 모든 질문에 대한 답에 접근할 수 있다. 달과의 거리는 얼마나 되는가? 과신 편향이란 무엇인가? 그러나 즉각 접근할 수 있다고 해서 지혜가 즉각 우리 것이 된다는 의미는 아니다. 여러 연구에서 보여 주듯 우리는 웹 검색으로 알게 된 정보를 신속히 잊을 뿐 아니라, 우리가 잊는다는 사실마저 잊는다. 인터넷의 지식을 우리 자신의 지식과 혼동하는 것이다. 이런 정신적 고장 상태를 '구글 효과'라고 부르기도 한다. 챗GPT* 같은 AI 언어 도구는 개인의 지식 영역을 구분하는 경계에 더 많은 구멍을 낸다.

적어도 인간 대 인간의 관계에서는 두뇌 간 흐릿한 경계에도 이점이 있다. 이 경계로 혁신이 가능해진다. 누군가 의미 있는 발견을 할 때마다 새로운 무지의 단계가 열린다. 이해의 간극이 우리를 나아가게 만든다. 종이에 펜을 대기 전에 이 책에서 무슨 말이 하고 싶었는지 정확히 알았더라면, 나는 글을 시작하지도 끝내지도 못했을 것이다. 풀뿌리 권익 운동에 젠더연구 석사학위가 요구되었더라면, 페미니즘 운동은 아예 존재하지 않았을 것이다. 오드리 로드는 1977년 행동주의와 창조성의 교차에 관해 다음과 같이 썼다.[20] "우리는 때로 새로운 아이디어라는 꿈으로 스스로를 취하게 한다. 머리가 우리를 구할 것이다. 오직 두뇌만이 우리를 자유롭게

---

* 자아 얘기가 나와서 말인데, 2023년 한 친구가 내게 챗GPT에 "어맨다 몬텔 스타일로" 글을 써 보라고 명령한 적이 있느냐고 물었다. 그때까지는 그런 적이 없었지만, 씨앗이 한번 심기자 자아에 사로잡힌 궁금증이 나를 압도했다. 나는 챗GPT에게 내 말투로 인지 편향을 정의하는 문단을 써 보라고 요구했다("너 진짜 이상해. 토요일인데 인터넷 그만하고 외출이라도 해." 내가 이런 짓을 했다는 사실을 알게 되자마자 케이시가 말했다). 독자여, 그것은 정말 이상한 경험이었다. 챗봇이 쓴 문단은 이렇게 끝났다. "당신 마음은 놀이터이며, 편향은 정글짐 위에서 까부는 꼬마 장난꾸러기들이다, 내 사랑이여." 웃기기도 하고 기분도 나빴다. 내가 정말 저렇게 말한다고???

할 것이다." 로드는 새로운 아이디어란 존재하지 않으며, 그저 그것들이 느껴지게 할 새로운 방법이 있을 뿐이라고 썼다. "우리는 계속해서 우리 자신과 다른 이들을 격려하여 우리의 꿈이 암시하는 이단적인 행동을 시도해야 한다." 때로 자기 확신에 찬 망상은 더 나은 세상을 계속 열망할 수 있는 용기를 준다.

내가 삶의 어느 지점에서 겸손이 자기 비하와 동의어라고 생각하게 되었는지 모르겠지만(또 지역 공동체 연극인가?), 그것은 수년간 품어 온 오해였다. 미국심리학회American Psychological Association, APA 사전에서 '겸손'이라는 항목[21]을 발견하고 나서야, 나는 그 정의가 "자신에 대한 낮은 집중도, 자신의 성취와 가치에 대한 (과대평가되거나 과소평가되지 않은) 정확한 감각, 자신의 한계, 불완전성, 실수, 지식 격차 등을 인정하는 태도"임을 알았다. 다른 사람이 내 실수를 전부 기억하고 말실수와 잘못 고른 옷차림을 트집 잡는다는 걱정으로 낭비한 그 모든 시간은 겸손이 아니라 더욱 나 자신에게 집중한 시간이었다. 경력상의 주요한 성취와 빛나는 약속을 널리 알리라고—하지만 우선 '예스' 하나를 받기까지 견뎌야 했던 수많은 '노'에 대한 극적인 이야기를 늘어놓고 나서—격려하는 사회적 환경은 진정한 겸손을 그저 자아 올림픽의 또 다른 묘기로 왜곡한다. "나타나는 형태가 극도의 불안이든 과신이든, 극단적인 수준으로 자기 자신에게 집중하는 것은 좋지 않아. 나는 우리 중 많은 사람이 궁극적으로 그저 현재를 살고, 연결되고, 삶에 참여하려고 애쓴다고 생각하는데, 그걸 방해하거든." 토레스는 말했다.

자기기만적 허세를 용인할 뿐 아니라 적극적으로 권장하는 문화에서, 자신감을 위해서는 공격이 아니라 자신을 재평가하고 때로는 오히려 후퇴할 줄 아는 능력이 **필요**하다고 어떻게 다시 정의할 수 있을까? 누구도 완전히 실수를 피할 수 없지만, 우리는 뭔가가 더는 합리적이거나 쓸모 있지 않을 때 그 사실을 알아차릴 수 **있다.** 우리는 멈춰 서서 방향을 바꿀 수 있다. 얼굴에 레몬즙을 바르고 저녁 뉴스를 장식하는 결말을 원하는 사람은 없다.

고무적이게도 2021년 《영국왕립학회 철학회보Philosophical Transactions of the Royal Society》에 실린 연구에서 밝혀진 바에 따르면, 자신감과 성과 수준이 일치하고 초인지 능력metacognitive ability✢이 높으면, 주체는 "오류를 저지른 후 자신감이 낮아지는 경향을 보이며, 따라서 더 개방적으로 수정된 정보를 받아들인다."[22] 나는 내 삶에서만큼은 사람들이 자신의 실수를 인정하면 평소보다 더 많은 보상을 주기로 마음먹었다. 그렇지 않으면 그들은 실수를 인정하지 않을 테니까. 자기 회의self-doubt를

✢ 개인이 자신의 사고 과정을 인지하는 것.

약점으로 인식해서는 안 되며, 전문가에게조차도 절대적인 확실성을 요구해서는 안 된다. 그랬다가는 그들이 분명 기대를 충족하기 위해 헛소리를 늘어놓을 것이다. 폴라티를 입은 WASP들이 눈을 빛내는 투자자들에게 허황된 약속을 할 것이다. 로켓이 준비되기도 전에 발사 버튼을 누를 것이다.

2011년의 전쟁게임 실험에서 가장 우수한 성과를 거둔 팀은 사실 미적지근하게 자신을 과신한 국가였다.[23] 승자들은 지독하게 자신만만하지도 지극하게 겸손하지도 않았는데, 이 결과는 자신감이 중요하기는 하지만 "착각의 적정 한계optimal margin of illusion"⁺⁺가 있다는 사실을 보여 준다. 연구는 다음과 같은 결론을 도출해 낸다. "더 다층적으로 접근하는 개인이—심지어 편향적 접근이라도—극단적인 개인보다 좋은 결과를 보였다."

생각해 보면 사실 내가 정말 원하는 바는 인생을 덜 전쟁처럼 대하는 것이다. 기준을 조금 낮춘다면, 가면 증후군도 덜해지고 실제 사기꾼도 적어지지 않을까? 생산성이라는 현대의 도그마는 빨리빨리 움직이고 탁월함을 최대한 활용하라고 우리를 닦달한다. 일상에서 우리가 불편한 마음을 견디고 더 나아가 진심으로 우리의 전문 지식이 부족하다는 사실

⁺⁺ 역주: 현실을 왜곡하지 않는 선에서 자신감을 유지하고 긍정적으로 사고하기 위해 적정 수준의 착각을 하는 것.

을 받아들일 수만 있다면, 타인에게도 똑같은 은총을 내려 줄 가능성은 훨씬 커질 것이다. 그럼 최소한 우리 인생은 덜 불안해질 수 있다. 잘하면 심지어 평화를 찾을지도 모른다.

이렇게 하면 어떨까? 모든 일을 평균 50퍼센트 이하로 행해 보자. 분명 즐거울 것이다. 평범함의 미덕. 다음번에 질문이 생기면, 답을 구글링하기 전에 인간으로서 가능한 한 오래 버텨 보자. 에로틱할 것이다. 마치 절정에 이르기 전에 자극을 늦추는 것처럼. 근사하지 않은가. 나는 배운다, 그저 끊임없이 궁금해하기 위해. 확실한 답을 얻지 않기 위해. 자리에 앉아서, 겸손하게, 감히 알려 하지 않기 위해.

나를
증오하는
이들이
나를
나아가게
한다

08

환상 진실 효과에 관하여

나는 결혼식 꽃에 관한 거짓말 하나 때문에 영원히 진실을 전과 다르게 바라보게 되었다.

1년 조금 넘게 진행해 온 컬트를 주제로 한 팟캐스트 때문에 결혼 전통의 음산한 역사를 조사하던 중이었다. 결혼식이라는 '컬트'가 그 주 에피소드의 비판 대상이었다. 나는 늘 결혼 산업의 획일적인 관습과 소비주의에 본능적인 경멸을 품어 왔다. 피의 다이아몬드, 맞춤 들러리 드레스, 끝없는 복종을 요구하는 사랑하는 사람, 그저 '재미'를 위한 2만 달러의 빚. 나 말고도 그렇게 느끼는 사람들이 있다는 사실은 진작 알았으니 뒷받침이 될 만한 색다른 증거만 있으면 충분했다. 잡지《브라이드Brides》부터 레딧까지 여러 출처를 살펴보는데 신부 부케의 기원에 관한 풍문이 등장하고 또 등장했다. 가장 흔한 주장에 따르면 소작농들이 목욕을 1년에 한 번 할

까 말까 했던 중세시대, 신부가 코를 찌르는 악취를 가리려고 향기로운 허브 다발을 들고 통로를 지나게 되었다고 한다. 관련 기사에서는 오늘날 6월에 결혼식 올리기를 선호하는 이유도 늦봄 연례행사로 목욕을 즐기던 오랜 전통에서 유래했다고 주장했다.

나는 흥미진진한 사실을 **애지중지한다.** 저녁 식사에서 써먹을 법한 황금 같은 이야기를 발견하면 살아 있음을 느낀다. 그래서 지저분한 중세 약혼녀 이야기가 '사실이기에는 너무 완벽한' 도시 전설처럼 느껴지긴 해도, 계속 반복해서 등장하는 데다가 짜릿한 재미까지 안겨 주니 다른 사람한테 써먹기 딱 좋다는 생각이 들었다. 나는 무의식적으로 이 이야기가 사실일 가능성과 그 영향력을 저울질한 뒤 결국, 좋아, 방송에서 얘기해야겠어, 라고 결심했다. 이야기를 전하면서 변명처럼 "제 생각에는"이나 "읽은 내용대로라면" 같은 완곡한 표현을 써 봤지만, 소용없었다. 에피소드가 방송된 날, 한 청취자가 아찔한 트윗을 올렸다. "LMAO[+] 방금 팟캐스트에서 들었는데 신부가 부케를 드는 게 중세 유럽에서 1년에 한 번 목욕해서 그런 거래!!!!" 그리고 수천 명이 트윗을 공유했다. 이 수상쩍은 사실은 전염병처럼 일파만파 퍼졌다.

+ 역주: 'Laughing my ass off'을 줄인 웹 용어로, '웃기고 있네' '웃기지 마'와 비슷한 의미다.

—

런던경제대학교 중세사학자인 엘리너 제네가Eleanor Janega 박사의 답변은 확실히 덜 화제가 되었다. 에피소드를 들은 제네가는 논의에 끼어들어 중세에 관해 알려진 설화는 대부분 사실상 신화이며,[1] 불행히도 부케 이야기도 마찬가지라고 지적했다. 그에 따르면 중세에도 오늘날과 똑같이 신부 부케는 꽃으로 이루어졌으며, 향기가 아니라 색깔이 상징하는 바에 따라 꾸려졌다. 1000년 전 소작농이 깔끔한 내부 배수시설을 갖추고 하루에 두 번 샤워하는 데 집착하진 않았겠지만, 그들 역시 보통은 공동 욕장에서 자신을 한껏 가꾸었다. 목욕 시간은 중세 유럽에서 너무나 중요한 행사였기 때문에 일부 황족은 호화로운 목욕 시설과 허브로 만든 영약을 자랑하려고 손님에게 목욕을 대접하기도 했다. 샤를마뉴대제도 동료 귀족을 초청해 함께 몸을 씻곤 했다고 알려져 있다. 그는 심지어 부유한 남성 수십 명이 문자 그대로 호화찬란하게 목욕하는 모습을 보라고 구경꾼을 불러 모으기도 했다고 추정된다. 당신은 어떨지 모르겠지만, 나한테는 이 이야기가 샤워를 잘 하지 않는 소작농 이야기보다 100배는 재미있다. 게다가 이 이야기에는 사실이라는 이점이 있다.

제네가 박사에게서 내가 읽고 퍼뜨린 결혼식 기원 이야기가 일종의 설화라는 것을 들은 뒤에도 놀라지는 않았다. 하지만 그렇게 나쁘지 않은 내 두뇌가 그 사실 여부를 의심했음에도 내가 앞장서서 열성적으로 이야기를 공유했다는 사실 자체에 조금 충격을 받았다. 나는 중세를 둘러싼 신화가 왜 그렇게 많은지 명확히 알고 싶어서 제네가 박사에게 연락을 취했다. 애초에 지금 문제가 되는 게 정확히 몇 년이냐고 물어봐야 한다는 사실이 당혹스럽긴 했다(고등학교에서 배우지 않았던가?). 중세는 서기 476년 서로마 멸망 이후부터 1483년 마르틴 루터의 탄생까지 약 1000년간을 일컫는다. 박사가 설명했다. "우리가 중세에 관해 수많은 이야기를 지어내는 이유 중 하나는 중세가 고대와 현대 사이에 놓인 연못이기 때문이에요." 충분히 친근하게 느껴질 만큼 가까우면서도 신비를 간직할 만큼은 멀고 오래된 중세 유럽은—요정 공주⁺와 고문실⁺⁺까지—낭만화된 서사와 악몽 같은 이야기 모두에 완벽한 배경이 된다. 역사적인 설화가 진실인지 확인하는 것이 끔찍하게 어려운 일은 아니다.[2] 그렇다면, 집단적인 힘이

⁺ 현대성이 낳은 주술적 과잉사고로 인해 중세 빈민의 '예스러운' 삶을 미화하기 시작한 이들도 있다. 2019년, "미국 노동자 평균 휴가 기간은 중세 소작농보다 적다"라는 기사가 널리 퍼졌다. 그러나 제네가는 시골 유급휴가에 관한 이런 오해를 다음과 같이 해명했다. "소작농이 매달 종교적 휴일로 며칠 더 쉬었을 가능성도 있긴 하지만, 일단 소작농이라면, 대부분이 그랬는데, 어쨌든 소젖을 짜야 하고 장작을 패고 불을 지펴야 했다. 게다가 수확기라면 휴일은 아무 상관이 없었다. 중세를 생각하며 호젓한 농가 판타지를 상상하는 사람들이 있는데, 트랙터 없이 밭을 가는 것이 어떤지 몰라서 하는 소리다."

⁺⁺ 가시가 박힌 금속 상자 아이언 메이든은 중세 고문 박물관의 필수품이지만, 사실은 암흑시대 고문 기구가 아니라 18세기 후반의 가짜 발명품이다.

담긴 인터넷에 그렇게 쉽게 접근할 수 있는데도 왜 거짓말투성이 이야기가 만연한 걸까? 그리고 나는, 겉으로는 자랑스럽게 거짓을 증오한다면서 왜 그런 이야기를 퍼뜨렸을까?

이런 현상의 많은 부분이, 특정 진술을 단순히 반복해서 들었기 때문에 진실이라고 믿는 경향인 **환상 진실 효과** illusory truth effect[3]로 인해 발생한다. 거짓을 '진실처럼 들리게' 만드는 반복의 힘이 핵심인 환상 진실 효과는, 가짜 뉴스 헤드라인부터 해서 마케팅을 위해 들먹이는 주장, 루머, 잡다한 상식, 인터넷 밈까지 아우르는 여러 '자극제'에 의해 증명되었다. 내가 열여덟 살이 될 때까지, 껌 한 덩이를 삼키면 소화하는 데 7년이 걸린다고 굳게 확신했던 이유도 환상 진실 효과 때문이다. 그러나 이 편향은, 엑스액토X-Acto❖❖❖ 칼이 포장지를 가르는 것처럼 너무나 쉽게 정치적 프로파간다가 퍼져 나가는 원동력이기도 하다. 환상 진실 효과가 미치는 영향력은 중세 신부에게서 실제보다 더 악취가 났다는 믿음처럼 소박할 수도 있지만, 복지제도를 이용하는 사람은 게으르다는 신화처럼 사회를 좀먹기도 한다. 개인과 사회에 대한 전설과 이야기 유형 전체가 환상 진실 효과를 통해 만들어지고, 계속해서 전파되고, 의심 없이 믿어진다. 최악의 경우, 이런 편향을 지배

❖❖❖ 역주: 미국의 소형 정밀 나이프 브랜드.

하는 자는 폭군이 될 수 있다. 공적인 인물들은 반복과 압운rhyme 같은 아주 오래된 스토리텔링 전통을 정치 무대로 가져와서 의도적으로 거짓말을 대량 퍼뜨려 편견을 조장하고 이로써 권력을 강화한다. 다른 한편으로 이런 언어적 기술은 진실을 깨우치는 즐거움을 불어넣는다. 또 무작위적인 일회성 일화보다는 여러 출처에서 확인된 정보를 중시하도록 우리를 일깨운다. 모든 인지 편향과 마찬가지로 환상 진실 효과 역시 양날의 검이다.

1993년 노스웨스턴대학교 연구자 앨리스 이글리Alice Eagly와 셸리 체이컨Shelly Chaiken이 펴낸 저서 『태도의 심리학The Psychology of Attitudes』에 따르면, 사람들은 특정 메시지를 비판적으로 평가하기에 지식과 문해력, 동기가 부족하면 "익숙한 이야기는 믿을 만하다" 등 단순한 휴리스틱+에 의존한다.[4] 이는 가장 저항이 덜한 길이다. "냄새 나는 소작농들 때문에 신부 부케가 생겨났다"처럼 흡수하기 쉬운 정보가 있으면, 우리는 그것을 믿고 **싶어진다.** 반복은 정보 소화를 돕는 인지적 텀스Tums++다. 어떤 견해를 두 번, 세 번 마주치면 그에 더 빨리 반응하게 되고 두뇌는 유창성과 정확성을 착각한다. 익

+ 역주: 문제를 해결하거나 결정을 내릴 때 복잡한 사고 과정을 거치지 않고 직관적으로 어림짐작해 판단하는 것. '추단법'이라고 번역하기도 한다.

++ 역주: 미국에서 위산 제어, 소화불량 완화 등에 널리 쓰이는 소화제.

숙함은 편안함을 주지만 한편으로는 잊고 다시 배우는 과정에 대한 저항력을 키운다. 결혼 부케의 거짓 기원처럼 처음에는 별로 집착하지 않았던 지식이라 해도 그렇다. '과학 커뮤니케이터'+++이자 『아주 사적인 은하수The Milky Way: An Autobiography of Our Galaxy』의 저자 모이야 맥티어Moiya McTier 박사는 "기존 생각을 새로운 정보로 대체하는 것은 이전의 생각이 틀렸다는 사실을 인정한다는 뜻이에요"라고 말했다.[5] 맥티어에 따르면, 우리가 어떤 주장을 실제로 마주칠 때마다 그것을 무시하기는 점점 더 까다로워진다고 한다. 우리는 이미 익숙해져 편안해진 내용에 반하는 사실에 빠르게 저항감을 키운다. "이 사실이 정말로 두려워요." 맥티어 박사가 말했다. 그는 어떤 이야기를 몇 번 듣고 공공연히 퍼뜨렸는데 결국 시시한 거짓으로 드러나는 악몽을(애석하게도 내게 일어난 일 말이다) 반복해서 꾼다고 털어놓았다. 문제는, 우리가 정보를 학습할 때 신뢰할 만한 정도에 따라 그 정보를 분류하지 않는다는 것이다. 우리는 마음속에 저장된 모든 정보를 똑같이 진실로 여긴다. 맥티어가 설명하길, "두뇌는 '상당히 확신하는 내용'과 '확신이 덜 가는 내용'을 구별하지 않아요. 모든 지식을 그저 지식으로 축적할 뿐이죠"라고 한다. '처리 유창성processing fluency'++++은

+++ 역주: 일반인을 대상으로 과학을 쉽게 해설하는 과학 전문가.

일상에서 정보를 다룰 때 그 진위를 식별하는 우리의 기본 전략이고, 훈련받은 과학자조차 예외는 아니다. 이 전략이 실패하는 때에야 우리는 실제로 사고하기 시작한다.

우리는 살면서 일찍이 반복과 정확성 사이에 연관이 있다는 환상을 내면화한다. 다섯 살 아동도 이미 진술의 익숙함을 신뢰성과 연관 지으며, 이 습관은 성인이 되어서도 사라지지 않는다. 밴더빌트대학교 기억과학자 리사 파지오Lisa Fazio가 《실험심리학 저널》에 게재한 연구에서 밝혀진 바로는, 대학생들은 사후 진행된 치밀한 지식 테스트에서 정답을 알고 있었다는 사실이 밝혀졌음에도 환상 진실 효과에 속아 넘어갔다.[6] 이 편향은 너무나 강력해서 바로 그것을 조심하라는 경고를 받았을 때도 여지없이 발생한다. 파지오의 연구에서는 청자가 진술의 출처가 의심스럽다고 명백히 들었을 때도, 조건을 붙이는 표현과 함께 제시되었을 때도, 뻔히 불가능할 때도("물고기는 공기로 숨을 쉴 수 있다."), 분명히 기존 지식과 대치될 때도("수성은 태양계에서 가장 큰 행성이다.") 환상 진실 효과가 나타났다. 청자가 반복된 내용을 몇 분, 몇 주, 몇 달 만에 들었는지는 상관없었다. 극적으로 들릴 수도 있겠지만, 반복이야말로 마법 주문에 가장 가까운 것일지도 모른다.

++++ 역주: 정보를 처리할 때 느끼는 용이함의 정도.

2018년 예일대학교 심리학자 고드 페니쿡Gord Pennycook은 2016년 미국 대선 당시의 가짜 뉴스 헤드라인을 이용해 환상 진실 효과를 조사했다.[7] 그는 정치 성향에 상관없이 조사 참여자가 척 보기에 말이 안 되는 거짓 헤드라인을 이전에 단 한 번 접하기만 했어도 그 내용을 믿을 확률이 두 배가 된다고 밝혔다. 연구에서 이용된 헤드라인 몇몇은 다음과 같다. "동성애 전환 치료, 마이크 펜스의 결혼을 구원하다" "힐러리 이메일 유출 의혹 받던 FBI 요원 사망한 채 발견, 살해 후 자살 추정" "트럼프, 대통령 당선 시 〈엠파이어Empire〉를 비롯해 동성애 활동을 조장하는 텔레비전 쇼 전부 금지 예정". 이 중 동성애 관련 텔레비전 쇼 헤드라인을 살펴보자. 페니쿡의 실험 이전에 이러한 주장을 접한 적이 **없는** 이들 중 단 5퍼센트만이 주장을 사실로 믿었다. 그러나 해당 헤드라인을 이미 접한 적이 **있는** 이들 중에서는 10퍼센트가 해당 주장이 사실이라고 생각했고, 이런 인식은 일주일 뒤 다시 실시된 조사에서도 유지되었다. 5퍼센트 증가치가 사소하게 보일 수도 있지만, 세계 최대 뉴스 배포 플랫폼인 페이스북과 구글에서 미심쩍은 데다 심지어 본격적으로 음모론적인 헤드라인을 화제의 뉴스로 게시했었던 일을 떠올려 보라. '참여자'가 수백만 명이고 '연구'가 실생활이라면, 진실을 대하는 미국의 감각이 중세 폐허처럼 무너졌대도 이상할 것이 없다.

문자 체계가 발달하고 책이 대량으로 유통되기 전에는 반복되는 구전만이 직접 경험하지 않고도 배울 수 있는 유일한 길이었다. 기억에 남는 주문, 노래, 시, 전설, 우화, 농담 등이 그 대상이었다. 평범한 인간이 정보 과다에 시달리지는 않았겠지만, 정보가 부족한 상황도 이상적이지는 않았다. 역사 대부분에서 한 공동체의 엘리트층(사제, 왕족, 결국 읽고 쓰는 법을 배운 특권적 서기관들)은 귀중한 보석처럼 지식을 수호했다. 정보의 이런 은밀한 성격 덕분에 그 수호자들은 오늘날 그 어느 개인보다 어마어마하게 큰 권력을 누렸다.

이후 기술이 정보를 민주화했고, 수천 년간 인간이 지혜를 퍼뜨리는 데 활용했던 민속적 전통은 새로운 형태를 얻었다. 짧고 굵은 인스타그램 인용구는 새로운 속담이 되고, 한껏 과장된 헤드라인은 고대 전설이 되었다. 나는 버틀러대학교 민속학자 톰 몰드Tom Mould 박사와 이야기를 나누었는데, 그는 세 가지 핵심 특징으로 전설을 정의할 수 있다고 설명했다. 먼저, 전설은 사실처럼 이야기되지만 명백하게 의심스럽다는 뉘앙스를 담고 있고, 그 내용은 확인하기 극도로 어렵거나 불가능하며, 미신과 비슷하게 문화 전반에 깔린 두려움을 포착하고 거기에 대응하는 데 도움이 된다. 반증할 수 있는 전설은 일반적으로 살아남지 못한다. 예를 들어 아무 독성이 없는 특정 베리류에 사실 치명적인 독이 있다는 주장이 있다고 치자. 베리를 먹어 보면 곧바로 사망하는지 아닌지 알 수 있다. 하지만 거울을 깨면 나쁜 섹스의 저주를 받게 된다는 풍문은 입증하기가 어렵다. 껌을 소화하는 데 7년이 필요한지 확증하려면 메스와 과학자가 필요하다. 트럼프가 정말로 "동성애 활동을 조장하는" 텔레비전 쇼를 전부 금지하려고 하는지 확인하겠다고? 행운을 빈다. 물론 구글로 대부분 정답에 접근할 수 있지만—엘리너 제네가 같은 전문가들에게 닿기는 그 어느 때보다 쉬워졌다—환상 진실 효과는 너무나 유혹적이라 자주 그렇게 하지 못하도록 막는다. 우리는 그 대신 전설을 옮긴다. 리트윗을 한다. 깊은 속마음으로는 사실일 리 없다는 것을 알면서도 이야기를 세상에 전한다.

검색엔진이 진실 찾기를 쉽게 만들었을지는 몰라도, 어떤 진실이 공유될 만한지 결정하는 것은 언어다. 우리 인간이라는 종이 가장 좋아하는 스토리텔링 도구를 활용해 정보를 더 수용하기 쉽게 만드는 행위는 교육적 선물이 될 수도 있고 사회정치적 무기가 될 수도 있다. 속담을 보자. 역사적으로 속담은 인생의 복잡다단한 신비에 대해 재치 있고 '상식적인' 해답을 제공해 왔다. 그런데 널리 알려진 속담에는 대부분 정반대의 관점을 제시하는 대응 속담이 있다. 예를 들어, '일찍 일어난 새가 벌레를 잡는다'와 '쇠가 식기 전에 두드려라Strike while the iron is hot'는 '하지 않는 것보다는 늦는 것이 낫다Better late than never'나 '참는 자에게 복이 온다'와 반대된다. '말보다 행동이 큰 목소리를 낸다Actions speak louder than words'와 '펜은 칼보다 강하다'의 관계도 마찬가지다. 나는 '함께하는 일은 꿈같은 일을 가능하게 한다Teamwork makes the dream work'와 '나를 증오하는 이들이 나를 나아가게 한다Haters are my motivators'라는 표현을 동시에 듣고 자랐다.+ 이런 비일관성은 중요하다. 인생에 접근하는 가치 있는 방식이 다양하다는 사실을 드러내기 때문이다. 정치인, 종교 지도자, CEO(그리고 때로는 밈 창시자와 팟캐스트 진행자도) 등 공적으로 권위 있는 인물이 반론의 여지가 없는 편향적인 이데올로기를 팔아먹으려고 속담을 요리법으로 이용할 때 상황은 불길하게 돌아가기 시작한다.

라스베이거스 네바다대학교 민속학자 셸리아 보크Sheila Bock 박사는 내게, 사회에서 가장 반복되는 속담은 "꼭 진실이어서가 아니라, '문화적으로 말이 되기 때문에'" 그렇게 된다고 설명했다. 비유는 화자에게 세상을 이해할 틀을 제공하며, 그런 작용은 스트레스가 심한 시기에 더욱 강화된다. 미국에서 쓰이는 '복지의 여왕welfare queen'++이라는 비유를 생각해 보라. 2020년, 톰 몰드는 이른바 정부 지원에 기생하는 '빈대'를 둘

+ 전하고자 하는 의미가 상반되는 경구의 또 다른 예는 다음과 같다. '눈에서 멀어지면 마음에서도 멀어진다Out of sight, out of mind' 대 '부재는 마음을 더 깊어지게 한다Absence makes the heart grow fonder' '유유상종Birds of a feather flock together' 대 '반대가 끌리는 법Opposites attract' '황금률the Golden Rule(남에게 대접받고 싶은 대로 남을 대접하라)' 대 '선량한 자가 꼴찌를 한다Nice guys finish last' 그리고 '서두르면 낭비하게 된다Haste makes waste' 대 '망설이는 자는 기회를 놓친다He who hesitates is lost'.

++ 역주: 1970년대 미국에서 널리 쓰인 표현으로, 여러 복지 혜택으로 고급 승용차를 타고 모피 코트를 입는 여성의 형상을 일컫는다.

러싼 온라인상의 사회적 풍문을 조사 및 분석했다.[8] 몰드는 참여자들에게 각자의 소셜미디어 피드를 보고 부나 사회계층을 언급한 밈을 전부 표시하라고 요청했다. 참여자 대부분이 진보 성향 대학생이었고 이들의 알고리즘이 자유주의 정치 성향을 반영하고 있었음에도, 제출된 밈 100개 중 9개만이 빈곤층을 옹호하는 내용이었다. 몰드의 연구는 현시대 좌파가 신이 나서 '기업 지원 복지' 혜택을 받는 백인 남성이나 농업보조금을 받는 지방 거주 노동자계급 시민을 비판한다는 사실을 드러냈다. 그리고 이런 비판은 그 자체로도 충분히 진보적이라고 여겨지는데, 복지 혜택을 받는 사람이 반드시 유색인 싱글 맘이리라는 고정관념을 전복시켰기 때문이다. 몰드는 말했다. "문제는 참여자들이 고정관념이 사실이 **아니라는** 것을 보이기 위한 행동은 전혀 하지 않고 그저 '복지의 여왕'의 정의에 사람들을 추가하고 있다는 점이었습니다. [조사 중에] 정부의 지원을 받는 누군가에게 공감하는 이미지를 받은 적이 한 번도 없어요." 몰드는 자수성가 아메리칸 드림 서사를 견제할 수 있는 반대 속담이 충분한지 자문했다. "그런 속담도 분명히 있어요. 다만 주류 사회가 그런 속담을 들을 만큼 충분한 공간을 열어 두었는지는 모르겠습니다."

반복은, 참지 못하고 미심쩍은 소문을 옮기고 또 옮기게 하는 다양한 언어 도구 중 하나일 뿐이다. 여러 연구에서 사람들이 읽기 쉬운 폰트로 적히거나 알아듣기 쉬운 발화 방식으로 제시된 정보를 더 믿을 만하다고 인식한다고 밝혔다.[9] 군중이 가장 좋아하는 것은 압운이다. **'압운의 이성적 설득 효과**rhyme-as-reason effect'[10]라고도 불리는 현시대 연구에서, 연구진은 '슬픔은 적을 뭉치게 한다'라는 같은 의미를 지닌 문장임에도 참여자들이 일반적으로 "woes unite enemies"나 "misfortunes unite foes"라는 표현보다 "woes unite foes"를 더 신뢰한다는 사실을 발견했다. 1590년 셰익스피어는 압운의 이성적 설득 효과 그 자체를 활용해, 문학적 기교와 논리적 정확성이 혼동되게 얽힌다는 것을 포착했다. "Was there ever any man thus beaten out of season, When in the why and the wherefore is neither rhyme nor reason? 〔도대체 이렇게 때아니게 얻어맞은 사람이 또 있었을까요? 재미도 의미도 모를 까닭으로요?〕"[+]

영어를 쓰는 이야기꾼은 일상적인 지혜를 청자의 마음에 새기려고 오랫동안 압운을 이용해 왔다.[++][11] 어릴 때 캠프 지도 선생님은 덩굴옻나무가 어떻게 생겼는지 기억하고 피할 수 있게 "잎이 세 개, 도망치게Leaves of three, let it be"라는 표현을 가르쳐 주었다. 대학에서는 들어가자마자 "독주 전에 맥

+ 역주: 셰익스피어의 초기 희극 『실수 연발Comedy of Errors』의 대사. 직역하면 '압운도 이유도 없이'라는 뜻인 'neither rhyme nor reason'은 시적(미적)으로도 논리적으로도 말이 안 된다는 의미로, 지금까지도 '터무니없이' '영문 모를'이라는 의미로 널리 쓰인다.

주, 죽을 만큼 아파. 맥주 전에 독주, 이제 아프지 않아Beer before liquor, you'll never be sicker. Liquor before beer, you're in the clear"라는 표현을 배웠다(비록 이 흥미로운 내용은 그다지 믿을 만하지 않은 것으로 드러났지만). 우리 뇌가 압운을 선호하는 이유는 부분적으로 언어가 더 예측 가능해지기 때문이다. 사실상 예측이 불가능한 모든 상황이 당혹스러우므로, 자연스럽게 마음은 그런 상황을 피하려고 뭐든지 하게 된다. 압운이 맞는 문장을 발견하면, 우리는 자동으로 음소라고 하는 음운론상 단위로 단어를 쪼갠다. '청각적 부호화acoustic encoding'라고 불리는 이 과정은 모든 단어를 해독하는 첫 번째 단계다.[12] 압운을 맞춘 예쁜 음성 구조가 만들어 내는 일종의 청사진, 패턴은 메시지 내용 자체를 더 합리적으로 보이게 한다. 하버드대학교 심리언어학자 스티븐 핑커Steven Pinker 박사는 언젠가 말하길, 압운이 너무나 복잡한 우리 세상의 "근간을 정화한다"라고 하기도 했다.[13] 압

✢✢ 자연스럽게 항상 압운이 나타나는 이탈리아어나 러시아어 등, 로망스어 계열이나 슬라브어 계열 언어와 달리, 영어에서는 압운이 특히 큰 영향력을 발휘한다. 영어에는 일관되지 않은 발음, 철자, 동사 활용이 많아서 압운을 만들기가 더 어렵다. 또 정치적, 역사적 측면에서 우발적으로 발생했기 때문에 게르만어, 로망스어, 켈트어가 뒤섞여있다. 그 결과 주변 여러 언어의 주머니를 뒤져 유용한 단어를 털어 가는 영어를 언어의 '소매치기'라고 부르기도 한다. 이런 무질서함은 유기적인 압운을 만드는 데 그다지 적절하지 않다. 그래서 프랑스어나 그리스어에서는 진부한 문학적 기법으로 여겨질 만한 것도 영어 화자의 귀에는 특별하고 만족스럽게 들린다. 나는 종종 영어의 혼란스러운 기원이 그 발화자에게 일종의 근본적인 혼란을 불러일으키는 것은 아닐까 궁금하다.

운은 저기 펼쳐진 정보의 혼돈에 질서를 부여한다. 말할 필요도 없이 우리는 여기에서 즐거움을 찾는다.

우리는 줄무늬나 체크무늬, 혹은 잘 정리된 주방 서랍과 마찬가지로 언어학적 구조를 좋아한다. 스탠퍼드대학교 심리학자 바버라 트버스키Barbara Tversky의 관찰대로, "생각이 마음을 압도하면, 마음은 특히 도표와 몸짓으로 생각을 세상에 내어놓는다".[14] 기억의 핵심은 모든 생각을 적절한 자리에 두는 것인데, 어떤 진술이 별로 의미가 없어서 그 자체로는 질서 있고 기억할 만하다고 느껴지지 않을 때는, 압운처럼 강제로 패턴을 입히면 도움이 된다. 귀에 박히는 정치 구호를 떠올려 보라. 냉전은 내가 태어나기 40년 전의 일이지만, 나는 '하나, 둘, 신발 끈을 묶어요'+ 만큼이나 '빨갱이가 되느니 죽는 것이 낫다Better dead than red'라는 표현을 잘 안다. 압운만으로도, 심각한 정치 철학이 귀여운 슬로건으로 티 나지 않게 둔갑할 수 있다. 언어적 후광효과처럼, 우리는 더 매력적으로 표현된 내용이 더 신뢰할 만하다고 받아들인다. 시인 존 키츠John Keats의 유명한 선언 "아름다움은 진실이며, 진실은 아름다움이다"를 빌려 압운의 이성적 설득 효과를 '키츠 휴리스틱Keats heuristic'이라 부르는 이유다.[15]

+ 역주: 미국에서 아이들에게 숫자를 가르칠 때 쓰는 동요의 첫 가사.

그러나 스토리텔링에서 가장 주요한 목적이 항상 진실은 아니다. 스토리텔링은 문화적 이상을 강화하거나, 집단 내에서 자기 입지를 증명하거나, 사회적 규범을 테스트하거나, 웃음✢✢이나 혐오를, 혹은 웃음**과** 혐오를 유발하기 위해서도 쓰일 수 있다. 연구에서 밝혀진 바로는, 웃음과 혐오는 특정 정보가 가장 설득력 있으며 공유할 만하다고 느끼게 하는 감정적 반응에 속한다.✢✢✢ 웃음과 혐오, 정확히 내가 중세 목욕 이야기를 듣고 보인 두 가지 반응이었다.

나는 헌터 칼리지 심리학 교수 트레이시 데니스티와리Tracy Dennis-Tiwary의 작업 덕에 중세를 둘러싼 신화가 그처럼 다양한 이유를 또 하나 알게 되었다. 중세가 현대의 불안감이 태동한 시기였기 때문이다. 저서 『불안이 불안하다면: 불안감을 추진력으로 바꾸는 가장 과학적인 방법Future Tense: Why Anxiety Is Good for

---

✢✢ 장르로서의 농담은 단순한 재미 유발보다 훨씬 많은 일을 한다. 화자는 농담 덕에 안전하게 부인할 수 있는 한계선 안에서 민감한 주제를 건드리고 지나갈 수 있다. 농담이 불쾌감을 자아내면, 화자는 "농담이에요"라고 대답한 뒤 유예를 기회 삼아 그 농담이 실제로 내면화된 편견을 반영하지는 않았는지 살필 수 있다. 공개적으로 사과할 필요도 없이 말이다. 때로 농담은 너무나 영리하게 문제가 될 만한 메시지를 감추어 화자 자신도 자기 말이 자기 신념에 반한다는 사실을 알아차리지 못한다. 톰 몰드는 자신이 오래된 농담 하나를 계속해 왔다고 털어놓았다. 휴가지 멕시코에서 데려온 개가 사실은 커다란 설치류라는 수의사의 이야기를 듣게 된 부유한 여성에 관한 이야기였다. 몰드는 친구가 지적하기 전까지 자신의 농담이 외국인혐오적이라는 사실을 인지하지 못했다.

✢✢✢ 다른 반응으로는 두려움, 좌절감, 놀라움이 있다.

You (Even Though It Feels Bad)』에서 데니스티와리는 정신이 가톨릭교회에 매여 있고 영원한 지옥행의 위협을 피할 수 없었던 중세 유럽 사람들은 특정한 괴로움에 익숙했다고 말했다.[16] 그러나 봉건주의가 쇠퇴하고 과학혁명이 부상한 1500년대부터는 사람들이 주체성 및 자아 개념을 바탕으로 기존 방식에 의문을 던지고 현실의 법칙을 조각조각 모아 가능성의 미래를 구상하기 시작했다. 동시에 심리적인 문제도 이전 시대와는 다른 형태를 띠었다. 계몽주의의 기치는 '사페레 아우데 Sapere aude' 즉 '감히 알고자 하라'였다. 그러나 과학에 힘입어 감히 알고자 하는 새로운 정신은 동시에 "중세 신앙이 주는 확실성을 빼앗긴 취약한 정신"이기도 했다고 데니스티와리는 썼다. 자기 자신을 창조해 내기 위한 새로운 생각들은 인생의 불규칙한 우여곡절과 충돌했고, 이 불협화음은 잠재되어 있던 불안의 분출구를 터뜨렸다. 데니스티와리가 설명한 바에 따르면, "이는 후대에 가서 '실존적 불안existential angst'이라고 불리게 된다".

계몽 이후 이렇게 지식, 불안, 인민주권이 결합하면서 서구는 영토와 사상을 쟁취하기 위한 전투로 삶을 대하게 되었다. 그 이후로 우리는 정보에 대해서도 이런 진취적인 태도를 보여 왔다. 특히 선거철이나 여타 문화적 격변의 시기에, 정치적 도그마는 바로 열렬하게 반복되기 때문에 도그마가 된다는 사실을 꼭 기억해야 한다. 정치인이나 권위자의 말이 학자보다는 시엠송이나 고장 난 레코드처럼 들리면, 더 자세히 들으라는 신호다. 지식이 항상 동요처럼 전해지지는 않는다는 사실을 잊으면 안 된다.

환상 진실 효과에 관해 고민을 하면 할수록, 이 효과가 외부 정보뿐만 아니라 우리 존재에 대해 스스로 들려주는 마음속 이야기에도 작용한다는 생각이 든다. 나는 개인적으로 내 인생을 지나칠 정도로 서사화하는 습관이 있다. 그래서 때로는 삶을 진정으로 경험하지 못하게 된다. 내 성격이라는 장르와 비유에 걸맞지 않다고 느껴지는 요소를 죄다 내버리기 때문이다. 내가 가장 좋아하는 팟캐스트 〈라디오랩Radiolab〉에는 '언어 없는 세상'이라는 제목으로 베스트셀러 에세이 『나는 내가 죽었다고 생각했습니다My Stroke of Insight』[17]에 관해 저자 질 볼트 테일러Jill Bolte Taylor를 인터뷰한 에피소드가 있다.[18] 책은 테일러가 서른일곱 살에 심각한 뇌졸중으로 두뇌의 언어기능을 상실했던 이야기를 담고 있다. 저자는 일시적으로 그 어떤 생각이나 감정도 표현할 수 없었다. 처음 들었을 때는 언어를 상실한다는 것이 가장 끔찍한 지옥처럼 느껴졌다. 그러나 테일러는 자신이 사실 일종의 환희를 느꼈으며, 주변 환경과 환각적으로 하나가 된 듯한 기분마저 들었다고 말했다. 그가 자기 인생을 스스로 서술하는 데 사용해 왔던 정신적 교리—자신의 전형적인 모습과 더불어 성공과 실패의 프라이타크 피라미드Freytag's Pyramid+—가 몇 주 동안 사라졌기 때문이다. 그는 잠시나마 순수한 경험 그 자체가 새겨지는 석판이었다. 반복도, 압운도, 환상에 불과한 이유 찾기도 없었다.

나는 경외심과 객관성, 아름다움과 진실 사이 줄다리기 속에서 극도로 괴로워하며 살아 왔다. 어떻게 둘 모두를 붙잡을 수 있을까? 이 매혹적인 질문이 내가 배우는 방식을 결정한다. 내가 가장 좋아하는 선생님은 모두 복잡한 좌뇌의 생각을 신화적인 붓으로 그려 낼 줄 아는 사람들이었다. 고인이 된 천문학자 칼 세이건은 과학적 이론으로부터 생동감 넘치는 우화를 조각해 낸 거장이었다. "우리는 별의 먼지로 이루어졌다." "무無에서 사과파이를 만들려면, 먼저 우주를 창조해야 한다."

모이야 맥티어의 작업은 정확히 물리학과 민속학의 교차점에서 이루어진다. 맥티어는 1990년대에서 2000년대 초반 펜실베이니아의 빽빽한 숲속 오두막에서 전기도 수돗물도 없이 자랐다. 그가 가진 것은 오직 상상력과 또렷이 빛나는 별뿐이었다. 맥티어는 이후 천체물리학과 신화학 복수전공으로 하버드를 졸업한 역사상 첫 번째 학생이자 컬럼비아대학교에서 천문학 박사학위를 취득한 첫 번째 흑인 여성이 되었

✣ 역주: 19세기 독일 극작가 구스타프 프라이타크Gustav Freytag가 제시한 극작법. 도입, 상승, 절정, 하강(반전), 종결의 단계를 거치며 절정을 꼭짓점으로 한 피라미드 형태로 표현된다.

다. 그가 내게 말했다. "민속학 공부 덕에 다양한 인식론이 있다는 사실을 이해하는 유연성을 가질 수 있었다고 생각해요. 각각 다른 때에 활용할 수 있는 다양한 진실의 기반이 있는 거예요." 과학 대중 강연 연사로 설 때나 물리적 요소가 말이 되는지 확인하기 위해 영화 자문으로 임명될 때, 그는 딱딱하고 고정된 데이터가 항상 가장 효과적인 소통 방식인 것은 아니라는 사실을 깨닫는다. "때로 사람들에게는 더 공감적이고 추상적인 방식이 필요해요."

톰 몰드는 기억할 만한 표현이 정보를 더 정확하게 만들지는 않지만, 더 강력하게 만드는 것은 분명하다고 설명한다. 언어가 "이동식"이기 때문이다. "이야기가 사람을 이야기 세계로 이동시킨다고 말들 하지만, 사실 서사 자체가 놀랍도록 이동식이에요." 몰드가 말했다. 우리는 '슬픔은 적을 뭉치게 한다'나 '나를 증오하는 이들이 나를 나아가게 한다' 같은 귀에 쏙 들어오는 속담을 쉽게 기억하고 마치 의미론적 '스위스 아미 나이프'**처럼 어느 상황에서나 활용할 수 있다. 이야기도 마찬가지로 작동한다. "어떤 이야기를 문맥에서 뽑아내서 다른 장소에서 다시 이야기할 수 있지요." 통계나 그래프, 도표 등 때로 보편적으로 더 우월하다고 여겨지는 데이

** 역주: 칼(나이프), 드라이버, 송곳 등 여러 도구가 접이식으로 갖추어져 있는 소형 다용도 칼.

터 형태로는 그렇게 할 수 없다. 몰드가 말을 이었다. "그래프를 기억하기는 어려워요. 하지만 어떤 실험에 관한 이야기를 듣는다면 어때요?" 일화를 객관적인 사실로 착각하지 않도록 주의해야 하긴 하지만, 객관적인 사실에 이야기로 숨을 불어넣는 것은 마법 같은 일이다.

다양한 과학 분야에서는 신화의 언어를 사용해 개념을 전달하곤 한다. 내 어머니는 생화학 연구를 하던 중, 죽음 직전에서 회복하는 세포를 설명하려고 '부활'을 뜻하는 그리스어 단어를 차용해 '아나스타시스anastasis'라는 용어를 만들었다. 또, 생명체가 살기에 적합한 행성 온도 조건을 일컫는 천문학적 별명인 '골디락스 존Goldilocks Zone'+이라는 용어도 마음에 든다(지구는 태양계 골디락스 존 한가운데 자리한다. 눈부시게 아름답고도 온전히 진실인 이야기다). 천문학자 리베카 엘슨Rebecca Elson은 이후 내 어머니도 앓은 림프종으로 1999년 때 이르게 세상을 떠나기 전에 『경외해야 할 의무A Responsibility to Awe』라는 시집을 펴냈다.[19] 책 속에는 정확함 덕에 더 찬란해진 과학적 상징들이 담겨 있다. "대양이 우주라면, 파도는 별이다." "우리 천문학자는 유목민이다. …… 지구 전체가 우리의 텐트다."

+ 역주: 영국 전래동화 '골디락스와 곰 세 마리'의 주인공. 주인공 골디락스는 곰 세 마리가 산책 나간 사이 곰의 집에 들어와 수프 세 그릇을 발견하는데, 첫 번째는 너무 뜨겁고, 두 번째는 너무 차갑고, 세 번째는 먹기에 딱 적당한 온도다.

늦어서 미안해, 수성이 역행해서 그런가 봐

09

확증 편향에 관하여

어떤 이는 명상을 하고, 어떤 이에게는 예수 그리스도가 있지만, 최근 나의 실존적 공포를 치유해 주는 것은 오직 공룡뿐이다. 나는 유튜브에서 공룡 영상을 잔뜩 보고, 자연사박물관에서 화석에 탐닉하고, 심지어 그냥 가만히 앉아 엄마를 따라 판게아를 건너는 새끼 수각류 공룡을 상상한다. 공룡은 내가 인간이 느껴 마땅한 경외심을 느끼게 한다. 일상적인 대화 중에 벨로키랍토르와 이구아노돈에 대해 떠벌릴 때마다 사람들은 내가 약에 취했다고 생각하지만, 이 놀라운 외계 존재가 진화의 관점에서 인간이 등장하기도 훨씬 전에—인간이 지구에 존재한 시간은 공룡이 존재한 시간의 0.01퍼센트에 불과하다—지구를 1억 7400만 년 동안 지배했다는 흥분되는 사실에서 놓여나고 싶지 않다. 삶을 화려한 홈 파티로, 지구를 파티가 열리는 집으로 상상하면, 2억 4500만 년 전 파티

주최자는 바로 공룡이었다. 공룡은 수세대에 걸쳐 집을 온전히 점유하다가 부당하게 퇴거당했고, 우리 인간은 그저 갑자기 나타나 지구를 소유한다고 여기는 가당찮은 불량배일 뿐이다. 우리는 싸구려 맥주를 가구에 들이붓고, 도자기 기념품을 산산조각 내고, 수영장에 토하며 공룡이 말끔하게 유지한 집을 망쳐 놓는다. 퇴거당해도 싼 것은 **우리다.** 미래 세대를 위해 퇴비화를 시작하지 않을 거라면, 공룡을 사랑하는 마음으로라도 시작하라고 말하고 싶다.

2022년 연방대법원에서 '로 대 웨이드' 사건⁺ 판결을 뒤집던 날, 나는 애니매트로닉 공룡 전시를 보러 갔다. 그보다 완벽한 기분전환은 없었을 것이다. 막 새로 사귄 친구 크리스틴이 공룡 관련 어느 전시에 관한 인스타그램 광고의 늪에 빠져 허우적대고 있었다. 로스앤젤레스에서 40분 떨어진 뜨겁고 삭막한 콘크리트투성이 교외에서 열리는 전시였다. 친해지고 얼마 안 되어 중생대에 대한 나의 집착을 알게 된 크

⁺ 역주: 1973년 미국 연방대법원에서 내린 판결. 미국 헌법이 보장하는 '사생활의 권리'에 임신중지가 포함된다는 판결로 임신중지권 보장에서 가장 주요한 판례가 되었다. 사건 당사자 노마 매코비Norma McCorvey는 원치 않는 임신을 했으나 산모의 건강에 중대한 위협이 있을 때만 임신중지를 허용하던 임신중지법으로 인해 수술을 받지 못하자 위헌소송을 제기했다. 그가 법정 기록을 위해 사용한 가명이 '로Roe'이며, '웨이드Wade'는 사건 담당 검사의 성이다. 미국 내 여성 인권 신장뿐 아니라 '사생활'의 범주에 대한 해석 측면에서도 상당한 영향을 끼쳤으나, 2022년에 연방대법원에서 번복되었다.

리스틴은 끝내 광고 프로모션에 굴복했고, 내게 함께 전시를 보러 가자고 제안했다. 오토바이부터 작은 요트까지 크기가 다양한 파충류 모형 수십 개가 늘어진 어두컴컴한 창고에 도착한 우리는 여기저기 흩어진 초등학생들과 그 아빠들 사이를 거닐었다. 무지갯빛 LED 불빛에 휩싸인 공룡들은 저마다 쉭 소리를 내고, 발톱으로 땅을 긁고, 일정한 간격으로 무시무시한 턱을 이리저리 움직였다. 크리스틴과 나는 디즈니랜드에 간 여자아이처럼 공룡의 호박색 눈알과 매끈한 곡선 머리 장식을 보며 헉하고 숨을 들이쉬고 모든 안내판을 탐독했다. "도대체 어떻게 최고 달리기 속도를 알아낸 거야?" "아, 이게 팔이 제일 조그만 공룡인가 봐."++1 "아휴, 저 새끼 파라사우롤로푸스 좀 봐!"

대충 만든 듯 조악한 공룡 로봇은 비율이 엉망이었지만, 일주일간 생긴 심한 두드러기에 진정 효과가 있는 칼라민 로션을 발라 주었다. 공룡은 비극의 덧없음을 기쁘게 일깨웠다. 분명 더 나은 날들이(또 누가 아는가? 어쩌면 한 종을 멸종시킬 소행성이 올지도) 우리를 기다릴 것이다. 우리 대법원이 이 전시보다 더 원시적인 짐승으로 가득하다는 뻔한 농담이 오갔고,

---

++ 티라노사우루스 렉스는 덩치와 비교하면 아주 작은 팔을 가졌다고 알려졌지만, 실제로 그 길이는 1미터에 달했다. 먹이를 베기 위해 만들어진 팔은 각각 약 400파운드를 들 수 있었다. 어쨌든 우스꽝스러워 보이는 것은 사실이다.

우리는 태평스럽게 욕실에서 문신 스티커를 위쪽 기슴과 아래쪽 등에 붙였다. 기념품 가게에서 산 티라노사우르스 렉스 문신 스티커였다.

크리스틴은 텍사스 댈러스 외곽의 보수적인 복음주의 공동체에서 자랐다. 그곳 구성원은 임신중지권도 중생대도 믿지 않는다. 인어 같은 알록달록한 머리에 영화배우가 되기를 꿈꾸는 양성애자 크리스틴은 스물두 살에 로스앤젤레스로 탈출해 예수를 중심으로 돌아가던 과거의 의례를 천문학과 〈엘 워드The L Word〉 시청 파티로 대체했다. 배우를 꿈꾸는 전 복음주의자들은 내가 가장 친구로 삼고 싶은 이들 중 하나다. 지옥을 배경으로 하는 영화나 다를 바 없는 트라우마가 선사한 부조리한 유머 감각은 나의 유대계 문화적인 냉소주의와 기묘하게 잘 어울린다. "기도 치료"나 방언에 관한 일화는 그 어떤 실제 범죄 팟캐스트보다 색다르고 흥미진진하다.

크리스틴은 기계식 초식동물 가족을 지나치면서 자신이 다녔던 근본주의 중학교에서는 공룡이 고작 2000년 전에 살았고 아담과 이브와 공존했다고 배웠다는 이야기를 해 주었다. "하나님이 공룡이 노아의 방주에 타도록 허락하지 않았고, 그래서 멸종했다고 배웠어." 크리스틴이 천장에 매달린 가짜 담쟁이를 만지작거리며 털어놓았다. 나는 대답했다. "뭐야, 좀 불공평하네. 하나님이 모기는 태워 줬으면서 공룡은 안 태웠다고? 공룡이 무슨 짓을 했다고?" "그렇게 자세하게 설명하지는 않았던 것 같아." 크리스틴이 대답하고는 울부짖는 트리케라톱스 사진을 찍었다.

화석 사냥꾼들이 19세기 소위 '화석 전쟁Bone Wars'[+] 중에 선사시대의 뼈를 무더기로 발견하자, 크리스틴의 조상들처럼 무결한 그리스도인들은 기겁했다. 이들은 새로운 발견이 맞아떨어지도록 결론에서부터 창세기를 거꾸로 재작업했다. 발견된 뼈는 신의 시험이었다. 아니, 어쩌면 성스러운 피하 임플란트처럼 그냥 장식물인지도 몰랐다. 당시 사람들이 느꼈을 인지부조화가 어땠을지 상상이 잘 가지 않는다. 어쨌든 장기적으로 그냥 자신이 틀렸다는 사실을 인정하는 것보다는 훨씬 고된 일처럼 들린다.

아니, 사실은…… 그들의 인지부조화를 상상할 수 **있다.** 내가 자신을 향해 매일같이 느끼는 구역질 나는 마음속 갈등과 똑같다. 우리 대부분은 광신도와 늑대 같은 테크기업 CEO, 그리고 억압적인 연방대법원 판사들의 행동에 경악해 입을 떡 벌린다. "저러고 밤에 잠을 어떻게 자?" 우리는 묻는

[+] 역주: 19세기 중반 미국 서부개척시대 고생물학자 오스니얼 찰스 마시Othniel Charles Marsh와 에드워드 드링커 코프Edward Drinker Cope가 경쟁적으로 화석을 채굴하던 시기를 가리킨다. 서로의 발견을 폄하하고 뇌물을 써서 발굴 작업을 방해하는 등 두 학자의 갈등은 실제 전쟁을 방불케 했다. 화석 사냥꾼을 영입하고 상대를 깎아내리는 데 막대한 돈을 쏟아부은 두 사람은 결국 파산했지만, 이 전쟁은 고생물학 발전에 지대한 공헌을 했다.

다. 답은 간단하다. 우리 모두와 똑같이 잔다. 나는 매일 나중에 후회할 행동을, 혹은 처음부터 용납할 수 없었던 행동을 한다. 운전하면서 문자를 보내고, 다른 사람의 등 뒤에서 험담하고, 입 밖에 낸 순간 헛소리라는 걸 알면서도 주장을 관철한다. 해외 공장에서 착취당하는 노동자가 만든 패스트패션 옷을 사고, 널리 알려진 권력형 가해자들이 만든 영화를 자발적으로 본다. 동시에, 나는 편리하게도 이 모든 선택 하나하나를 스스로 정당화하는 데 필요한 정신적 왜곡을 충실히 수행해 왔다. 그리고 밤에는 포대기에 싸인 아기처럼 잔다. 나는 내가 뼛속 깊이 좋은 사람이라는 증거는 받아들이고, 그것에 반대되는 피드백은 전부 내동댕이친다. 연방대법원만큼 위협적인 문제는 아니지만, 내가 합리화로 향하는 길은 대법원과 거의 똑같은 갈지자(之) 모양이다. 이런 인지적 곡예를 **확증 편향**이라고 부른다.

확증 편향은 숨어 있다가 갑자기 히트한 인디음악처럼 주류 담론에 스며들었다. 점점 극심해지는 정치적 분열에 대한 분석과 이용자의 신념을 강화하고 반대편을 비인간화하는 알고리즘 기반 뉴스피드가 수행한 역할 덕분이다. 넓게 보면 확증 편향은 기존 관점을 재확인하는 정보를 선호하고 이를 반박하는 정보는 내버리는 보편적인 경향이다. 이 오래된 휴리스틱은 거시적인 정치 이데올로기부터 일상적인 성격 평가(예를 들어, 전갈자리라는 이유로 잠재적 데이트 상대를 왼쪽으로 스와이프하는 일처럼 말이다. 우리 **모두** 전갈자리가 어떤지 알지 않나. 농담이다. 아닌가?)까지 인간의 거의 모든 결정에 관여한다.

확증 편향 아래서 이론적으로 너무 괴상하거나 너무 위험한 시나리오는 존재하지 않는다. 살인을 저지른 마피아 보스부터, 바라보는 모든 곳마다 존재하지 않는 숨겨진 메시지를 해독하며 자신의 신념에 대한 '증거'를 감지하는 광적인 음모론자까지, 확증 편향은 사실상 모든 범죄나 비합리를 스스로 정당화할 만큼 강력하다. 증명하기 어렵거나 불가능한 결론부터 출발하면(가령 "지구의 나이는 2000년밖에 안 됐다"라거나 "전갈자리와는 잘 맞지 않는다" 등) 확증 편향은 사기꾼 탐정이 되어 역방향으로 적절한 단서를 찾도록 이끈다. 극히 희귀하고, 가장 단단하고, 가장 완벽한 형태의 진실만이 볼링공마저 결딴내는 유압식 프레스 같은 확증 편향에 조금이나마 저항할 희망을 준다.

확증 편향은 내가 처음으로 알게 된 인지 편향으로, 『컬티시』를 쓰기 위한 조사 중에 자주 등장했다. 구체적으로 나는 검정 망토를 두른 사탄 숭배자뿐 아니라 정치인, 기업 수장, 심지어 팝 스타까지, 권력에 굶주린 지도자라면 누구나 무기로 삼을 수 있는 언어적 전술인 컬트 언어기술을 탐구하고 있었다. 그런데 언어학 측면은 이해가 갔지만 심리학 측면은 쉽지 않았다. 비교적 지적이고 분별력 있는 사람이 어쩌다 자신이 누구인지에 대한 근본적인 감각을 비롯해 전부를 잃고서도 집단 안에 남아 있을 수 있을까? 이 질문에 대한 답은 많은 부분 확증 편향으로 설명된다. 어떤 내용을 사실로 믿고 있는데 반대 사실이 제시되면, 두뇌는 무슨 짓을 해서라도 그것을 못 본 체하거나 달리 해석하려 든다.

확증 편향을 다루는 책들 가운데 내가 가장 좋아하는 책은 2007년 출간된 『거짓말의 진화: 자기정당화의 심리학』이다.[2] 저자 태브리스와 에런슨이 언급하는 2000년대 초 연구에서는 MRI 기계에 연결된 참여자들에게 그들이 기존에 조지 W. 부시와 존 케리에 대해 가지고 있었던 견해를 강화하거나 부정하는 데이터가 제시되었다. 마음에 들지 않는 사실을 마주하자, 참여자의 두뇌에서 추론을 담당하는 영역이 어두워졌다. 마치 전전두엽 피질이 손가락으로 귀를 틀어막고 **랄랄라** 노래를 흥얼거리며 방을 나가 버린 것 같았다. 반면에 기존 견해를 강화하는 정보를 접하자 감정을 담당하는 부위는 공룡 전시에서 내가 지은 미소보다 더 환하게 밝아졌다. 누군가의 입장을 반증하는 사실은 설득력이 없을 뿐 아니라 오히려 당사자가 기존 견해에 더 몰두하게 만든다는 이런 발견은 다른 수많은 연구에서도 반복되었다. 이런 현상을 '역화 효과backfire effect'라고 부른다. 가장 세심하고 엄격한 사람들도 이에서 예외는 아니다. 일단 어떤 생각을 받아들이고 그 타당성을 옹호하게 되면, 새로운 데이터를 마주했을 때 거기에 맞추어 사고의 틀을 재조정하는 것보다는 그냥 무시하거나 억지로 기존 틀에 꿰맞추고 온갖 심리적 필라테스를 펼쳐 원래 생각을 합리화하기가 훨씬 쉽다.

이런 이야기를 들으면 짐짓 겸손해진다. 확증 편향은 실제 사실이 아무런 차이를 불러오지 못했던 존스타운+ 추종자들이나 현대 정치적 극단주의자들의 선택뿐 아니라 나 자신의 이상한 선택에도 작용한다. 배낭 씨와 만난 지 몇 년이 지나 감정이 최고조로 상해 있던 시기에, 나는 그와 헤어질지 말지 결정하려고 저녁 내내 수많은 온라인 심리테스트를 시도했다. 그리고 그중 단 하나만이 "헤어지지 말라"라는 답을 내놓았다. 내가 어떤 결과를 따랐을지 맞혀 보라. 나의 의사결정 과정은 매직 8볼++을 흔들다가 이미 내린 결정을 강화하는 답이 나왔을 때만 멈추는 것과 다를 바 없었다. "의심할 여지가 없습니다." 흔들, "그래야 한다는 표지가 보이네요." 흔들, "응답이 불확실합니다, 다시 시도하세요." 흔들…….

+ 역주: 미국에서 악명 높았던 컬트 집단 '인민사원peoples Temple'의 정착촌. 1950년대에 미국 인디애나폴리스에서 짐 존스Jim Jones가 창립한 종교 단체로 출발했으나 점차 컬트화되었다. 지도자 존스는 1974년 "사회주의 낙원"을 약속하며 일부 추종자들을 남아메리카 가이아나 북서부의 정착지로 이주시키기 시작했다. 1978년 존스는 "혁명적 자살"만이 "비인간적인 세상의 조건에 항의할 수 있는" 유일한 방법이라며 추종자들을 자살하도록 유도했다. 이 사건으로 900명 이상이 독이 든 음료를 마시고 사망했다. 더 자세한 내용은 저자의 전작 『컬티시』를 참조할 것.

++ 역주: 미국 마텔사에서 만든 장난감. 운세를 보거나 어려운 선택을 할 때 흔들면 답이 나타난다.

공룡 전시 관람이 끝나자 크리스틴은 내게 교외 사람들처럼 칠리스Chili's✢에서 해피아워를 즐기자고 제안했다. 그러자 2000년대 초반 칠리스 체인의 광고음악에 대한 애틋한 추억이 옛 연인의 머리카락 냄새처럼 나의 전두엽을 감쌌다. **나의 베이비를 돌려줘, 베이비를, 베이비를……**. 향수가 깃든 값싼 마가리타와 퀘소는 그야말로 내 영혼을 치료할 수 있는 명약처럼 느껴졌다. 로스앤젤레스의 칵테일 가격은 작년 가히 공격적이라 할 수 있는 18달러까지 치솟았다. 게다가 분위기는 또 어떤가? 바 의자는 입이 떡 벌어질 만큼 딱딱해졌고, 무드등은 너무 어둡고, 슈게이징 음악 소리는 너무 커서 내가 이미 그 장르에 푹 빠져 본 적이 없었더라면 사실상 고문으로 여겨졌을 것이다. "칠리스라니, 완벽해." 내가 대답했다.

우리 얼굴만 한 크기의 6달러짜리 블랙베리 마가리타를 앞에 두고, 크리스틴과 나는 각자의 성장기 모험담을 비교하는 데 열중했다. 크리스틴이 자란 텍사스 지역에서는 모두가 매일같이 휴거를 염원하며 살았다. 언제라도 예수가 되살아나 오직 진실하고 충실한 신도들만을 달콤하게 꾸며진 천국의 놀이공원으로 데려갈 터였다. 다른 모든 이는 뒤에 남아 불에 타 버릴 운명이었다. 그러니 매일 그분을 마음으로, 또

✢ 역주: 미국의 패밀리 레스토랑 체인.

진심으로 받아들이는 편이 좋았다. 안 그러면 공룡처럼 멸종하고 말 테니.

확증 편향과 종말은 개념상 딱 들어맞는 짝이다. 우리 정신이 종말을 위해 만들어졌다고 믿게 될 지경이다. 멸종을 불러오는 소행성부터 임박한 해고 위협까지, 너무나 많은 현상이 하늘이 무너지고 있다는 '증거'처럼 보인다. 에어팟을 잃어버려도 디스토피아처럼 느껴진다. 한차례 악천후가 지나가도 디스토피아처럼 느껴진다. 『베들레헴을 향해 웅크리다 Slouching Towards Bethlehem』에서 조앤 디디온은 로스앤젤레스 산타아나의 바람을 "재앙의 날씨"라고 불렀다.[3] 그는 바람의 "폭력성과 예측 불가능성이 …… 로스앤젤레스에서 사는 삶의 질 전반에 영향을 미치고, 삶이 무상하고 신뢰할 수 없다는 사실을 되새기게 한다. 바람은 우리가 얼마만큼 끝에 다다랐는지 보여 준다"라고 썼다. 불안정성 앞에서 우리는 어느 수준으로든 세상이 정말로 끝나가고 있다고 믿게 된다. 사실 끝이 오려면 아주 멀었대도 말이다. 거대한 바람과 같은 현상을 설명하는 과학이 더욱 정확하고 이해하기 쉽게 발전했는데도 종말이 다가왔다는 우리의 감각이 사라지지 않는다는 사실은 기묘하게 느껴진다. 정보가 많다고 해서 동요가 가시지는 않는다. 종말이 가까웠다는 증거를 찾고 싶다면, 확증 편향이 여지없이 그 일을 해 낼 것이다.

내가 처음으로 세상의 종말에 대해 고민한 것은 1999년이었다. 등교 전 가방을 메고 그네에 앉아있는데, "Y2K"[4]인지 뭔지가 다가왔으며 꽤 많은 사람이 시계와 컴퓨터, 은행이 멈춰 버리리라고 확신한다는 라디오 소리가 들렸다. "무정부 상태"라는 일이 일어날 거라고 했다. 그렇게 믿는 이들—자칭 '종말론자doomer'들—은 연금 계좌를 현금화하고 주식을 팔아치웠으며, 콩과 쌀을 몇 톤씩 비축했다. 부모님은 이 종말이라는 것에는 관심이 없어 보였고, NPR 라디오에서 말하는 여성도 마찬가지였으므로 나는 Y2K가 부기맨이나 네스호 괴물[+] 같은 민담일 뿐이고 몇몇 어른이 좀 심하다 싶게 겁을 먹었나 보다 생각했다.

실제로 Y2K가 그렇게 왔다 가고 세상은 멈추지 않았지만…… 종말론자들도 마찬가지였다.[++] 인지부조화에 휩싸인 그들에게는 두 가지 선택지가 있었다. 지금껏 엉뚱한 짓만 해

[+] 19세기 대량으로 발굴 및 전시된 공룡 화석으로 네스호 괴물에 대한 사람들의 인식이 달라졌다. 공룡이 영화와 유아용 침대보에 등장하기 전에는, 바다 괴물을 발견했다고 주장하는 사람은 전부 그 형체가 뱀 같았다고 보고했다. 그러다가 공룡에 대한 인식이 퍼지면서, 괴물을 발견한 이들의 묘사는 점점 중생대 바다 파충류인 플레시오사우루스와 비슷해졌다. 지느러미가 달리고 목이 긴 플레시오사우루스는 내가 상상한 네시의 모습과 **완전히** 일치한다. 새로운 지식은 신화 속 동물을 향한 두려움을 가라앉히는 게 아니라 그 형태를 바꾼다.

[++] Y2K 이후 20년이 흐른 지금, 종말론자는 여전히 존재하나 '대비론자prepper'로 이름을 바꾸었다. 아마존에서 '대비론자 키트'는 상당히 잘나가는 품목으로, 160달러면 상온 보관이 가능한 비상식량 86개가 담긴 꾸러미를 일주일 안에 받을 수 있다(종말과 상관없이 꽤 경제적으로 들리긴 한다).

왔다고 인정하거나, 전부를 걸어야 했다. 토론은 필요하지 않았다. 확증 편향은 그들의 방주였다. 종말론자 대부분은 거기에 매달려, Y2K 대비는 부조리하지 않았으며 그들이 옳았다는 증거가 널려 있다고 굳게 믿었다. 게시판에는 VCR과 ATM이 오작동했다는 증언이 넘쳐 났다. 증거 부족조차 증거로, 정부의 은폐를 가리키는 확실한 신호로 여겨졌다. 자기가 실수했다고 인정한 종말론자들은 얼간이로, 배신자로 매도당했다. "가족과 친구들이 나를 비웃고 종말 대비가 미친 짓이라고 해도, 나는 굴하지 않고 계속 종말에 대비했다. 그런데 지금 정말 너무나 창피하다." 새천년이 밝고 얼마 지나지 않아 한 불량 회원이 포럼에 글을 올렸다. 그는 즉각 인지부조화를 그 반대 방향으로 처리한 다른 생존주의자들의 독설에 포위됐다. "Y2K를 제대로 아는 대비론자라면 그런 멍청한 소리는 하지 않을 텐데요." 수많은 이용자 중 한 명이 자신이 통조림을 비축해 가며 대비한 대재앙이 눈앞에 다가왔다고 그 어느 때보다 확신하며 답했다. 게다가 솔직히 말해서, 9·11, 2008년 경제위기, 코로나19도 있지 않았나. 충분히 그렇게 주장할 만하다. 종말은 **왔다.**

보고 싶은 대로만 보는 방법에는 이런 것도 있다. 햇살이 따사롭고 사람들이 꿈을 크게 품는 남부 캘리포니아에서는 많은 사람이 사실 일종의 관습처럼 기술적 문제를 우주의 음모 탓으로 돌려 왔다. 여기서는 이걸 점성술이라고 부른다.

진지한 건지 아이러니한 건지 아니면 둘 다인지, 로스앤젤레스의 제법 멀쩡히 기능하는 성인들은 약속을 잊거나 예의 없이 형편없는 문자를 보낼 때 등 다양한 잘못을 변명하는 데 흔히 별자리나 역행하는 별을 들먹인다. "늦어서 죄송합니다. 물고기자리가 그렇잖아요!" 내가 24시간도 채 안 되는 시간 전에 들은 말이다. 모든 사교적 행사에서는 별자리 도표와 운세를 의례적으로 주고받는다. 한번은 직업적으로 끔찍한 고난의 시기를 보내고 있었는데, 친한 친구 하나가 날 위로하려고 내 "토성의 귀환"—스물아홉 살 무렵 인생의 큰 변화를 불러온다는 천체의 패턴—을 탓했다. 작년 홈 파티에서는 다른 손님 하나가 별처럼 눈을 반짝이며 틱톡 점성술사가 그랬다고 했으니 지금 한창 진행 중인 창작 프로젝트가 성공하리라는 기분 좋은 예감이 든다고 말했다. 그러더니 내게 영상을 보여 주었다. 속눈썹을 연장한 보헤미안 시크 스타일의 여성이 노래하듯 속삭였다. "이 영상이 '새로운 맞춤 동영상'에 뜬다면, 이건 **운명**이에요. 여러분은 곧 풍요를 현실화하게 될 거예요!" '좋아요' 20만 개가 답했다. 이건 영리한 유입 전략이다. 콘텐츠를 휙휙 넘기는 모든 이들이 듣고 싶어 하는 바로 그 말을 해 줌으로써 광범위하게 구경꾼들의 확증 편향을 이용하는 것이다.

물론 확증 편향에는 목적이 있다. 그렇지 않다면 애초에 존재하지 않았을 것이다. 독일 철학자 우베 페터스Uwe Peters는

2020년 논문에서 확증 편향의 진화적 이점이 "사회적 현실을 우리의 신념과 일치시키도록 돕는" 것이라고 했다.[5] 사회적 현실과 신념이 서로 절대 들어맞지 않는다면 얼마나 지독한 혼란이 오겠는가? 조금 회의적으로 바라보면, '토성의 귀환'은 청년기 위기quarter-life crisis라는 공통적인 패턴 앞에서 유대감을 형성하게 하는 일종의 렌즈다. 대부분 꾸며 낸 것일지라도 뭔가를 공유한다는 이유로 각자의 차이를 무시하고 서로 연결될 핑계를 찾아낸다는 사실이, 조금은 귀엽다.

만약 확증 편향이 아예 없었다면, 우리는 선택할 때마다 고통받았을 것이다. 샐러드를 시킬까, 감자튀김을 시킬까? 직업 제안을 받아들일까, 더 나은 기회를 기다릴까? 왜 더 나빠지기 전에 헤어지지 않았을까? 왜 조부모님과 더 많은 시간을 보내지 않았을까? 왜 2019년에 줌Zoom에 투자해서 부자가 되지 않았으며, 시장이 급등해서 내가 공식적으로 쫄딱 망하기 전에 질로우Zillow+에 올라온 그 멋진 매물을 매입하지 않았을까? "확증 편향은 제때 결정을 내리지 못하게 만드는 불확실성을 없애도록 도와줍니다." 녹스 칼리지 심리학자 프랭크 매캔드루Frank McAndrew가 내게 말했다. 확증 편향은 우리가 살면서 우리 자신을 견뎌 내게 해 준다.

+ 역주: 동명의 미국 부동산기업에서 운영하는 부동산 매물 검색 플랫폼. 코로나 시기 특히 큰 인기를 끌었다.

하지만 결정이 시의적절한지가 아니라 정확한지가 중요한 문제에서는 어떨까? 예를 들어 정치적이거나 재정적인 상황에서, 혹은 다양한 감정적 변수가 얽힌 대인관계 딜레마에 서라면? 확증 편향의 가장 큰 위협이 바로 이것이다. 논쟁이 점점 더 골치 아파지는 시대에, 확증 편향은 논쟁을 과도하게 단순화해 주는 정신적 담요를 제공한다. 이렇게 무뎌진 사고는 우리 대 저들 이분법을 강화한다. 그런데 정신의 둑이 터져 모든 편향이 한꺼번에 밀려들기를 바라는 게 아니라면, 현재와 같은 사회적 기후 속에서는 인지부조화의 정신적 부담을 유압 프레스로 눌러 망각 속으로 밀어 넣을 게 아니라 견디는 법을 배워야 한다. 매캔드루는 다음과 같이 설명했다. "천천히 생각해 봐야 할 문제가 있을 때 걱정해야 할 것은 확증 편향만이 아닙니다. 다른 쪽에서 뭐라고 하는지 한번 살펴보면, 이제 그쪽과 경쟁하게 되죠. 반대편보다 자신이 더 옳기를 바라기 때문에 이제 제로섬 편향이 개입합니다. 이 모든 일이 동시에 일어나요. 단 하나의 편향 때문에 실수하는 경우는 극히 드뭅니다."

컬트에 관해 조사하면서 나는 정당 지지자든, 점성술 애호가든, 복음주의자든, 멸망 대비론자든, 테일러 스위프트 스탠이든, 그 어떤 신념보다 사회적 소속감을 가장 가치 있게 여긴다는 사실을 알게 되었다. 소속감이 진실보다도 더 가치 있다는 사실은 말할 필요도 없다. 확증 편향은 교리(창세기 이야기나 테일러 스위프트의 천재성 같은)를 의심하면 정체성과 미학과 동지애를 배신하는 일이 되는, 사상적으로 끈끈히 묶인 집단에서 매우 활발히 작동한다. 자신이 속한 '부족'을 잃으면서까지 마음을 바꾸다니, 그럴 만한 가치는 없다. 1979년에 스탠퍼드대학교에서 했던 고전적인 연구에서는, 사형제를 지지하거나 반대할 뿐 똑같이 설득력 있는 증거를 마주한 참여자들이, 사형제 관련 각자 기존에 가졌던 견해를 더 확신하게 되었다고 대답했다.[6] 기후변화 인식에 관한 2011년 예일대학교 실험에서는 과학적 이해도가 **높아질수록** 참여자들이 반대 의견을 받아들일 의지가 **낮아진다는** 사실이 밝혀졌다.[7] 왜냐고? 추가 정보를 얻은 참여자들이 자기 믿음을 더 잘 수호하게 되었기 때문이다. 연구진은 다음과 같은 결론을 내렸다. "과학적 문해력과 수리력이 늘어날수록 문화 양극화는 완화되는 것이 아니라 심화된다. 일반 대중이 과학을 더 많이 배울수록 …… 이들은 더 능숙하게 자기 집단의 의견과 관련된 경험적 증거를 찾고—혹은 필요한 경우 꾸며 내고—의미를 부여한다."

에밀리 세인트존 맨델Emily St. John Mandel은 종말 이후의 세계를 다룬 선견지명 넘치는 소설 『스테이션 일레븐Station Eleven』[8]에서, 온갖 배경의 사람이 모여 텔레비전에서 뉴스 진행자가 전세계적 감염병이 발생했다는 속보를 전하는 모습을 보고 모두가 그 진행자를 실제로 믿게 되는 장면을 그렸다. 나는 『스테이션 일레븐』이 출간되고 6년 후인 2022년 어느 문학 페스티벌에서 맨델을 만났는데, 그는 다시 생각해 보니 뉴스 진행자 장면이 말이 안 되는 것 같다고 털어놓았다. 더는 행인들이 무작위로 모여 같은 방송을 틀고 같은 내용을 듣기를 기대할 수 없다는 말이었다. 맨델은 말했다. "우리는 합의된 현실이라는 걸 잃었고, 어떻게 되찾을 수 있는지는 모르겠어요. 지금은 마치 메뉴판—당신의 현실을 고르세요—같죠."

소속이 정말로 신념보다 더 중요하다면, 만약 언제든 신념에 의문을 던지는 것이 문화적으로 허용된다면 어떨까? 실제 사실을 탐구하려는 욕구가 크나큰 배신으로 여겨지지 않고, 사상가 한 명이 한 가지에 대해 옳았다고 해서 다른 사상가가 모든 것에 대해 틀렸다고 여겨지지 않는다면?

행동경제학에서 말하듯, 실제 사실을 들어 다른 사람의 마음을 바꿔 보려는 시도는 한정된 시간과 인지적 자원을 가장 합리적으로 이용하는 방법이 아닐 수 있다. 평범하지만 실망스러운 사실이다. 그러나 다행히도 우리 자신의 마음을 바꾸기는 그렇게까지 어렵지 않다. 《영국왕립학회 철학회보》에 실린 2021년 연구에 따르면, 자신의 사고 과정을 인지할 수 있도록 하는 훈련을 거친 사람은 잘못된 정보나 도그마에 대항해 스스로를 지킬 수 있다.[9] 그래서 나도 이런 능력을 길러 보고 있는데, 확신하건대 아마 평생 완수하지 못할 것이다. 그럼에도 노력을 계속한 덕에 적어도 다른 사람의 비이성적 모습에는 관대해지고, 나 자신에게는 좀 더 회의적으로 될 수 있었다.

과학 작가 애니 머피 폴Annie Murphy Paul은 저서 『익스텐디드 마인드The Extended Mind』에서 우리 대부분이 자기 마음과 맺고 있는 애증 관계에 관해 이야기한다. "우리는 자주 뇌를 어마어마하고 사실상 불가해한 힘을 가진 기관으로 여긴다. 그러나 동시에 우리는 고압적이고 오만한 태도로 뇌가 순종적인 하인처럼 명령을 따르기를 기대하곤 한다. 우리는 뇌에 대고 말한다. 여기 주목해. 이걸 기억해. 정신 차리고 제대로 일을 해. 아아, 우리는 때로 뇌가 …… 집중력은 들쑥날쑥하고, 기억은 구멍이 숭숭 나 있고, 노력은 하다 만다고 여긴다."

나는 세상을 죽을 만큼 과도하게 분석하느라 헤아릴 수 없이 많은 시간을 낭비했다. 다른 사람의 당황스러운 선택을 파악하려고 심리치료에 수천 달러를 쏟아부었다. 마치 누군가 어떤 행동을 하는 이유를 이성적으로 완벽히 이해하면 그의 행동이 변하고 내 영혼은 치유될 것처럼, 지성을 동원해 고통에서 벗어나려 애썼지만 헛수고였다. 말과 사실에 물리적인 힘이 있다는 내 믿음은 영원하겠지만, 어떤 지점을 넘어서면 그 둘이 더는 기분을 나아지게 할 수 없다는 사실도 잘 안다. 과도한 정보에서 오는 감정적인 부담을 더 많은 정보로 덜 수는 없는 법이다.

뇌 속에서 나는 소리가 너무 커지면, 나는 공룡에게로 되돌아간다. 돌고 도는 그 어떤 생각보다도 순수한 공룡은 거리를 두고 상황을 바라볼 수 있게 해 준다. 크리스틴과 나는 애니매트로닉 전시에서 1842년 영국 고생물학자 리처드 오언 경Sir Richard Owen이 '공룡dinosaur'이라는 단어를 만들었다는 것을 알게 되었다. 그리스어에 기원을 둔 이 단어는 직역하면 '무서운 도마뱀'이라는 뜻이다. 100년도 넘게 과학자들은 공룡이 전부 괴물같이 생겼다고 생각했다. 하지만 발굴이 계속될수록 공룡은 덜 무섭고 덜 도마뱀 같아졌다. 공룡이라고 초록색 비늘투성이 고질라만 있는 게 아니다. 공룡은 그 종만 수천 종이었고, 공작 같은 깃털을 가진 종부터 코커스패니얼 강아지만큼 자그마한 종도 있었다. 공룡은 때로는 눈부시게 아름답고 때로는 두렵고, 동시에 셀 수 없이 많은 상세한 특징이 시간이 지나면서 잊혔다. 나는 이 공룡 이야기가 더 좋다. 이것은 일종의 우화다. 세상이 괴물로 가득 찼다는 단순명료한 결론을 고집할 수도, 다시 붓을 집어 들고 조금씩 조금씩 잔해물을 쓸어 낼 수도 있다. 세상은 우리를 진정으로 겸손하게 만들 수 있지만, 그것은 우리가 겸손해질 준비가 되어 있을 때만 가능하다.

노스탤지어 포르노

10

쇠퇴론에 관하여

"변하면 변할수록, 더 같아진다."

— 장바티스트 알퐁스 카, 1849년.

미하이 칙센트미하이는 몰입의 경지를 논하면서 미국인 중 인생이 "매우 행복하다"라고 답한 사람의 비율이 1950년대부터 사실상 변하지 않았다는 사실에 주목했다.[1] 케이시에게 이런 현상에 대해 말해 주자, 그는 깜짝 놀라 대답했다. "그냥, 전반적인 삶의 질이 그때보다 훨씬 나아졌잖아. 뭐랄까, 기하급수적으로 말이야."

더 놀라운 것은 수치 그 자체였다. 케이시는 "매우 행복하다"라는 비율을 대략 33퍼센트로 예상했다. 나는 15퍼센트에 가까우리라고 생각했다(나의 태도를 잘 보여주는 일화다). 하지만 케이시가 옳았다. 2021년 짧은 하락세를 제외하면, 매우 만족한다고 보고한 미국인의 비율은 약 30퍼센트 정도로 계속 유지되었다.[2] 우리는 1950년대 이후 실로 먼 길을 지나왔다. 이제 사람들은 더 오래 살면서 그 어느 때보다 많은 기회와

편리를 향해 돌진한다. 하지만 우리가 집단으로 더 행복해지고 있는 것 같지는 않다. 어딘가 감정적인 계산이 잘 들어맞지 않는다. 기하급수적인 '진보'를 이루고 있는데 기분이 나아지지 않는다면, 누군가는 이게 다 무슨 소용이냐고 물을 수도 있지 않을까? 이런 상황은 딱히 미래에 대한 희망을 불어넣지 않는다. 그럼 무엇이 그런 역할을 하는지 아는가? 과거를 향한 향수다.

이번 세기 만들어진 신조어 중 지금까지 내가 가장 좋아하는 단어는 '아네모이아anemoia'로, 경험하지 않은 시절에 대해 느끼는 향수를 의미한다.[3] 이전까지 이름이 없던 감정을 가리키는 신조어를 모아 놓은 매혹적인 해설집 『슬픔에 이름 붙이기The Dictionary of Obscure Sorrows』의 저자 존 케니그John Koenig가 만든 단어다. 해당 책에는 좋은 책을 다 읽은 뒤 찾아오는 상실감을 뜻하는 "루스레프트looseleft", 자신의 심장박동을 의식하는 불안감을 의미하는 "루바토시스rubatosis"등이 등장한다. '아네모이아'는 '바람'을 의미하는 'ánemos'와 '마음'을 뜻하는 'nóos', 두 고대 그리스어 단어와 관련이 있다. 단어를 빌려 오기에 완벽한 언어였다는 생각이 든다. 고대 그리스야말로 아네모이아의 대상 그 자체로 오랫동안 낭만화되어 왔으니 말이다. 분명 고대 그리스인 자신들도 지나간 시대를—어쩌면 고대 이집트의 평등주의적 태도나 수렵채집 시절의 초월적인 사상을—미화했을 게 틀림없다. 향수는 시대를 초월

한 감정이지만, 유독 집단으로 극심해지는 기간이 있다. 문명이 너무 빨리 변한다고 느껴지는 시기가 그렇다. 현재가 벅찬 사람들은 과거 속으로 사라진다. 고대 그리스는 청동기 전반을 눈앞에서 목격했다. 도시국가와 올림픽, 지도학, 기하학, 철학의 탄생을 보았다. 너무나 많은 것이 너무나 빨리 생겨났다. 고대 그리스인들이 바로 지금 우리처럼, 직접 알지는 못해도 더 단순했던 때를 열망했으리라고 쉽게 상상해 볼 수 있다. 아네모이아.

눈앞의 현대적인 편안함을 한껏 누리면서 머나먼 과거를 이상화하는 일은 흥미로운 문화적 패턴이 되었다. 나는 인스타그램에서 손으로 염색한 19세기풍 프레리드레스⁺를 입고 아나모픽⁺⁺ 아이폰 렌즈 앞에 서 있는 트래드와이브스tradwives⁺⁺⁺를 본 적이 있다. 또 엣시Etsy⁺⁺⁺⁺에서 "마법의 버섯

⁺ 역주: '프레리prairie'는 초원, 목초지를 의미하며, 프레리드레스는 미국 서부개척시대 여성들이 입었던 아래가 넓은 소박한 드레스를 말한다.

⁺⁺ 역주: 일반 카메라에서도 와이드스크린 영상을 촬영할 수 있도록 하는 기술.

⁺⁺⁺ '전통적인 아내traditional wife'의 약자로, 트래드와이브스는 요리, 정원일, 염색, 아이 양육 등 규범적으로 여성의 책임이라고 여겨지는 일을 도맡아 전통적인 삶을 고수하는 21세기 여성 집단을 말한다. 그중 내가 가장 좋아하는 이들은 로라 잉걸스 와일더와 백설 공주로부터 스타일 영감을 얻어 꽃무늬 농부 드레스와 펄럭이는 앞치마를 입는다. 일종의 반反카다시안으로 볼 수 있는 트래드와이프는 #보스베이브가 아니다. [역주: '보스베이브boss babe'는 다단계 마케팅에 종사하며 SNS를 활용해 홍보하는 여성들을, 주로 비꼬는 뜻에서 일컫는 말이다.] 이들은 무화과잼을 만들고 리넨을 접느라 너무 바빠서 세계 정복에는 신경 쓸 겨를이 없다.

LED 야간 램프" "선별된 빈티지 소품 기프트 박스" 등 향수에 최적화된 현대적인 상품 수천 개를 파는 방대한 '코티지코어cottagecore'+++++ 카테고리를 자주 이용한다. 감염병이 한창일 때는 빅토리아시대 숲의 정령 코스프레를 하려고 버몬트 시골에 사는 한 여성에게서 타조 깃털, 악어 이빨, 화석화된 나무, 주머니에 넣을 수 있는 크기의 약초학 책자가 담긴 꾸러미를 32달러에 배송받기도 했다. 지금 이 순간이 자아내는 불안이 크면 클수록, 더 먼 과거로 돌아가야 한다고 느끼는지도 모르겠다. 향수는 한 시대의 가혹한 측면을 부드럽게 다듬어 우리가 따뜻한 판타지의 욕조에 푹 잠길 수 있게 한다. 소설가 어슐러 K. 르귄은 『어스시의 이야기들Tales from Earthsea』[4]에서 말했다. "어쨌든 과거의 사건들은 기억 속에만 존재하고, 기억이란 상상의 한 형태다. '지금'의 사건은 현실이지만, 일단 '그때'가 되고 나면 그 현실성이 지속할지 말지는 온전히 우리에게, 우리의 기운과 정직성에 달렸다." 하지만 과거를 계속해서 정직하게 대하기란 너무 진 빠지는 일이라, 많은 사람이 굳이 시도하지 않는다.

개인적으로 나는 아네모이아에 취약하다. 현실도피든 철

++++ 역주: 미국 전자상거래 사이트.

+++++ 역주: '농가'를 의미하는 '코티지cottage'와 '핵심' '신조'를 의미하는 '코어core'의 합성어로, 농촌풍의 생활과 스타일을 추구하는 것.

저한 현실부정이든, 지난 몇 년간 빈티지 독버섯 장식으로 집을 꾸미고 프랑스 시골에 사는 독신 여성이나 재앙이 불어닥치기 전 로스앤젤레스의 흙투성이 스팬 랜치Spahn Ranch++++++에서 살았던 맨슨걸이라도 되는 양 주기적으로 촛불에 의지해 글을 썼다. 그렇게 알지도 못하는 과거 시대의 관습 중 최고만을 선별해 나만의 특별 꾸러미를 만드는 데 집중하며 현재라는 가장 끔찍한 시대를 직면하지 않으려 애썼다. 불편한 시기가 찾아오면 실제로 앞에 놓인 미래를 꿈꾸는 게 더 합리적인지도 모르겠지만, 미래는 알 수 없고 불안하다. 미래에는 만질 수 있는 유물이 없다. 프레리드레스도, 레코드판도 없다. 우리 대부분은 설령 부정적일지라도 미지의 것을 시도하기보다 익숙한 것을 경험하기를 선호한다.

향수는 정서적인 기벽이지만, 향수와 흡사한 인지적 현상도 있다. 일상에서 느끼는 수많은 기분에는 각각 대응하는 편향이 있다. 가령 질투와 제로섬 편향, 편집증과 비례 편향, 그리고 향수와 **쇠퇴론**declinism의 관계가 그렇다. 쇠퇴론이란 현재 상황이 과거보다 못하고, 앞으로도 나빠질 일밖에 없다는 그릇된 인상을 말한다.[5]

++++++ 역주: 로스앤젤레스 북서부에 있는 목장. 서부영화 촬영지로 쓰이다가 1960년 후반 찰스 맨슨과 그 추종자들이 거주하면서 범죄를 계획한 곳으로 널리 알려졌다.

인지심리학 연구에서는 부정적인 감정에 대한 기억이 긍정적인 감정에 대한 기억보다 빠르게 사라진다고 밝혔다.[+] 이 현상을 **정서적 퇴색 편향**fading affect bias이라고 부른다.[6] 사람 대부분이 즐거웠던 때를 회상하기를 더 좋아하기 때문에, 명랑한 추억은 더 강렬해지고 나쁜 기억은 시들어 과거는 전반적으로 이상화된다. 쇠퇴론은 누군가 자신의 옛 사진을 넘기며 다시 아기 같은 볼의 열아홉 살 시절로 돌아가고 싶어 하는 이유를 설명한다. 그 당시에는 열아홉이 비참하고 갈 곳을 잃은 나이로 느껴졌다는 사실을 잘 알고 있더라도 말이다.

내 인생에서 쇠퇴론은 주로 공상으로 나타난다. 해야 할 일이 너무 많아 압도될 때면 나는 로스앤젤레스의 아파트를 외딴 오두막으로, 합성소재 운동복을 종 모양 크리놀린 페티코트로 바꾸어 1849년으로 돌아간 듯 사는 건 어떨까 상상해 본다. 당시 결핵으로 수많은 사람이 죽었고 여성에게는 아무 권리가 없었다는 사실은 신경 쓰지 않는다. 2023년 나는 시인이자 에세이스트인 매기 넬슨Maggie Nelson의 에세이집 『자유에 관하여On Freedom』 출간 기념 투어에 참석했다. 그 자리에서 넬슨은 페미니스트가 트래드와이브스로 전향하는 경향을 언급했다. 일종의 해방을 약속받았다고 믿었던 여성 세대가, 약

[+] 계속해서 비자발적인 회상으로 괴로워하게 하는 트라우마를 남기는 사건에 대한 기억은 주목할 만한 예외다.

속이 희망대로 이루어지지 않자 미적으로 한 단계 개선된 청교도주의로 돌아가기로 마음먹은 데서, 페미니즘이라는 진보적인 성향이 『초원의 집』++ 스타일로 바뀌게 되는지도 모른다고 그는 설명했다. 게다가 이들에게는 직접 귀리 우유를 만드는 등 더 고된 일을 선택할 여유 자원이 있었다. 그 과정에서 이 여성들은 다른 이유, 더 음험한 이유로 농가 부엌에 도달한 우파 반反페미니스트 집단과 만나게 되었다. 이것이 바로 말굽 이론horseshoe theory+++이다. 쇠퇴론은 그게 언제가 됐든 '좋았던 옛 시절'에는 삶이 반박할 수 없이 더 나았거나 적어도 정신적으로 더 견딜 만했다는 믿음을 당연하게 받아들이는 심리적, 문화적 바탕을 조성한다.

두뇌가 시간을 기묘하게 다루는 것은 유구한 현상이다. 우리 뇌는 기본적으로 현재를 과도하게 극적으로 받아들이고 과거를 찬미하며 미래는 얕잡아 본다. 쇠퇴론과 관련이 있는 **현재 중시 편향**present bias이라는 속임수는 당장 일어나는 사건을 지나치게 중요하다고 평가하고 몇 년, 심지어 며칠 뒤 일어날 일은 과소평가하는 경향을 일컫는다. 2015년 캘리포니아대학교 로스앤젤레스캠퍼스〔약칭 'UCLA'〕 심리학 연구

++ 역주: 로라 잉걸스 와일더의 반자전적 소설로 미국 서부개척시대가 배경이다.

+++ 역주: 정치적으로 극단적인 좌파와 우파는 스펙트럼의 양극단에 있지 않고 오히려 유사하다는 이론.

에 따르면 사람들은 미래의 자신을 타인으로 인식한다. 우리가 그렇게 자주 숙제를 미루고 은퇴를 위한 저축을 유예하는 이유다.[7] 알지도 못하는 아무개에게 신경 쓰는 일은 어렵다. 설령 그가 곧 우리 자신이더라도.

『푸른 자매Blue Sisters』의 저자 코코 멜러스Coco Mellors는 향수를 증오한다. 그는 약 10년 전에 술을 끊었고, 자신이 술을 마시던 시기에 관해 별다른 감상을 품고 있지 않다. 그가 내게 말했다. "향수는 정직하지 않아. 과거는 원래 갈등투성이에 다층적인데, 향수는 과거를 극도로 온순하게 축소해." 과거를 반추하는 일, 원한다면 거기 푹 빠져 사는 일이 감상적이고 자기 파괴적일 수 있다는 데 동의한다. 더욱이 '하루하루에 집중하자one day at a time'라는 회복 철학과는 분명 어울리지 않는다. 멜러스는 말을 이었다. "중독자가 뒤를 돌아보고 가장 좋았던 순간—딱 적당히 술을 마셨고 자기가 매력적이고 재미있게 느껴졌던 그 하룻밤—을 떠올리면 위험해. 그게 현실이었던 적이 없으니까. 왜 돌아가고 싶지 않은지 기억하기 위해서는 그 시간이 실제로 어땠는지 기억해야 해."

과거를 낭만화하는 것은 예술에서도 일종의 기이한 담금질 같은 효과를 낳는다. 2010년 말에서 2020년 초의 사회정치적 격변기 동안, 할리우드는 과거를 향한 향수 어린 여정을 위로맛 뷔페처럼 차려 놓았다. 〈프렌즈〉와 〈해리포터〉 출연진이 다시 모여 눈물겨운 재회 특집을 촬영했다. 디즈니는 주요 고전 애니메이션을 실사로 리메이크해 황금알 낳는 거위로 재탄생시켰다(2019년의 괴상한 〈레이디와 트램프Lady and the Tramp〉 CGI 버전[8]은 아직도 나를 괴롭힌다). 〈오피스〉나 〈디오씨The O.C.〉 전 출연자들이 촬영장에서의 추억을 나누는 텔레비전 "다시 보기" 팟캐스트가 수십여 개 생겨났다. 코로나 격리 기간, 나는 지루한 영화 리부트의 소용돌이에 빠져들었다. 그 제목들을 밝히지는 않겠다. 그 평범함에도 불구하고—아니, 어쩌면 바로 그 평범함 때문에—그 영화들을 사랑했으니까.

사회학자 트레시 맥밀런 코텀Tressie McMillan Cottom은 말했다. "향수 어린 유명인은 거세된 예술가다. 우리는 바로 그 점을 좋아한다." 코텀이 주목한 대로 리메이크된 영화들은 정치에 무관심하고 얄팍하지만, 위안을 준다. 명백하게 따뜻함과 편안함을 얻으려고 찾은 대상에서, 도전 과제에 직면하고 싶은 사람이 누가 있겠는가? "향수는 모든 예술이, 특히 중간middlebrow 예술✝이 생산하는 정치성을 무뎌지게 한다." 코텀이 썼다. 디즈니랜드가 원래 보수적이고 타 인종에 배타적인 교외 백인 주민들에게 도심의 인종적·성적 격변에서 벗어난 성역을 제공하려고 만들어졌다는 사실[9]을 인정해도 여전히 지구에서 가장 마법 같은 장소로 남을 수 있을까? 코텀의 진

✝ 역주: 고급문화 혹은 높은 교양을 요구하는 문화highbrow와 대중적인 문화lowbrow의 중간이라는 의미로, 적당한 수준의 지적, 문화적 깊이를 갖춘 예술을 말한다.

술은 2021년 에세이 「돌리의 순간: 우리는 왜 '포스트레이시즘'+ 여왕에 열광하는가The Dolly Moment: Why We Stan a Post-Racism Queen」에서 문화적으로 돌리 파튼이 재평가되는 현상[10]을 구체적으로 언급한 것이다. 코텀은 다음과 같이 썼다. "〈나인 투 파이브9 to 5〉++가 넓은 의미에서 일하는 여성을 위한 페미니즘이 주류로 부상하는 과정에 기여했다는 사실을 기억한다고 해도, 당대의 긴박함을 직접 느낄 수는 없다. …… 이제는 탄원서에 서명하거나, 행진에 참여하거나 여성이 직장에 속하는지 아닌지에 대해 싸울 필요가 없다."

부끄러움을 모르는 향수는 공적인 인물을 대하는 우리 태도를 바꾸어 놓는다. 브리트니 스피어스, 패리스 힐턴, 린지 로언, 패멀라 앤더슨 등 유명한 '금발 미녀'들의 의기양양한 컴백 소식이 떠오른다. 나의 Y2K 청소년 시절, 타블로이드지는 이 여성들이 모두 쓸모없는 매춘부나 다를 바 없다는 사회적 합의를 이끌어 냈다. 그러나 15년이 채 지나기 전에, 이들 각자는 동시에 눈부신 커리어의 부활을 이루어 내고, 브로드웨이 스타 반열에 올라 넷플릭스와 영화를 계약했으며, 마

+ 역주: '포스트레이시즘post-racism'은 직역하면 '인종차별 이후의' 혹은 '인종차별이 사라진'이라는 의미다. 그러나 인종차별이 여전히 만연함에도 관련 문제를 무시하거나 차별이 완전히 사라진 것처럼 여기는 태도나 문화를 비판할 때 흔히 쓰인다.

++ 역주: 돌리 파튼이 1980년 발매한 싱글.

침내 해방을 얻었다. 2020년에 이르자 그전까지 폭군이나 다름없이 여겨졌던 이 인물들은, 혼자서 건전한 미국의 여성성 전체를 망치는 머리 빈 여자가 아니라 눈에 넣어도 아프지 않을, 과소평가된 천사로 여겨지게 되었다. 감염병이 발생하고 '위대한 과거'를 향한 열망이 극단으로 치솟자 패멀라와 패리스는 한때 그들을 혹독하게 괴롭히던 군중에게 매시드 포테이토처럼 위안을 주는 존재가 되었다. 마치 고등학교 시절 적대적이던 동창을 마주쳐 놓고 옛 추억에 잠겨 달콤하고 감상적인 기분이 되는 것처럼 말이다. 나는 청중이 페미니즘 때문에 이 여성들을 재평가하게 되었다고 생각하지 않는다. 이런 현상 뒤에는 항수가 있다.

과거에 대한 환상을 무기로 삼는 것은 아주 오래된 포퓰리즘적 마케팅 전략으로, 정치 캠페인의 술책이자 자본주의의 도구다. 역사수정주의와 관련되는 경우 거의 틀림없이, 쇠퇴론은 선거철 후보들이 역사의 날선 대목을 흐릿하게 만들어 불안한 대중을 과격화하고 표를 얻으려 할 때 가장 음흉한 작업을 수행한다. 알려져 있듯 극우 민족주의자들은 고국이 전에 누렸던 영광을 되찾겠다는 약속을 내세우며 외국인을 혐오하고 배제하는 정책을 숨기고 각국의 소위 '황금기'를 상기시킨다.[11] 프랑스의 극단적 보수정당 '국민연합National Rally'은 이민자나 난민보다 프랑스 태생 시민의 이익을 우선하는 정책을 지지하면서, 자국이 식민제국으로 군림했던 역사를 오랫동안 낭만화해 왔다. 독일 극우 정당 '독일을 위한 대안Alternative for Germany'은 외부인을 향한 두려움과 분노를 조장하면서 더 엄격한 이민정책을 외치고, 나치 정권의 악랄함을 축소한다. 나치 집권 초기 히틀러가 내걸었던 표어 "독일을 다시 위대하게"가 익숙하게 들리는 것은 단지 도널드 트럼프가 이를 이용했기(그리고 자기가 만들었다고 주장했기) 때문만이 아니라, 로널드 레이건, 조지 H. W. 부시, 빌 클린턴을 포함해 다른 많은 미국 대통령도 이 표어를 들먹였기 때문이다. 수 세대에 걸쳐서, 정치인들은 자국이 한때 유토피아 수준의 번영을 누렸으며, 잔혹하든 말든 자신의 어젠다만이 그 영광을 되살릴 수 있다는 서사에 편승해 왔다.

세상은 적어도 한 부분에서는 **실제로** 쇠퇴하고 있다. 바로 기후 위기다. 기후 위기는 너무 심각해서 담수 확보나 교육처럼 사실은 발전하고 있는 수많은 다른 사안을 가린다. 실시간으로 벌어지는 전 세계적 재난 앞에서 '긍정적인 측면에 집중하지' 못하는 태도는 직관적으로 이해할 수 있다. 하지만 어디에 두었는지 모를 스웨터나 직장 동료의 건방진 이메일처럼 당면 과제가 객관적으로 사소할 때도 동일한 정도로 스트레스를 받을 수 있다. 이는 부분적으로, 불운한 사건에 더 무게를 두는 경향인 **부정성 편향**negativity bias[12] 때문이다. 우리는 칭찬의 따스한 빛보다 꾸지람의 불타는 열기를 훨씬 강력하게 받아들인다. 얼굴을 한 대 얻어맞는 것이 단기적으로는 포옹보다 큰 효과를 낼 가능성이 크다. 진심 어린 칭찬을 100번 들어도 유독 빈정대는 칭찬만 기억하는 경향은 환경에 적응하기 위해서였을 수 있다. 장황하게 나열된 칭찬 속 모욕은 현대의 꽃밭 속 방울뱀이다. 치명적인 뱀을 만날 위험을 아예 없애려고 기분 좋은 목련밭을 무시하는 법을 배우면 생존에 도움이 되었고, 진화에 따른 습성은 잘 변하지 않는다. 먼 과거를 얼버무려 치장하면서 현실의 부정성에 극도로 집중할 태세를 갖추면, 쇠퇴론은 자연스러운 결과다.

쇠퇴론의 예언에 따르면 모든 세대가 삶이 계속 나빠지기만 한다고 확신한다. 눈에 띄게, 하루하루 다르게 나빠지리라고 말이다. 언어를 보면 알 수 있다. 트럼프 집권 이후, 더는 비주류 게시판만 아니라 일상적인 농담에서 종말에 관한 이야기가 들린다. 안락한 삶을 누리는 주변 캘리포니아 주민들 사이에서 "잘 지내? 세상이 불타고 있긴 해도 어쨌든 말이야"는 사실상 예의 바르게 대화를 시작하는 표현이 되었다. **세상은 불타고 있고, 모든 게 엉망이고, 멸망의 분위기가 드리웠다.** 과장된 운명론적 표현은 유행어가 되어 버렸다. 나 역시 지구가 아직 발밑에 멀쩡한 데다 그런 행동이 별 도움이 되지 않는다고 생각하면서도, 가벼운 대화 중에 세상의 끝을 들먹이곤 했다. 이처럼 감정적 어휘가 무뎌지면 위험하지 않을까 걱정스러워질 수밖에 없다. 이런 패배주의적 수사법을 남발하면 우리에게 무슨 일이 생길까? 처음에는 아이러니로 사용하더라도, 점점 너무 무분별하고 빈번해져 끝내 그 내용이 진실이 아니라는 사실을 잊고 모두 종말을 외치는 양치기 소년이 된다면? 가끔은 사람들이 **정말로** 세상의 끝이 다가오기를 바라는 것처럼 보일 때도 있다. 적어도 더 나빠지지는 않게 바닥을 치기를 기도하는 중독자처럼 말이다.

한때는 상황이 좋았는데 지금은 엉망진창이고 앞으로도 나빠질 것이라는 태도는 어느 정도는 신자유주의적 무심함을 내포하지만, 자기 충족적인 예언이 될 위험이 있다. 세상이 불타고 있지만 할 수 있는 게 아무것도 없다고 체념하는 것은 불길을 부추기는 행위에 동참하기를 용인한다는 의미다. 2012년 출간된 『격변론Catastrophism』에서, 공저자 에디 유엔Eddie Yuen은 기후 행동주의 맥락에서 "재난 피로catastrophe fatigue"[13]에 관해 썼다. "지난 몇십 년간 종말론적 대재앙이 너무나 만연해서, 이제는 그 개념이 평범해졌다. 종말은 이제 정상적이고, 기다려지고, 어떤 의미로는 편안하게 여겨진다." 씁쓸하게도 "다각화된 환경 위기의 윤곽이 점차 선명해지는" 바로 그 시점에 텔레비전 시리즈부터 일상 대화까지 모든 면에서 디스토피아가 주류 담론으로 부상하며 무기력을 정당화하는 왜곡된 위안으로 작용하게 되었다. 유엔은 이제 신중한 행동지침을 마련해 둔 과학자들이 그들 자신의 이야기를 사람들이 듣게 하기 위해서는 "이런 재난의 시장에서 경쟁"해야만 한다고 말한다. 재난 피로는 『슬픔에 이름 붙이기』에서 존 케니그가 "갑자기 부조리하고 그로테스크하게 느껴지는 현대 사회의 특성"이라고 정의한 "위타이wytai"와도 비슷하다.

2016년 옥스퍼드대학교 경제학자이자 철학자인 맥스 로저Max Roser는 《복스Vox》에 '도표 다섯 개로 본 인류의 삶이 점점 나아지고 있다는 증거Proof That Life Is Getting Better for Humanity, in 5 Charts'라는 글을 실었다. 그는 이렇게 썼다. "언론은 …… 세상의 모습을 바꾸는 느린 발전에 충분히 주목하지 않는다." 대부분 전 세계 빈곤이 증가하고 있다고 생각하지만, 여러 조사에서 수십 년간 빈곤이 기하급수적으로 줄었다는 사실이 드러났다.[14] "신문에서는 1990년부터 매일 다음과 같은 헤드라인을 내놓을 수 있었다(그리고 그랬어야 했다). …… '극빈층 인구, 어제 이후로 13만 명 감소'." 문해력과 시민의 자유, 출산율, 수명 면에서 지금보다 더 나았던 때는 없었다. 내 어머니는 암 퇴치가 눈앞이라고 단언했다. 사람 대부분이 단 몇 초 만에 무한한 지식에 접근할 수 있고, 연습만 하면 그중 일부를 기억할 수도 있다. 게티박물관에 가기로 약속한 뒤 때맞게 실로시빈 초콜릿을 문 앞에 배달받을 수도 있다. 매기 넬슨은 2023년 홍보 투어에서 페미니즘 운동에 대한 희망을 말하며 "저는 낙관주의자예요! 배 째라죠"라고 했다. 그는 제임스 볼드윈James Baldwin+이 60년 전에 한 말을 인용했다. "살아 있는 한 비관주의자는 될 수 없다. 비관주의자가 된다는 것은 인간의 삶이 그저 학문의 문제라는 데 동의했다는 의미다."[15]

그러나 경이롭게도, 과거보다 삶이 얼마나 나아졌는지 보여 주는 도표를 보고 또 보면서도 동물적인 신체 깊은 곳에서는 여전히 그 반대가 진실이라고 느낄 수 있다. 이런 직관적 불일치는, 부와 전반적 삶의 질은 향상되고 있을지 몰라도 행복은 그렇지 않다는 칙센트미하이의 발견과 관련이 있는지도 모른다. 인플레이션을 고려하면 미국 가구 중간 소득은 1950년대에서 2020년대 사이 두 배 이상 증가했다. 그러나 누군가 절대빈곤선 이하에서 그 위로 올라가지 않는 한, 행복이 반드시 증가하는 것은 아니다. 칙센트미하이는 말했다. "기본적인 자원 부족이 …… 불행을 초래할 수는 있지만, 물질적 자원이 증가한다고 행복이 증가하지는 않는다."

한편 자유의 이야기는 돈 이야기와 다르다. 자유는 과다복용하기 어렵다.[16] 일반적으로 누군가 많은 자유를 누릴수록 그는 행복해진다.[++] 발화, 사고, 몸에 대한 자율권, 그리고 간절히 바라건대 소비주의로부터의 자유 등 모든 종류의 자유가 그렇다. 의료인류학자 제임스 데이비스James Davies는 저서 『무감각: 현대 자본주의는 어떻게 정신 건강 위기를 초래했는가Sedated: How Modern Capitalism Created Our Mental Health Crisis』[+++17]에서 안전과 경제적 안정성, 사랑 기반의 관계, 진실성, 의미 있는

+ 아프리카계 미국인 작가. 인종, 성, 계급 문제를 다룬 작품을 통해 인종 불평등과 성소수자 차별 등 미국 사회의 모순과 억압을 강렬하게 비판했다.

일 등 인간의 기본적인 필요가 간과될 때, 보통 물질주의가 빠르고 기만적인 해결책으로—"궁극적으로 역효과를 내지만 문화적으로 권장되는 대처 메커니즘"으로—제시된다고 말했다. '더 단순하고' 덜 소비주의적인 시대를 향한 아네모이아는 어쩌면 더 단순하고 덜 소비주의적인 미래를 희망하는 방법일지도 모른다.

즐거운 기억을 떠올릴 때 두뇌 스캔을 보면 다가올 날들을 몽상할 때와 같은 두개골 부위가 밝아진다. 내가 공룡과 코티지코어, 해리포터 회동에 그처럼 푹 빠진 것은 당연한 일이다. 어쩌면 디즈니 어덜트를 너무 못마땅해할 필요도 없는지 모른다. 감상적일지는 몰라도 향수는 현실을 견디고 몸을 풀면서 다가오는 것에 대비하는 데 도움이 된다. 그 덕에 우리는 케니그가 "아브누아avenoir"라고 명명한, 기억을 미리 확인하고 싶어 하는 불가능한 욕망에 대처할 수 있다. 케니그는

✣✣ 미국에서는 성평등 및 시민권을 위한 운동으로 더 많은 자유가 생겨난 이후 소외된 인구 집단에서 행복 수준이 (차이는 있지만) 점진적으로 증가했다. 현재 가장 전망이 암울한 인구 집단은 대학 교육을 받지 못한 백인 남성이다. 브루킹스연구소 연구원이자 메릴랜드 칼리지파크대학교 공공정책학 교수인 캐럴 그레이엄Carol Graham에 따르면, 실직한 백인 남성에게서는 "절망으로 인한 사망"(자살, 약물 과다 복용, 간 질환)이 "과도하게 나타난다". 이런 절망은 재정적인 어려움으로는 설명되지 않는다. 여러 연구에 따르면, 여성이 직장을 잃었을 때는 그만큼 부정적인 영향을 받지 않는다.

✣✣✣ 역주: 국내에는 2024년 『정신병을 팝니다: 신자유주의는 어떻게 우리 마음을 병들게 하는가』라는 제목으로 번역본이 출간되었다.

『슬픔에 이름 붙이기』에서 다음과 같이 쓴다. "우리는 당연히 삶이 앞을 향해 나아가리라고 생각한다. 그러나 사람은 노가 움직이듯 뒤를 바라보고 움직인다. 어디에 있었는지는 보이지만, 어디로 가는지는 보이지 않는다. 당신의 배를 조종하는 것은 더 젊은 당신이다. 그러니 당연히 삶이 반대 방향을 향해 있었더라면 어땠을지 궁금해하게 된다."

케이시는 향수를 사랑한다. 함께 성장했기 때문에 우리 관계의 배경 어딘가에는 항상 향수가 어른거린다. 가끔 내가 특정한 방법으로 포크를 잡거나 코를 긁적이면, 케이시가 불쑥 말하곤 한다. "완전히 고등학교 시절 맨디[+]네." 케이시의 음악에도 아네모이아가 스며 있다. 고등학생 때조차 1940년대의 꿈같은 분위기를 자아냈던 그의 멜로디에 디지털 음악 장비로 가능해진 온갖 다채로운 질감이 더해져, 그가 작곡한 모든 곡은 과거에 알았던 음악을 미래의 악기로 연주한 노래처럼 들린다. 케이시는 말했다. "향수는 강력한 창작 도구야. 실제와 환상 사이 경계에 자리하기 때문이지. 삶에서 겪은 사건을 판타지로 바꿀 수 있게 해 줘." 엘라 피츠제럴드의 노래가 스포티파이에서 재생되면, 그는 저쪽 방에서 외칠 것이다. "나는 시대를 잘못 타고났어!" 그러다가 플레이리스트에

[+] 역주: 'Mandy'는 저자의 이름 '어맨다Amanda'를 줄여 부르는 애칭이다.

서 제임스 블레이크의 노래가 나오고, 다음으로 차일디시 감비노, 존 메이어, 아리아나 그란데, 마이클 부블레가 흘러나오면 생각을 바꿀 것이다. "아냐, 신경 쓰지 마!" 독버섯 LED 야간 램프처럼, 과거와 미래를 바라보는 시선이 현재에만 가능한 방식으로 교차하는 것은 마법 같은 일이다.

이 책을 쓰기 위해 진행한 인터뷰들 하나하나가 끝날 즈음마다 나는 정보원들에게 개인적인 질문을 던졌다. 시간 여행이 가능하다면 지금 말고 살아 보고 싶은 시기가 있나요? 그 어떤 심리치료사, 역사학자, 행동경제학자도 그렇다고 대답하지 않았다.

유색인 여성을 전문적으로 지원하는 워싱턴 D.C.의 심리치료사 린다 샌더빌Linda Sanderville은 말했다. "지금 닥친 문제가 많긴 해도, 더 좋았던 때를 말하지는 못하겠어요. 내가 '오, 지금 모든 게 다 좋아'라고 생각하는 사람은 아니긴 해도, 출산 중에 사망하는 여성만 봐도 그래요. 이건 흑인 어머니 공동체에서는 여전히 중요한—어린 아들이 둘 있는 내게도 분명 중요한—의제예요. 2022년에는 여성의 권리가 전반적으로 아직도 얼마나 빈약한지 알게 되었지만, 과거에는 모든 면에서 상황이 **훨씬** 나빴어요."

언어심리학자 데이비드 루든은 2022년 초 인터뷰에서 말했다. "전 세계적 감염병 사태를 겪고 있는 지금이 가장 좋았던 때처럼 보이진 않겠죠. 하지만 믿기 어려워도 그게 사실이에요. 그러니까, 지금도 봐요, 어맨다는 로스앤젤레스에 있고 나는 미국 건너편에 있는데, 그래도 지금 함께 이런 생각을 나누고 있잖아요."

기후 활동가이자 『교차적 환경주의자The Intersectional Environmentalist』의 저자인 리아 토머스Leah Thomas는 작년에, 내게 자신의 분야에서 순전히 해체주의적인 태도가 "급진적인 상상력"으로 전환되었다고 말했다.[18] 그는 과거에는 투쟁의 대상인 억압자를 식별하기가 늘 쉽긴 했지만, 누군가가 자신이 만들어 가려는 미래에 관해 물으면 명확하게 대답할 수 없었다고 털어놓았다. "그게 슬펐어요. 그래서 시간을 더 들여서 미래와 즐거움에 대해 고민해 왔죠……. 즐거움은 강력한 동기를 부여하거든요. 부끄러움은 절대 그런 식으로 우리를 움직일 수 없어요."

샌더빌은 자신의 상상력이 지닌 가장 급진적인 면을 발견하려고 주기적으로 시간을 내어 미디어를 아예 소비하지 않는다. 인터넷도, 텔레비전도, 심지어는 책도 없다. 그가 말했다. "소비하는 동시에 창조하기는 어려워요. 예술뿐만 아니라 어떤 종류든 창의력을 중시한다면, 두뇌가 소비를 쉬게 해 주세요. 그럼 지금껏 읽고 보아 온 것들을 처리할 공간이 생기거든요." 샌더빌은 우리가 적극적으로 이 공간을 마련해야 한다고 말한다. 지금처럼 빠르게 흘러가는 삶에서 이런 공간이 저절로 생겨나지는 않기 때문이다. "물어보세요. 어떻게 하면 덜 고생하면서 창의력과 영향력을 더 발휘할 수 있을까? 어떻게 내게 진정으로 중요한 것에 에너지를 쏟을 수 있을까?"

내가 향수에 젖어 다시 보는 텔레비전 시리즈 중 가장 좋아하는 것은 2000년대 초 HBO에서 방영한 〈식스 피트 언더Six Feet Under〉[+]다. 스트레스에 시달릴 때 어느 가족이 운영하는 장례식장 배경의 코미디드라마 한두 에피소드를 보면, 마치 무시무시한 요정 대모의 포옹을 받는 기분이 든다. 그냥 〈식스 피트 언더〉를 주제로 한 놀이공원이 생기면 당장 연간 회원권을 끊으리라는 정도만 말해 두겠다. 나는 범퍼장의차를 타고 재활용 방부제 병에 든 딸기셰이크를 후룩거리러 주말마다 가족을 스테이션왜건에 밀어 넣을 것이다. 각설하고, 〈식스 피트 언더〉에서 가장 유명한 점은 아마 상징적인 결말일 것이다. 스포일러를 주의하시라. 주인공 가족의 아버지와 장남이 이미 사망한 상태에서, 촉망받는 사진가인 스물두 살 딸은 뉴욕으로 이사해 새로운 삶을 살아나갈 수 있을지 운을 시험해 보기로 한다. 그리고 떠나기 전 후대를 위해 마지막 사진을 찍으려고 남은 가족을 현관에 불러 모은다. 그때 오빠의 유령이 나타나 속삭인다. "이건 사진으로 찍을 수 없어. 이

+ 역주: 직역하면 '6피트 아래에'라는 뜻으로, '죽어서 매장된'이라는 의미로 쓰이는 관용적 표현이다.

미 사라졌으니까." 맹세하건대, 결말을 다시 볼 때마다 이 대사는 다른 의미로 다가온다.

나는 이 대사가 현재에 대한 향수를 이야기하는 게 아닐까 생각해왔다. 지금 일어나는 일에 대한 애틋한 그리움, 끝나지 않기를 바라는 헛된 희망. 아직 이 불분명한 슬픔을 칭하는 단어는 없지만, 아무래도 필요할 것 같다. 묘사할 단어가 만들어지면 그 감정을 더 많이 느끼게 될지도 모르는 일이다. '시간'을 뜻하는 라틴어 'tempus'와 '속삭임'을 뜻하는 라틴어 'susurrus'를 합친 '템퍼서tempusur'는 어떨까.

템퍼서/tɛmp'əzɚ/: 명사. 너무나 찰나여서 알아차리는 바로 그때면 이미 사라지고 없는 지금 이 순간을 향한 잡히지 않는 향수.

일생일대의 마법으로 보잘것없는 공예가 되기

11

이케아 효과에 관하여

커다란 구슬 목걸이를 한 심리치료사가 언젠가 화상통화에서 내게 말하길, 현재에 집중하려면 손을 움직여 뭔가를 해야 한다고 했다. "수채화든, 카드 마술이든, 뭐든 직접 하는 취미요." 줌 화면 너머로 선량한 눈을 가늘게 깜박이며 그가 말했다. 나는 그 제안에 움찔했다. 내 고향 출신 영웅 존 워터스John Waters+의 발언이 떠올랐기 때문이다. "성인이 되고 나서 겪은 유일한 모욕은 누가 나한테 '취미 있으세요?'라고 물었던 일이다. 취미라고?! 내가 이것저것 기웃거리는 빌어먹을 멍청이 같아?!" 나는 코웃음 치고 싶었지만, 곧 기억해 냈다. 노라 에프론은 요리를 사랑한다. 미셸 오바마에게는 뜨개질

+ 역주: 미국의 영화감독 겸 배우이자 작가. 1970년대 기괴한 컬트 영화로 유명해졌다.

이 있다. 그레타 툰베리는 대통령들을 만나 기후정의 대담을 하기 전에 십자수를 하며 긴장을 푸는 것으로 알려졌다. 취미 덕에 그들이 유명해진 것은 아니지만, 어쨌든 그들 각자에게는 사랑하는 일이 있다. 손으로 직접 하는 일. "취미라는 거죠." 내가 대답했다. "생각해 볼게요."

불행히도 나는 내가 역사상 가장 손재주가 없는 사람이라고 믿어 의심치 않는다. 어렸을 때부터 화가나 프랑스 자수 전문가, 우정 팔찌 제작자로서의 본능은 사실상 존재하지 않았다. 여성이 공공연하게 별로 가정적이지 않다고 시인하는 것이 마치 개를 좋아하지 않는다고 고백하는 것처럼 여전히 터부시된다는 사실, 혹은 적어도 칭찬받을 만한 일은 아니라는 사실은 안다. 분명히 말하는데 나도 "기웃거리려는" 진심 어린 시도를 해 봤다. 2020년 격리 기간 공예 붐이 일었을 때, 나는 자그마한 바질 숲을 가꾸는 데 성공했다. 비록 며칠 만에 죽여 버렸지만. 양초 만들기도 시도했는데, 양초에서는 장례식 화환 같은 악취가 났다. 하나 불을 붙여 봤다가 죽을 만큼 머리가 아파서 페퍼민트 사탕을 물고 오후 내내 어둠 속에서 시름시름 엎드려 있어야 했다. 케이시는 도움을 주고 싶어 했다. 그래서 내게 초보자를 위한 도자기 키트를, 다음에는 베틀을 구해다 주었다. 모두 조립조차 되지 않았다. 자신의 무능함에 경악한 나는 내게 없는 온갖 DIY 기술을 죄다 가진 듯 보이는 젊은 온라인 '홈스테딩homesteading+ 인플루언서' 집단에 집착하게 되었다. 그중에서도 워싱턴주의 푸르른 숲에 살면서 매주 자급자족하는 삶에 관해 영상을 제작하는 이저벨이라는 인물이 나를 사로잡았다. 허리까지 오는 적갈색 머리카락을 늘어뜨린 20대 초반 이저벨은 선드레스와 작업용 장화를 신고 직접 자기 집을 지었으며, 직접 재배하고 요리한 비건 식단으로 풍요를 일구고, 직접 뽑은 실로 담요를 엮고, 일주일에 한 번 와이파이를 사용해 영상을 업로드하려고 마을로 나간다. 이 젊은이는 내가 텔레비전 리모컨을 누르는 것보다 더 능숙하게 물레를 돌렸다. 그에게 매료될수록 나 자신이 부끄러웠다. 나만 빼고 세상 사람 모두가 수공예에서 충만함을 느끼는 것 같았다. 도대체 나는 왜 기본적인 인간의 즐거움을 누리지 못하는 걸까?

그러다가, 나는 오랜 외로움 끝에 사랑에 빠지듯 가구 리폼furniture flipping++이라는 예술을 발견했다.

격리 생활이 시작되고 1년이 채 안 된 어느 날, 가장 친한 친구 라첼리와 나는 온라인에서 이 활동을 우연히 발견했다. 아니, 사실 가구 리폼이 우리에게 다가왔고 우리가 거기 달려

+ 역주: 직접 식재료를 재배하고 수공예품이나 옷을 만드는 등 자급자족 생활을 일컫는 표현.

++ 역주: 'flipping'은 원래 부동산에서 쓰이던 용어로, 오래된 집을 사서 고친 뒤 높은 가격에 판다는 의미다.

들었다는 표현이 맞겠다. 자수나 인형의 집 만들기 같은 공예에는 매우 공을 들여야 하지만, 가구 리폼은 큼직큼직하고 화려하며, 즉각 뿌듯함을 준다. 불안한 아마추어에게 적격이다. 간단하게 설명하자면 이렇다. 먼저 마당 장터나 중고 가게에서 중고 가구—거울, 램프, 오래된 의자 등—를 헐값에 사들인다. 옷장 구석에서 쓸 만한 후보를 발견할 수도 있다. 내버릴 것과 잠재력 있는 것을 알아보는 눈을 기른다. 이제 페인트를 한 겹 칠하거나 그냥 깨끗이 닦아 꾸민 뒤 잘 배치해서, 새로 사려면 열 배는 더 비싸 보이게끔 만든다. 덮개나 전동 공구를 쓰는 고급 리폼 기술도 많이 있으니, 자기 능력에 맞게 활용하면 된다. 마지막으로 원하는 대로 최종 작품을 처분하라. 간직하거나 되판다. 아니면 친구한테 줘 버려도 된다.

라첼리와 나는 토요일마다 싸구려 장식품을 한 무더기 모아 공예품 가게로 가서 일요일 밤에 열리는 페이스북 마켓에 늦지 않게 완성품을 등록하려고 주말 내내 '복원 작업'에 몰두했다. 이익을 내겠다는 목적은 아니었고, 사실 이익은커녕 거의 본전치기였지만, 물고기를 잡았다가 풀어 주는 낚시 여행처럼 그 자체로 즐거운 과정이었다.

그중 가장 좋았던 프로젝트는 콧물 색깔의 먼지투성이 조개껍데기 램프에서 시작되었다. 라첼리와 나는 굿윌이라는 동네에서 10달러에 램프를 사들인 뒤 위험을 감수하기로 마음먹었다. 괴상하게도 1980년대 마이애미 스타일 장식이 다시 유행하고 있었으므로, 우리는 기회를 놓치지 않고 램프를 끔찍한 후바부바 풍선껌 같은 분홍색으로 칠했다. "정말 못생겼어. 이걸 판다니 마음이 안 좋네." 라첼리가 말했다. 리폼 전 내심 책정한 가격은 20달러였지만, 램프에 지저분한 손을 대자마자 웬 태곳적 유령이 우리를 사로잡았다. 마지막 분홍색 페인트 코트가 마를 때쯤, 우리는 틱톡에서 제대로 바이럴을 타기만 하면 램프가 수백 달러를 호가하리라는 결론을 내렸다. 다시 말하지만 그 물건은 그로테스크했다. 스펀지밥의 반려 달팽이 게리처럼 생긴 램프였다. 그 모습을 30분 전에 분명히 봐 놓고 이제 우리는 온라인에 램프를 뵈브클리코 샴페인 한 병 가격에 올리고 있었다. 아주 잠시, 솔직히 램프를 간직하고 싶다고 생각했다. 아주 잠시, 도시에 익숙한 불경한 존재를 내버리고 산으로 가서 전업으로 조개껍데기 램프를 리폼해야 하나 생각했다. 술 달린 카프탄+을 입고 공예 스튜디오로도 쓰이는 유르트++에서 사는 거다. 마크라메+++로 숄

+ 역주: 아시아에서 기원해 세계 여러 지역에서 전통적으로 입어 온, 길이가 발목까지 오는 가운 형태를 한 옷. 19세기 말 서구에 소개된 이후 현대적으로 변용되어 서구 패션의 일부가 되었으며, 특히 1960~70년대 히피문화에서 인기를 끌었다. 오늘날 여성복으로 대중화된 현대적 카프탄도 흔히 이국적이고 목가적인 분위기를 주는 의상으로 인식된다.

++ 역주: 중앙아시아 유목민이 이동식 거주지로 사용하는 천막.

+++ 역주: 아랍 지역에서 유래한, 복잡한 매듭을 엮어 레이스 형태의 직물을 만드는 전통 수공예.

을 짜고, 도자기를 빚고, 염소를 키울 것이다. 끝으로, 직조 기술에 통달할 것이다. 함께 살자고 인플루언서 이저벨을 불러서 다음 10년을 그의 수련생으로 살아야겠다. 아주 잠시, 조개껍데기 램프가 목가적인 미래를 향한 비전에 불을 밝혔다. 내 안에서 희망이 마치 익은 복숭아처럼 부풀었다.

램프는 게시한 지 한 시간도 안 되어 빛나는 머리카락을 가진 대학생에게 지정가격보다 비싸게 팔렸다. 문제는 돈이 아니었다. 그 감정이 문제였다. 마침내 나는 심리치료사가 한 말을 이해했다. 뭔가를 스스로 창조하는 것, 적어도 창조를 옆에서 돕는 것만큼 영혼을 만족시키는 길은 없다. 동시에, 지금껏 '가치'에 대한 나의 인식이 그처럼 효율적으로 왜곡된 적도 없었다. 인간의 손은 왜 그리 중요한 걸까?

만드는 과정에 우리의 도움이 들어간 물건에 지나치게 높은 가치를 부여하는 경향은 **이케아 효과**IKEA effect[1]로 알려진 인지 편향이다. 이 사랑스러운 이름은 조립이 필요한 저렴한 제품을 파는 스웨덴 가구 회사에 바치는 오마주다. 바닥에 퍼질러 앉아 이케아의 말름 서랍장과 포엥 의자를 조립하려 안간힘 쓰며 긴긴밤을 보내는 것은 사실상 성인식과 다름없다. 아미시 럼스프링가Amish Rumspringa+만큼이나 의미 있는 현대의 통과의례인 것이다. 시작은 방대했으나 끝이 초라한 첫 이케아 서랍장을 조립하고 나면, 마침내 인류라는 조각보에 작은 천 조각을 꿰매는 것이 무슨 의미인지 알게 된다.

이케아 효과는 2011년 아이비리그 연구자 세 명이 직접 조립한 제품의 가치를 부풀리려는 인간의 내재적 충동을 입증하면서 문서상 최초로 언급되었다.[2] 하버드대학교 행동과학자 마이클 I. 노턴Michael I. Norton이 주도한 실험에서 참가자들은 레고를 조립하고, 종이를 접고, 이케아 상자를 조립하라는 요청을 받았다. 참여자가 DIY 취미에 전혀 관심이 없거나 재미를 느끼지 않았을 때도(그리고 결과물이 라첼리와 내가 만든 조개 램프처럼 조잡했을 때도), 프로젝트가 완성되는 걸 본 참여자는 곧장 만족감으로 부풀었다. 참여자들은 객관적으로 더 나은 미리 조립된 제품보다 자신이 조립한 제품에 더 많은 돈을 내겠다는 의향을 드러냈다. 저자들은 다음과 같이 결론지었다. "참여자들은 자신들의 아마추어적인 창작물에 …… 전문가의 창작물과 비슷한 가치가 있다고 보았으며 다른 이들이 자신의 의견에 동의하기를 기대했다." 보잘것없는 가구 리포머로서 보낸 나날 덕에, 연구를 훑어보면서 일그러진 거울을 들여다보는 기분이었다.

사실 이케아 효과는 해당 용어가 만들어지기 훨씬 전부터 관찰되었다. 흔히 인용되는 예는 가공식품의 황금기였던 20세

✣ 역주: '아미시'는 주로 미국 펜실베이니아주에 거주하는 재세례파 기독교 공동체로, 현대 문명과 단절된 자급자족 삶을 추구한다. '럼스프링가'는 일종의 성인식이다. 16세가 되면 아미시 청소년은 공동체를 떠나 외부 세상을 경험한 뒤 공동체에 남을지 말지 결정하게 된다.

기 중반으로 거슬러 올라간다. 전해지는 얘기로는 1947년 제너럴밀스General Mills+에서 처음부터 직접 만든 케이크와 사실상 맛이 똑같은 새 베티크로커++ 케이크믹스를 출시했다. 해당 제품은 처음에는 인기를 누렸지만, 곧 판매가 추락해 생산이 중단되기 직전이었다. 당황한 제너럴밀스사는 프로이트파 심리학자에게 분석을 요청했고, 그 심리학자는 판매 부진이 죄책감의 결과라는 결론을 내렸다. 전업주부들은 자기가 한 일이 고작 물 붓기밖에 없다면 케이크가 진정으로 **자기 것**일 수는 없다고 생각했다. 남편과 아이들에게 두 손으로 직접 폭신폭신한 간식을 만들었다고 자랑스럽게 말할 수도 없었다. 그러자 제너럴밀스사는 예상치 못한 방향으로 마케팅을 전환했다. "달걀을 더하세요"라는 표어를 더해 케이크믹스를 재출시한 것이다. 이렇게 만들기 쉬우면서도 **너무** 쉽지는 않은 케이크가 탄생했다. 베티크로커 판매는 급증했다.

이 달걀 전설[3]의 세부 사항은 논쟁의 여지가 있지만[4](우선 신선한 달걀을 더하는 것은 단순히 마케팅 술책만은 아니다. 그러면 실제로 인스턴트 케이크가 더 맛있어진다), 핵심 메시지는 분명하다.

+ 역주: 미국의 식품 제조기업. 한국인들에게 친숙한 옥수수 통조림 '그린자이언트 스위트콘', 시리얼 '첵스' 등을 보유하고 있다.

++ 역주: 제너럴밀스사에서 출시한 쿠키, 케이크, 브라우니 등 간편 베이킹 믹스 브랜드.

우리는 뭔가가 만들어지는 과정에 우리 손이 개입한 결과물을 그렇지 않은 결과물보다 더 좋아한다. 이케아 효과 창시자들에 따르면, 이런 현상은 고작 죄책감이 아니라 더 존재론적인 이유로 발생한다. 베티크로커 소비자들을 정말로 불쾌하게 한 것은 자신이 더는 중요하지 않다는 사실이 불러일으킨 엄청난 충격이었다고 그들은 주장했다. 신기술은 어머니가 직접 만든 요리가, 따라서 어머니가 불필요해졌음을 시사했다. 노턴과 연구진은 "자신이 …… 무의미해졌다는 느낌"을 좋아하는 사람은 없다고 말했다. 기술적으로 보면 케이크믹스에는 추가 재료나 노동, 전문성이 필요하지 않지만, 그 달걀이 '효능감', 즉 어떤 일이 잘 돌아가게 했다는 영적 만족감을 찾으려는 소비자의 욕망을 충족한 것이다. 달걀 덕분에 사람들은 자기도 중요하다는 느낌을 받았다.

1950년대 이후 일상은 끊임없이 자동화되었지만, 물리적으로 손자국을 남기려는 본능적인 갈망은 사라지지 않았다. 이론상 이케아 효과는 DIY 르네상스의 원인이다. '두-잇-유어셀프do-it-yourself'〔당신 스스로 해 보세요〕라는 용어는 1910년대 소비자 담론에서 처음 등장했지만, 20세기 중반 미국 전역에서 직접 빵을 굽고 지하실을 개조하는 일이 단순히 경제적인 실용성을 넘어 창의적인 여가 활동이 되면서 일상 대화에 자리 잡았다. 1970년대 멋지게 축약된 'DIY' 서브컬처 덕에 자비출판으로 펴낸 서적과 잡지, 믹스테이프 거래, 급성장하던 환경운동에서 파생된 '아껴 쓰고, 다시 쓰고, 재활용하자' 활동, 그리고 끝없는 코바늘 공예품이 크게 늘었다.

2010년 핀터레스트가 탄생하면서 DIY는 주요한 전환기를 맞이했다. 가사 '꿀팁'은 이제 단순한 취미를 넘어 말 그대로 생활 방식으로 급부상했다. 2000년대 초반부터 기업들은 이케아 효과를 십분 활용해 소비자를 단순한 가치 수신인이 아니라 창작 파트너처럼 대하기 시작했다. 거대한 밀키트 시장을 떠올려 보라. 블루에이프런Blue Apron이나 홈셰프Home Chef 같은 구독제 기반 DIY 밀키트 기업들은 요리할 시간이 없는 바쁜 전문직 노동자를 홀려 테이크아웃과 거의 같은 가격에(하지만 완전히 다른 기분으로) 매일 밤 새로운 요리법에 따라 재료를 다지고, 볶고, 푹 삶게 만들었다. 크라우드펀딩 산업도 마찬가지다.[5] 킥스타터Kickstarter나 고펀드미GoFundMe 같은 사이트에서는 모금에 실패해 끝내 출시되지 않은 상품 때문에 초소형 '투자자들'의 수백만 달러 자금이 증발했지만, 새로운 비디오게임이나 나노 드론이 탄생하는 데 힘을 보태는 일은 여전히 너무나 매력적이라 업계 규모는 200억 달러 이상으로 치솟았다. 또한, 틱톡의 인기몰이 뒤에는 순전히 이케아 효과가 있다고 봐도 무리가 아니다. 상호작용이 활발한 틱톡의 분위기—'이어붙이기' 기능과 매우 적극적인 댓글 창 등—덕에 관객은 공동 창작자이자 제작자, 비평가가 된다. 주류 아티스트들 역시 점점 더 팬들이 작품의 형태에 관여하도록 허용하고 있다. 2018년에 밴드 위저Weezer는 한 트위터 팬의 요청에 따라 토토의 〈아프리카〉를 커버했고, 10년 만에 처음으로 빌보드 싱글차트 1위를 차지했다. 여기에서 영감을 받아 위저는 메가 히트곡 커버 앨범을 제작했고, 사실상 그룹의 커리어가 새로 시작되었다. 평론가들의 평가는 갈렸지만, 마법은 음악에 있지 않았다. 공동창작이 곧 마법이었다.

세상은 점점 사용자 생성 콘텐츠를 중심으로 변하고 있다. 단순히 아티스트와 기업의 아이디어가 고갈되었기 때문이 아니라, 이들이 이제 '공동체'가 곧 브랜드임을 깨달았기 때문이다. 소비자는 그 공동체 안에서 자기 존재가 보이고 들리지 않으면 자신이 중요하지 않다고 느끼게 된다. 그렇게 되면 다시는 돌아오지 않을 것이다. 모둠 채소 요리나 비디오게임을 만드는 데 도움이 되고 세상에 기여하고 있다는 감각은 지독히도 중요하다. 우리에겐 알레고리적 달걀이 필요하다. 달걀이 목표를 준다. 달걀이 우리가 이곳에 있을 만한 존재라고 속삭인다. 하지만 만약 달걀이 너무 구닥다리가 되어 필요한 척할 수조차 없게 되면 무슨 일이 일어날까?

2020년, "달링, 난 꿈의 직업 같은 거 없어. 나는 노동을 꿈꾸지 않아"+라는 짤막한 음성으로 틱톡이 들끓었다. 널리 퍼진 권태가 드러난 순간이었다. '시들함languishing'[6]은 애덤 그랜트Adam Grant가 《뉴욕타임스》에 기고한 글에 등장한 이후 만성적인 문화적 전염병에 합당한 명칭이 되었다. 더는 발전이 없었고, 사람들은 애초에 발전이 무슨 가치가 있는지 비판하기로 마음먹었다. 원본에서 파생된 바이럴 밈 카테고리가 생겨났다. 그중 내가 가장 좋아하는 밈은 "나는 일하는 여성이 되고 싶지 않아!!! 나는 시냇물에서 물이나 마시는 작은 생명체가 되고 싶어!!!!!!"다.

사실 자존감을 고용 상태에 결부시키는 것은 자본주의의 가장 교활한 속임수지만, 연구에서 밝혀진 바대로라면 인간과 시냇가의 작은 생명체 모두 일정 수준의 노동을(꿈꾸지는 않아도) 기꺼워한다. 2019년 어느 설문에서 응답자들은 일상 활동 중 가장 즐겁지 않은 것으로 직업 활동을 꼽았지만, 동시에 가장 보람 있는 활동이라고 답했다. 이 답변이 해로운 생산성 세뇌의 결과처럼 들릴지 모르겠지만, 인간이 아닌 존재에게서도 비슷한 본능이 나타난다. 심지어 쥐와 찌르레기도, 얻기 위해 노력해야 하는 먹이 공급원을 선호한다. 어떤 직업은 본질적으로 다른 직업보다 큰 만족감을 준다. 2023년 미국고용통계국Bureau of Labor Statistics, BLS은 미국인의 시간 활용을 분석했는데, 결과적으로 모든 직업 중 가장 높은 행복 수준을 보인 것은 벌목꾼으로, 손으로 하는 노동과 숨통이 트이는 야외 활동이 공존하는 분야였다(스트레스가 가장 심하고 보람이 없

+ 해당 〔음성〕 인용구의 원출처는 알려지지 않았다. 틱톡에서는 충격적인 일이라는 거 나도 안다!

는 직군은 금융, 보험, 무엇보다도 법률 직종이었다).[7] 자연스러운 인간 정신의 본성에 반하거나 먹고살 만큼의 수입이 없는 직업은 쥐가 빵 부스러기 반쪽을 받겠다고 잿빛 벽으로 된 미로를 종종거리며 헤매는 정도로 "보람 있는" 일이었다.

매몰비용 오류처럼, 이케아 효과의 핵심에는 또 다른 편향인 '노력 정당화 효과effort justification bias'가 있다. 우리는 정말이지 가장 비용이 많이 들고, 시간을 잡아먹고, 돌이킬 수 없는 선택을 옹호하고 싶어 한다. 과제의 어려움 혹은 지속성과 그 과제를 합리화하려는 우리 의지 사이에는 역설적인 연관성이 있다. 바로 그래서 심리학자들이 중대한 결정을 마주했을 때—가령 대학원에 갈지 말지, 혹은 아이를 하나 더 가질지 말지—방금 똑같은 결정을 내린 사람에게 조언을 구하지 말라고 경고하는 것이다. 어떤 사람이 성과를 추구하는 과정에서 원치 않게 고통을 감수했다면(종이를 접다가 손가락을 베었다거나, 징역형을 받고 형기가 끝날 때까지 갇혀 있다고 생각해 보자), 그는 더는 결과를 기꺼워하지 않을 것이다. 하지만 만약 그가 자기 **의지로** 고통을 감내했다면(손을 일부러 베었다거나 집 계약금과 맞먹는 비용으로 결혼식을 올리기로 했다면), 곧 종이학이 도자기 학처럼 보이기 시작할 것이다.

그러나 이케아 효과가 온전히 환상만은 아니다. 이케아 효과가 촉발하는 사회적 관계는 실제이며, 특히 최종 결과물이 눈에 보이는 실체일 때 더욱 그렇다. 자동화와 전문화는 사회에 이득이 된 만큼이나 구성원의 사회적 참여를 제한할 위험이 있다. DIY 프로젝트는 공동체를 기반으로 더 전체적인 상호작용이 이루어질 기회가 된다. 라첼리와 함께한 가구 리폼은 실력은 형편없었어도 순수한 환희 그 자체였다. 함께했기 때문이다. 노턴의 연구에 참여한 이들은 귀엽게도 종이접기와 레고 조립을 마친 뒤 친구들에게 작품을 보여 주고 싶어 했다고 한다. 꼭 심리학자가 아니어도 직접 만든 물건을 나눌 때 느끼는 즐거움이, 돈을 주고 샀거나 엄밀히 말해 더 큰 회사 소유인 물건을 전시할 때보다 더 크다는 것쯤은 곧바로 알 수 있다. 창작물이 계획대로 나오지 않아도, 아니 특히 그럴 때 우리는 더 즐겁다.

나 자신에게 주는 서른 살 생일 선물로 첫 재택근무 책상과 의자를(물론 페이스북 마켓에서) 샀다. 그런데 윤이 나는 너도밤나무와 쇠로 만든 회전축만 보고 의자를 골랐더니 엉덩이 부분이 영 불편했다. 새 장비에 한껏 기분이 좋아진 데다가 가구 리폼 경력으로 한층 대담해진 나는 DIY로 방석을 직접 만들기로 했다. 나는 바늘과 실을 사고, 비둘기를 닮은 초록색 인조 스웨이드 한 야드도 샀다. 그런 다음 방치된 강아지 장난감의 내부를 재활용해 1인용 피자 크기와 모양의 방석을 바느질했다. 이 방석은 우리 집에서 가장 별 볼 일 없는 사물이다. 하지만 나는 내 방석이 걸작이라고 믿는다. 이 방석은 지구상에 있는 모든 펀페티 케이크+, 나의 시스티나성

당이다. 나는 모두에게 방석을 보여 준다. 집에 친구나 가족이 방문하면 마치 대리석을 깎아 만든 조각상이라도 공개할 태세로 내 고상한 홈 오피스로 데려가 흥겹게 의자에서 시들시들한 방석을 들어 올린다. 그럼 손님들은 아이에게 관심 없는 사람이 어린 조카의 거실 '연극'에 맞장구치는 것처럼 내게 미소 짓는다. 흔히 있는 일이다. 하지만 상관없다. 나는 이 책보다 방석이 더 자랑스럽다. 이 말을 하고 싶어서 여태 입이 근질거렸다. 나는 **바로 지금** 내 방석에 앉아 있다.⁺⁺8

방석과 조개껍데기 램프는 세상에서 가장 비싼 물건과는 거리가 멀지만, 이케아 효과는 더 높은 가격대에서도 작용한다. 노턴의 연구에서는 집주인들이 흉측스럽게 집을 개조해 놓고—비뚤배뚤한 못생긴 통로, 엉성한 화덕—자신의 솜씨 덕에 친구들과 잠재적 매수인이 집에 더 큰 매력을 느끼게 되리라고 자랑스럽게 믿는다는 사실에 주목했다. 사실 그들의 솜씨가 정반대 효과를 냈을 때조차 말이다. 거의 매일 질로우에서 터무니없이 비싼 집을 구경하다 보면, 직접 설치

⁺ 역주: 바닐라 케이크에 다양한 색의 스프링클을 뿌려 알록달록하게 만든 화려한 케이크.

⁺⁺ 실제로 바늘과 천은 정신에 놀라운 영향을 미친다. 《영국작업치료저널British Journal of Occupational Therapy》에 실린 연구에서는 뜨개질을 즐겨 하는 사람 3500명 이상을 조사했는데, 우울증을 앓는 응답자 중 81퍼센트가 뜨개질을 하고 나면 행복해진다고 답했다. "매우 행복하다"라고 답한 사람은 50퍼센트 이상이었다.

한 티키바[+]나 하마 모양의 어설픈 피자오븐 등 키치한 취향의 시설을 엿볼 수 있다. 그럴 때면 그런 별난 특징이 생각만큼 장점은 아니라는 사실을 집주인에게 알리지 않기로 한 부동산 중개업자에게 짠한 마음이 든다(어쨌든 내 방석은 확실한 장점이지만). 이런 불완전함은 이익을 내는 데는 별 도움이 안 될지 몰라도, 그 덕에 우리는 흠칫 놀라고 웃음을 터뜨리고 대화를 시작한다. 사물에 생명을 부여하는 것은 부족함이다.

어떤 이들은 머지않아 AI가 생성한 예술품이 인간의 능력을 훨씬 뛰어넘어서 그 어떤 달걀도 인간의 주제넘은 욕심을 충족할 수 없으리라고 주장한다. 2018년, AI가 생성한 최초의 그림 중 하나가 경매에서 43만 2500달러에 팔렸다.[9] 화폭 맨 밑에는 그림을 생성한 코드의 일부인 **min G max D x [log (D(x))] + z [log (1 –D (G(z)))]**가 서명으로 적혔다. 〈에드몽 드 벨라미Edmond de Belamy〉라는 제목의 그림 속에는 검정 코트에 흰색 깃을 단 통통한 프랑스 신사가 묘사되어 있다. 강렬하고 왜곡된 형태의 화풍은 **거의** 19세기 인상파에 가깝지만, 어딘가 잘못된 느낌을 준다. 오른쪽으로 비스듬히 보면, 얼핏 '원숭이 예수Monkey Christ'와도 닮아 있다. 1930년대 기독교 프레스코화를 우스꽝스러운 원숭이 형태로 처참하게 잘

+ 역주: 보통 열대 느낌으로 꾸며 칵테일 등의 음료를 파는 바.

못 복원한 이 그림은 2010년대 말 입소문을 타면서 아이러니하게도 컬트적 추종자들을 끌어모았다.[10] 이제 관광객들은 '원숭이 예수'가 전시된 스페인의 작은 마을에 몰려들어 실패한 영광을 만끽한다.

사람들이 '원숭이 예수' 수준으로 열광하며 AI 초상화 주변에 모여드는 모습을 상상하기는 어렵다. 베벌리힐스의 예술품 수집가에게는 〈에드몽 드 벨라미〉가 50만 달러만큼 가치가 있는지 모르겠지만, 나는 여전히 로봇이 만든 예술품이 뭐가 됐든 순례자를 끌어들일 만한 것을 발산할 수 있을지 모르겠다. 아무리 정교할지라도 기계는 못생긴 방석을 만들어 친구들에게 자랑하는 부조리함을 보고 웃음을 터뜨릴 수 없다. 이런 뻔뻔스러움이야말로 인간끼리만 공유하는 내부자 농담이다.

2019년 오스트레일리아 음악가 닉 케이브Nick Cave의 팬이 그의 블로그에 질문을 남겼다.[11] "인간의 상상력이 마지막 남은 자연의 산물이라고 볼 때, 언젠가 AI가 좋은 음악을 쓸 수 있으리라고 생각하나요?" "좋은"은 기술적으로 인상적인 것 이상을 의미했다. 케이브는 그런 가능성에 회의적이었다. "훌륭한 음악은 우리에게 경외감을 주죠." 그가 답했다. 경외감이 다시 등장했다. 케이브는 경외감이 "거의 전적으로 우리의 한계를 바탕으로 하고 …… 우리의 잠재력을 뛰어넘을 수 있는 인간으로서의 대담함에 달려 있다"라고 말했다. 케이브의 말을 옮기자면, 포스트휴먼의 창의성이 제아무리 인상적일지라도 "쉽게 말해 이럴 능력이 없다는 거예요. '어떻게 저럴 수가 있지?'"

어떻게 저럴 수가 있지? 이 질문이 나를 떠나지 않았다. 2023년 초 어느 아침 케이시와 나는 헤아릴 수 없는 아름다움을 지닌 아이스코르타도 커피를 파는, 로스앤젤레스에서 우리가 가장 좋아하는 커피숍에서 차를 타고 집으로 돌아오면서 이 질문의 답을 찾으려 애썼다. 영화음악 작곡가인 케이시에게 음악을 만드는 일은 물리적인 동시에 존재론적인 문제다. 창을 뚫고 쏟아지는 마리골드빛 햇살 속에서 동쪽으로 향하면서, 우리는 과연 기계가 인간의 손길이 만들어 내는 영혼을 울리는 감동을 절대 모방하지 못할 이유가 있을지 머리를 싸매고 고민했다. 그러나 슬프게도 그런 이유 같은 것은 존재하지 않는다는 사실을 깨달을 뿐이었다. AI가 인간의 대담함에 필적할 방법을 찾아내거나, 경외감을 자아낼 만한 자기만의 대담함을 찾는 모습이 어색하지 않게 느껴졌다. 진입로에 들어서는 우리 머리 위로 옅은 비애가 드리워졌다. "내가 하는 모든 일이 너무나 사소하게 느껴져." 케이시가 숨을 내쉬었다.

케이시는 공원에 남아 커피 컵에 맺힌 물방울을 만지작거렸다. 이런 디지털 시대의 허무주의는 이제 피할 수 없지만, 우리는 무거운 물통처럼 그 감정을 다룬다. 한 명이 너무 지쳐 이를 감당할 수 없으면, 다른 사람이 받아 든다. 그러고 나면 무게를 덜어 낸 사람이 삶이 가볍게 느껴질 때도 있다는 사실을 상기시키며 파트너의 주의를 돌릴 차례다. 그래서 나는 케이시에게 로봇이 역사상 가장 매력적인 콘체르토를 작곡할 수 있다 해도, 내게는 그가 밤마다 우리 월리처 업라이트피아노로 즉흥연주 하는 왈츠만큼 가치 있는 음악은 없다고 말했다. 그 곡을 작곡하는 사람이 바로 케이시라는 사실 그 자체만으로 말이다. 낡은 조개껍데기 램프를 혼자 색칠하는 일은 즐겁다. 하지만 그 모습에 흠뻑 빠진 증인이 있다면 더더욱 그렇다.

인간 스스로 기술의 경쟁 상대가 되려는 것은 애초에 질문을 던지는 가장 유효한 방식이 아닐 수도 있다. 2014년 가수 클레어 L. 에반스Claire L. Evans는 AI가 인간 음악가에 "필적할" 수 있다는 판단이 "거의 아슬아슬하게 근시안적"이라고 말했다.[12] 자동차는 말에 '필적하지' 않는다. 그저 훌륭히 우리를 태우고 다닐 뿐이다. PowerThesaurus.com[+]은 내 두뇌에 '필적하지' 않지만, 이 책을 쓸 때 매우 유용했다.

고도로 발전한 기술이 인간의 타고난 창의성과 만나면, 마술 같은 일이 펼쳐진다. 세계 최고의 인스턴트 케이크믹스라 할지라도 야광 아이싱으로 꼭대기에 헛웃음 나게 하는 내

+ 역주: 영어 단어의 동의어, 반의어, 문맥별 관련 표현 등을 제공하는 온라인 사전.

부자 농담을 짜낼 수는 없지만, 케이크를 굽지 않음으로써 절약한 그 많은 시간이면 케이크를 간직할 수도 있고,⁺ 뭐, 나머지는 당신도 알고 있으리라 생각한다.

이 책을 퇴고하기 시작하던 겨울, 코로나에 걸려 일주일 동안 집에 처박혀 있던 나는 챗GPT의 감정적 한계를 시험하며 시간을 때우기로 마음먹었다. 가장 인상 깊었던 대화에서 나는 인간과 AI 각각의 가장 큰 강점이 뭐라고 생각하느냐고 물었다. 챗봇은 AI가 가진 최고 자산은 이성이며, 인간이 지닌 강점은 사랑이라고 답했다. 통찰력 있는 대답이었지만, 그게 사실이라는 생각은 들지 않았다. 뭐, 꼭 하나만 고르라는 법은 없으니까.

아마 우리는 언제나 우리의 원초적인 자아와 단절되기 일보 직전이라고, 당장이라도 달걀이 모퉁이를 돌아 영원히 사라질 거라고 느낄 것이다. 이런 상태로 존재하는 데 익숙해져야 하는지도 모른다. 사실 오랫동안 그래 왔다는 생각도 든다. 실비아 플라스는 1962년 전례 없이 비인간적이 된 사회를 지적하며 예외주의적인 태도를 비판했다. 「문맥Context」이라는 짧은 에세이에서, 플라스는 스스로 "헤드라인 시headline

⁺ 역주: 저자는 '원하는 모든 것을 가질 수는 없다'라는 의미로 영어에서 널리 쓰이는 속담 '케이크를 갖는 동시에 먹을 수는 없다You can't have your cake and eat it too'를 인용하고 있다.

poetry"라 칭한 현상을 문제 삼았다. 헤드라인 시는 마치 20세기 중반이 역사상 가장 우려스러운 시기로 기록될 것이 분명하고 영원히 그렇게 기억되어야 마땅하다는 듯 당대의 주요한 정치적 갈등(히로시마, 냉전)을 시에서 너무 직접적이고 선정적으로 언급하는 경향을 일컫는다.[13] 플라스는 독자들에게 시야를 넓히라고 촉구했다. 그는 썼다. "내게 우리 시대의 진정한 문제는 다른 모든 시기의 문제와 같다—사랑의 아픔과 경이로움, 다양한 형태의 창조—아이들, 빵, 그림, 건물, 그리고 이 세상 모든 사람의 생명을 보존하는 일. '평화'나 '불가피한 적'이라는 추상적이고 모호한 말을 핑계 삼아 이 생명을 위협할 수는 없다." 플라스가 양봉을 시작한 그해 이 에세이를 쓴 것은 아마 우연이 아닐 것이다. 그의 가장 상징적인 시들 중 많은 수가 양봉에서 영감을 받았다. 사랑, 생존, 직접 이루어 내는 창조. 기술은 꿀벌의 수명보다 빠르게 변화하지만, 벌집은 바로 우리다.

감사의 말

편집자 줄리아 체이페츠에게 감사드린다. 내게 보여 준 헌신과 신뢰가 어떤 의미인지 말로 다 설명할 수 없다. 지독히 힘든 시기에 기꺼이 사무실 바닥에 함께 퍼질러 누워 주고, 이 책을 쓰라고 격려해 주고, 손목에 페퍼민트 오일까지 발라 주어서 감사하다. 당신의 예리한 시각과 확고한 믿음이 있어서 얼마나 다행인지 모른다. 나는 꿀벌, 당신은 벌집이다.

세계 최고의 문학 에이전트 레이철 보겔, 늘 감사드린다. 당신은 내 현실화를 이끄는 달이고, 나라는 외계인이 가진 UFO다. 덕분에 정신을 완전히 놓지 않을 수 있었다.

꼼꼼하게 읽고 세심하게 메모를 남겨 준 애비 모어, 조사 과정에서 귀중한 도움을 준 헤일리 해밀턴, 멋진 표지를 디자

인해 준 제임스 이아코벨리와 레이완 콴에게도 감사드린다.

소중한 친구들, 특히 이 책을 위해 지혜를 빌려준 이들에게 감사드린다. 코아 벡, 토리 힐, 어맨다 코어, 실라 마리카, 애디슨 마셜, 코코 멜러스, 크리스틴 모텐슨, 라첼리 펠티에, 윌 플런킷, 레이철 토레스, 앨리슨 우드. 마찬가지로 올리비아 블라우스타인, 니콜라스 시아니, 케이티 에퍼슨, 모건 호이트, 칼리 휴고, 앨리 맥기브니, 노라 매키너니, 조던 무어, 매트 파커, 제이시 슐라이어, 애슐리 실버, 드루 웰번에게도 감사드린다.

몇 년간 온라인에서 나와 소통해 준 사랑스러운 독자들에게 감사드린다. 인스타그램이라는 기묘한 공간에서도 여러분의 열정과 격려를 느낄 수 있었다. 정말 소중한 경험이었다.

이번 프로젝트를 위해 기꺼이 전문 지식을 나누어 준 뛰어난 연구자들에게, 특히 미나 B., 디나 디나르도, 라마니 두르바술라, 엘리너 제네가, 세쿨 크라스테프, 데이비드 루든, 프랭크 매캔드루, 모이야 맥티어, 톰 몰드, 린다 샌더빌에게 감사드린다.

나의 비인간 조수들, 자식이나 다름없는 사랑하는 고양이 강아지인 클레어, 피들, 테디 루에게, 순수한 마법으로 이루어진 존재였던, 이제는 곁에 없는 천사 같은 데이비드와 아서 문에게.

최고의 로고스와 파토스 조합을 남겨 준 엄마 데니스, 아빠 크레이그, 그리고 브랜던에게 감사드린다. 여러분을 제대로 묘사하기란 불가능한 일임에도 책 속에서 여러분의 이야기를 하도록 허락해 주어서 고맙다. 여러분에게 늘 공룡만큼의 경외감을 느낀다.

내 인생 최고의 사랑인 케이시 콜브, 내 삶의 배경음악을 창조한 작곡가이자 영원한 주인공에게. 당신을 위해 이 책을 썼어. 마음에 안 들어도, 줄리아 루이스드레이퍼스 영화 속 남편처럼 그냥 거짓말이라도 해 줘.

이 책은 내가 언제나 쓰기를 꿈꿔 왔던 책이다. 조금 극적인 말이지만, 이 책을 쓸 수 있었으니 이제 죽어도 여한이 없다. 읽어 준 모든 분에게 감사드린다.

후주

말이 안 되면 되게 하라 — 주술적 과잉사고란 무엇인가

1 Edmund S. Higgins, "Is Mental Health Declining in the U.S.?," *Scientific American*, 2017년 1월 1일. https://www.scientificamerican.com/article/is-mental-health-declining-in-the-u-s/.

2 "Youth Risk Behavior Survey Data Summary & Trends Report: 2011 – 2021," Centers for Disease Control and Prevention. 2023년 9월 21일 접속. https://www.cdc.gov/healthyyouth/data/yrbs/index.htm.

3 "Coming 'Together for Mental Health' Is NAMI's Urgent Appeal During May's Mental Health Awareness Month," NAMI, 2022년 5월 2일. https://www.nami.org/Press-Media /Press-Releases/2022/Coming-Together-for-Mental-Health%E2%80%9D-Is-NAMI-s-Urgent-Appeal-During-May-s-Mental-Health-Awareness-Mon#:~:text=Between%202020%20and%20 2021%2C%20calls,health%20crises%20increased%20by%20251%25.

4 Edmund Burke, "Frantz Fanon's 'The Wretched of the Earth,'" Daedalus 105, no. 1 (1976): 127 – 35. http://www.jstor.org/stable/20024388.

5 Georg Bruckmaier, Stefan Krauss, Karin Binder, Sven Hilbert, and Martin Brunner, "Tversky and Kahneman's Cognitive Illusions: Who Can Solve Them, and Why?," *Frontiers in Psychology* 12 (2021년 4월 12일). https://doi.org/10.3389/fpsyg.2021.584689.

6 "Jess Grose." X—전 'Twitter'. 2023년 9월 21일 접속. https://twitter.com/JessGrose.

7 Kevin Powell and bell hooks, "The BK Nation Interview with bell hooks," *Other*, 2014년 2월 28일 https://web.archive.org/web/20140624015000/https:/bknation.org/2014/02/bk-nation-interview-bell-hooks/.

1 ___ 오 나의 어머니, 테일러 스위프트? — 후광효과에 관하여

1 Miharu Nakanish et al.,"The Association Between Role Model Presence and Self-Regulation in Early Adolescence: A Cross-Sectional Study," *PLOS One* 14, no. 9 (2019년 9월 19일). https://doi.org/10.1371/journal.pone.0222752.

2 Lynn McCutcheon and Mara S. Aruguete, "Is Celebrity Worship Increasing Over Time?," *Journal of Social Sciences and Humanities* 7, no. 1 (2021년 4월): 66–75.

3 "When Did We Start Taking Famous People Seriously?," *New York Times*, 2020년 4월 20일. https://www.nytimes.com/2020/04/20/parenting/celebrity-activism-politics.html.

4 "Public Trust in Government: 1958–2022," Pew Research Center, 2022년 6월 6일. https://www.pewresearch.org/politics/2022/06/06/public-trust-in-government-1958-2022/.

5 Sidney Madden, Stephen Thompson, Ann Powers, and Joshua Bote, "The 2010s: Social Media and the Birth of Stan Culture," NPR, 2019년 10월 17일. https://www.npr.org/2019/10/07/767903704/the-2010s-social-media-and-the-birth-of-stan-culture.

6 Danielle Colin-Thome, "Fan Culture Can Be Wildly Empowering—And At Times, Wildly Problematic," *Bustle*, 2018년 7월 24일. https://www.bustle.com/p/fan-culture-can-be-wildly-empowering-at-times-wildly-problematic-9836745.

7 Randy A. Sansone and Lori A. Sansone, " 'I'm Your Number One Fan'—A Clinical Look at Celebrity Worship," *Innovations in Clinical Neuroscience* 11, no. 1–2 (2014): 39–43.

8 Lorraine Sheridan, Adrian C. North, John Maltby, and Raphael Gillett, "Celebrity Worship, Addiction and Criminality," *Psychology, Crime & Law* 13, no. 6 (2007): 559–71. https://doi.org/10.1080/10683160601160653.

9 "The Cult of Taylor Swift," *Sounds Like a Cult*, 2022년 10월 18일. https://open.spotify.com/episode/5yMUPSoX46ArUPYJNNx4nm.

10 Jill Gutowitz, "What Is Every Song on Taylor Swift's Lover Actually

About?," *Vulture*, 2019년 8월 23일. https://www .vulture.com/2019/08/taylor-swifts-lover-album-meaning-and-analysis.html.

11 Lynn McCutcheon, "Exploring the link between attachment and the inclination to obsess about or stalk celebrities," *North American Journal of Psychology*, 2006년 6월, https://www.researchgate.net/publication/286333358_Exploring_the_link_between_attachment_and_the_inclination_to_obsess_about_or_stalk_celebrities.

12 Chau-kiu Cheung and Xiao Dong Yue, "Idol Worship as Compensation for Parental Absence," *International Journal of Adolescence and Youth* 17, no. 1 (2012): 35–46. https://doi.org/10.1080/02673843.2011.649399.

13 Yiqing He and Ying Sun, "Breaking up with my idol: A qualitative study of the psychological adaptation process of renouncing fanship," *Frontiers in Psychology*, 2022년 12월 16일, https://www.ncbi.nlm.nih.gov/pmc/articles/PMC9803266/.

14 Ágnes Zsila and Zsolt Demetrovics, "Psychology of celebrity worship: A literature review," *Psychiatria Hungarica*, 2020, https://pubmed.ncbi.nlm.nih.gov/32643621/.

15 Mark Epstein, *The Trauma of Everyday Life* (New York: Penguin, 2014). [마크 엡스타인, 이성동 옮김, 『트라우마 사용설명서: 정신과 의사가 붓다에게 배운』, 불광출판사, 2014.]

16 Amanda Petrusich, "The Startling Intimacy of Taylor Swift's Eras Tour," *The New Yorker*, 2023년 6월 12일. https://www.newyorker.com/magazine/2023/06/19/taylor-swift-eras-tour-review.

17 Chau-kiu Cheung and Xiao Dong Yue, "Identity Achievement and Idol Worship Among Teenagers in Hong Kong," *International Journal of Adolescence and Youth* 11, no. 1 (2003): 1–26. https://doi.org/10.1080/02673843.2003.9747914.

18 Sabrina Maddeaux, "How the Urge to Dehumanize Celebrities Takes a Dark Turn When They Become Victims—Not Just of Lip Injections," *National Post*, 2016년 10월 11일. https://nationalpost.com/entertainment/celebrity/how-the-urge-to-dehumanize-celebrities-takes-a-dark-turn-when-they-become-victims-not-just-of-lip-injections.

19 Jared Richards, "Charli XCX's Queer Male Fans Need to Do Better," *Junkee*, 2019년 10월 30일. https://junkee.com/charli-xcx-poppers-douche-queer-gay -fans/226620.

20 D. W. Winnicott, *The Child, the Family, and the Outside World* (New York: Penguin, 1973), p. 173. 〔도널드 위니컷, 이재훈 옮김, 『아이, 가족, 그리고 외부세계』, 한국심리치료연구소, 2018.〕

21 Carla Naumburg, "The Gift of the Good Enough Mother," *Seleni*. 2023년 9월 21일 접속. https://www.seleni.org/advice-support/2018/3/14/the-gift-of-the-good-enough-mother.

22 Brenna Ehrlich, "2022 Was the Year of the Cannibal. What Does That Say About Us?," *Rolling Stone*, 2022년 12월 28일. https://www.rollingstone.com/tv-movies/tv-movie-features /cannibal-2022-dahmer-yellowjackets-fresh-bones-and-all-timothee -chalamet-tv-movies-1234647553/.

2 ___ 장담하건대 이거 내가 현실화한 거야 — 비례 편향에 관하여

1 Giancarlo Pasquini and Scott Keeter, "At Least Four-in-Ten U.S. Adults Have Faced High Levels of Psychological Distress During COVID-19 Pandemic," Pew Research Center, 2022년 12월 12일. https://www.pewresearch.org/short-reads/2022/12/12/at -least-four-in-ten-u-s-adults-have-faced-high-levels-of-psychological-distress-during-covid-19-pandemic/.

2 Christina Caron. "Teens Turn to TikTok in Search of a Mental Health Diagnosis," *New York Times*, 2022년 10월 29일. https://www.nytimes.com/2022/10/29/well/mind/tiktok-mental-illness-diagnosis.html.

3 Katherine Schaeffer, "A Look at the Americans Who Believe There Is Some Truth to the Conspiracy Theory That COVID-19 Was Planned," Pew Research Center, 2020년 7월 24일. https://www.pewresearch.org/short-reads/2020/07/24/a-look-at-the-americans-who-believe-there-is-some-truth-to-the-conspiracy-theory-that-covid-19-was-planned/.

4 Marisa Meltzer, "QAnon's Unexpected Roots in New Age Spirituality," *Washington Post*, 2021년 3월 29일. https://www.washingtonpost.com/magazine/2021/03/29/qanon-new-age-spirituality/.

5 Karen M. Douglas, Robbie M. Sutton, and Aleksandra Cichocka, "Belief in Conspiracy Theories: Looking Beyond Gullibility," *The Social Psychology of Gullibility*, 2019년 4월, 61–76. https:// doi.org/10.4324/9780429203787-4.

6 Sangeeta Singh-Kurtz, "I Tried Peoplehood, 'a Workout for Your Relationships'," *The Cut*, 2023년 4월 25일. https://www.thecut.com/article/peoplehood-soulcycle.html

7 Rose Truesdale, "The Manifestation Business Moves Past Positive Thinking and Into Science," *Vice*, 2021년 4월 20일. https://www.vice.com/en/article/3aq8ej/to-be-magnetic-manifestation-business-moves-past-positive-thinking-and-into-science.

8 Shannon Bond, "Just 12 People Are Behind Most Vaccine Hoaxes on Social Media, Research Shows," NPR, 2021년 5월 14일. https://www.npr.org/2021/05/13/996570855/disinformation-dozen-test-facebooks-twitters-ability-to-curb-vaccine-hoaxes.

9 "FTC Takes Action Against Lions Not Sheep and Owner for Slapping Bogus Made in USA Labels on Clothing Imported from China," Federal Trade Commission, 2022년 5월 11일. https://www.ftc.gov/news-events/news/press-releases/2022/05/ftc-takes -action-against-lions-not-sheep-owner-slapping-bogus-made-usa-labels-clothing-imported.

10 Peter Dizikes, "Study: On Twitter, False News Travels Faster Than True Stories," MIT News, Massachusetts Institute of Technology, 2018년 3월 8일. https://news.mit.edu/2018 /study-twitter-false-news-travels-faster-true-stories-0308.

11 Maggie Fox, "Fake News: Lies Spread Faster on Social Media Than Truth Does," NBCNews.com, 2018년 3월 9일. https://www .nbcnews.com/health/health-news/fake-news-lies-spread-faster-social-media-truth-does-n854896.

12 Farah Naz Khan, "Beware of Social Media Celebrity Doctors," Scientific

American Blog Network, 2017년 9월 6일. https://blogs.scientificamerican.com/observations/beware-of-social-media-celebrity-doctors/.

13 Ann Pietrangelo, "What the Baader-Meinhof Phenomenon Is and Why You May See It Again…and Again," *Healthline*, 2019년 12월 17일. https://www.healthline.com/health/baader-meinhof-phenomenon.

14 Gabor Maté, *The Myth of Normal* (London: Random House UK, 2023). 〔가보 마테·대니얼 마테, 조용빈 옮김, 『정상이라는 환상: 인간성을 외면한 물질주의 사회의 모순과 치유』, 한빛비즈, 2024.〕

3 ___ 해로운 관계는 1인 컬트일 뿐이다 — 매몰비용 오류에 관하여

1 Rebecca Solnit, *The Faraway Nearby* (New York: Viking, 2013). 〔리베카 솔닛, 김현우 옮김, 『멀고도 가까운: 읽기, 쓰기, 고독, 연대에 관하여』, 반비, 2016.〕

2 "Why Are We Likely to Continue with an Investment Even if It Would Be Rational to Give It Up?," The Decision Lab. Accessed 2023년 8월 21일 접속. https://thedecisionlab.com/biases/the-sunk-cost-fallacy.

3 Joan Didion, *The Year of Magical Thinking* (New York: Random House Large Print, 2008). 〔조앤 디디온, 홍한별 옮김, 『상실』, 책읽는수요일, 2023.〕

4 Ryan Doody, "The Sunk Cost 'Fallacy' Is Not a Fallacy," *Ergo, an Open Access Journal of Philosophy*, 2019. https://quod.lib.umich.edu/e/ergo/12405314.0006.040/--sunk-cost-fallacy-is-not-a-fallacy?rgn=main%3Bview.

5 Alexandra Sifferlin, "Our Brains Immediately Judge People," *Time*, 2014년 8월 6일. https://time.com/3083667/brain-trustworthiness/.

6 Benjamin A. Converse, Gabrielle S. Adams, Andrew H. Hales, and Leidy E. Klotz, "We Instinctively Add on New Features and Fixes. Why Don't We Subtract Instead?," Frank Batten School of Leadership and Public Policy, University of Virginia, 2021년 4월 16일. https://batten.virginia.edu/

about/news/we-instinctively-add-new-features-and-fixes-why-dont-we-subtract-instead.

7 "What Is Emotional Abuse?," Tikvah Lake, 2020년 7월 7일. https://www.tikvahlake.com/blog/what-is-emotional-abuse/#:~:text=Although%20difficult%20to%20measure%2C%20research,affects%2011%20percent%20of%20children.

4 ___ 험담 가설 — 제로섬 편향에 관하여

1 Donna Tartt, *The Secret History* (New York: Alfred A. Knopf, 1992). 〔도나 타트, 이윤기 옮김, 『비밀의 계절』, 은행나무, 2015.〕

2 Eve Pearl, "The Lipstick Effect of 2009," *HuffPost*, 2011년 11월 17일. https://www.huffpost.com/entry/the-lipstick-effect-of-20_b_175533#:~:text=History%20and%20research%20has%20shown,years%20from%201929%20to%201933.

3 "Sylvia Plath Looked Good in a Bikini—Deal With It," *Electric Literature*, 2017년 10월 9일. https://electricliterature.com/sylvia-plath-looked-good-in-a-bikini-deal-with-it/.

4 The Bangles, "Bell Jar," Sony BMG Music Management, 1988. 2023년 8월 23일 접속. https://open.spotify.com/track/6ermpvXoKsD7NVGfVoap6u?si=2b96d03bffa7457d.

5 Daniel V. Meegan, "Zero-Sum Bias: Perceived Competition Despite Unlimited Resources," *Frontiers in Psychology*, 2010년 11월. https://www.frontiersin.org/articles/10.3389/fpsyg.2010.00191/full#:~:text=Zero%2Dsum%20bias%20describes%20intuitively,actually%20non%2Dzero%2Dsum.

6 Joseph Sunde, "'Win-Win Denial': The Roots of Zero-Sum Thinking," Acton Institute, 2021년 9월 14일. https://rlo.acton.org/archives/122444-win-win-denial-the-roots-of-zero-sum-thinking.html.

7 Samuel G. B. Johnson, Jiewen Zhang, and Frank C Keil, "Win-

Win Denial: The Psychological Underpinnings of Zero-Sum Thinking," American Psychological Association, 2022. https://psycnet.apa.org/record/2021-73979-001.

8 Pascal Boyer and Michael Bang Petersen, "Folk-Economic Beliefs: An Evolutionary Cognitive Model," *Behavioral and Brain Sciences* 41 (2018): e158. doi:10.1017/S0140525X17001960.

9 Markus Kemmelmeier and Daphna Oyserman, "Gendered Influence of Downward Social Comparisons on Current and Possible Selves," *Journal of Social Issues* 57, no. 1 (2001): 129–48. https://doi.org/10.1111/0022-4537.00205.

10 Kari Paul, "Here's Why Most Americans Prefer to Be a 'Big Fish in a Small Pond,'" LSA, 2017년 6월 22일. https://lsa.umich.edu/psych/news-events/all-news/graduate-news/here_s-why-most-americans-prefer-to-be-a-big-fish-in-a-small-pon.html.

11 David Nakamura and David Weigel, "Trump's Anti-Trade Rhetoric Rattles the Campaign Message of Clinton and Unions," *Washington Post*, 2016년 7월 4일 https://www.washingtonpost.com/politics/trumps-anti-trade-rhetoric-rattles-the-campaign-message-of-clinton-and-unions/2016/07/04/45916d5c-3f92-11e6-a66f-aa6c1883b6b1_story.html.

12 Marjorie Valls, "Gender Differences in Social Comparison Processes and Self-Concept Among Students," *Frontiers in Education* 6 (2022년 1월 11일). https://www.frontiersin.org/articles/10 .3389/feduc.2021.815619/full.

13 Valls, "Gender Differences in Social Comparison Processes and Self-Concept Among Students."

14 Peng Sha and Xiaoyu Dong, "Research on Adolescents Regarding the Indirect Effect of Depression, Anxiety, and Stress Between TikTok Use Disorder and Memory Loss," MDPI, 2021년 8월 21일. https://www.mdpi.com/1660-4601/18/16/8820.

15 Jacob Tobia, *Sissy: A Coming-of-Gender Story* (Lewes, UK: GMC, 2019).

16 Douglas A. Gentile, "Catharsis and Media Violence: A Conceptual Analysis," MDPI, 2013년 12월 13일. https://www.mdpi.com/2075-4698/3/4/491.

17 Jonathan Haidt, "Get Phones Out of Schools Now," *The Atlantic*, 2023

년 6월 6일. https://www.theatlantic.com /ideas/archive/2023/06/ban-smartphonesphone-free-schools-social-media/674304/.

18 V.H. Murthy, *Together: The Healing Power of Human Connection in a Sometimes Lonely World.* (New York: Harper Wave, 2020). 〔비벡 H. 머시, 이주영 옮김, 『우리는 다시 연결되어야 한다: 외로움은 삶을 무너뜨리는 질병』, 한국경제신문, 2020.〕

19 Ann Friedman, "Shine Theory: Why Powerful Women Make the Greatest Friends," *The Cut*, 2013년 5월 31일. https://www.thecut.com/2013/05/shine-theory-how-to-stop-female-competition.html.

5 ___ 온라인에서 죽는 건 어떨까 — 생존자 편향에 관하여

1 Why Do We Misjudge Groups by Only Looking at Specific Group Members?," The Decision Lab. 2023년 8월 28일 접속. https://thedecisionlab.com/biases/survivorship-bias.

2 Amanda Montell, "What It's Like to Die Online," *Marie Claire*, 2018년 3월 13일. https://www.marieclaire.com/culture/a19183515/chronically-ill-youtube-stars/.

3 Jonathan Jarry, "Tips for Better Thinking: Surviving Is Only Half the Story," Office for Science and Society, 2020년 10월 6일. https://www.mcgill.ca/oss/article/general-science/tips-better-thinking-surviving-only-half-story.

4 Elham Mahmoudi and Michelle A. Meade, "Disparities in Access to Health Care Among Adults with Physical Disabilities: Analysis of a Representative National Sample for a Ten-Year Period," ScienceDirect, 2015년 4월. https://www.sciencedirect.com/science/article/abs/pii/S193665741400106X?via%3Dihub.

5 Gloria L. Krahn, Deborah Klein Walker, and Rosaly Correa-De-Araujo, "Persons with Disabilities as an Unrecognized Health Disparity Population," *American Journal of Public Health*, 2015년 4월. https://www.ncbi.nlm.nih.

gov/pmc/articles/PMC4355692/.

6 Deniz Çam, "Doctorate, Degree or Dropout: How Much Education It Takes to Become a Billionaire," *Forbes*, 2017년 10월 18일. https://www.forbes.com/sites/denizcam/2017/10/18/doctorate-degree-or-dropout-how-much-education-it-takes-to-become-a-billionaire/?sh=28dd45c6b044.

7 Richard Fry, "5 Facts About Millennial Households," Pew Research Center, 2017년 9월 6일. https://www.pewresearch.org/short-reads/2017/09/06/5-facts-about-millennial-households/.

8 Alexandre Tanzi, "Gen Z Has Worse Student Debt than Millennials," Bloomberg.com, 2022년 8월 26일. https://www.bloomberg.com/news/articles/2022-08-26/gen-z-student-debt-worse-than-millennials-st-louis-fed-says#xj4y7vzkg.

9 Sandee LaMotte, "Do Optimists Live Longer? Of Course They Do," CNN, 2022년 6월 9일. https://www.cnn.com/2022/06/09/health/living-longer-optimist-study -wellness/index.html#:~:text=A%20growing%20body%20of%20research&text=A%202019%20study%20found%20both,to%20age%2085%20or%20beyond.

10 Decca Aitkenhead, "Siddhartha Mukherjee: 'A Positive Attitude Does Not Cure Cancer, Any More than a Negative One Causes It,'" *The Guardian*, 2011년 12월 4일. https://www.theguardian.com/books/2011/dec/04/siddhartha-mukherjee-talk-about-cancer

6 ___ 소용돌이치는 시간 — 최신성 환상에 관하여

1 Gregg Eghigian, "UFOs, UAPs—Whatever We Call Them, Why Do We Assume Mysterious Flying Objects Are Extraterrestrial?," *Smithsonian*, 2021년 8월 5일. https://www .smithsonianmag.com/air-space-magazine/ufos-uapswhatever-we-call-them-why-do-we-assume-mysterious-flying-objects-are-extraterrestrial-180978374/.

2 Jenny Odell, *How to Do Nothing: Resisting the Attention Economy* (New York:

Melville House, 2021). 〔제니 오델, 김하현 옮김, 『아무것도 하지 않는 법』, 필로우, 2023.〕

3 Richard F. Mollica and Thomas Hübl, "Numb from the News? Understanding Why and What to Do May Help," *Harvard Health*, 2021년 3월 18일. https://www.health.harvard.edu/blog/numb-from-the-news-understanding-why-and-what-to-do-may-help-2021031822176.

4 Trevor Haynes, "Dopamine, Smartphones & You: A Battle for Your Time," Harvard University, Science in the News, 2018년 5월 1일. https://sitn.hms.harvard.edu/flash/2018/dopamine-smartphones-battle-time/.

5 "Abundance of Information Narrows Our Collective Attention Span," *EurekAlert!*, 2019년 4월 15일 https://www.eurekalert.org/news-releases/490177.

6 Dream McClinton, "Global Attention Span Is Narrowing and Trends Don't Last as Long, Study Reveals," *The Guardian*, 2019년 4월 17일. https://www.theguardian.com/society/2019/apr/16/got-a-minute-global-attention-span-is-narrowing-study-reveals.

7 Peter Drucker, *The Effective Executive* (New York: HarperCollins, 1966).

8 Virginia Woolf, Orlando (New York: Crosby Gaige, 1928).

9 "Resetting the Theory of Time," NPR, 2013년 5월 17일. https://www.npr.org/2013/05/17/184775924/resetting-the-theory-of-time#:~:text=Albert%20Einstein%20once%20wrote%3A%20People,that%20true%20reality%20is%20timeless.

10 "How Long Is a Year on Other Planets?," *SpacePlace*, 2020년 7월 13일. https://spaceplace.nasa.gov/years-on-other-planets/en/.

11 Ruth S. Ogden, "The Passage of Time During the UK Covid-19 Lockdown," *PLOS One*, 2020년 7월 6일. https://journals.plos.org/plosone/article?id=10.1371%2Fjournal.pone.0235871.

12 Dacher Keltner, *Awe: The New Science of Everyday Wonder and How It Can Transform Your Life* (New York: Penguin, 2023). 〔대커 켈트너, 이한나 옮김, 『경외심: 일상에서 맞닥뜨리는 경이의 순간은 어떻게 내 삶을 일으키고 지탱해 주는가』, 위즈덤하우스, 2024.〕

13 Stacey Kennelly, "Can Awe Buy You More Time and Happiness?,"

DailyGood, 2012년 12월 3일. https://www.dailygood.org/story/353/can-awe-buy-you-more-time-and-happiness-stacey-kennelly/.

14 Rick Rubin, *The Creative Act: A Way of Being* (New York: Penguin, 2023). 〔릭 루빈, 정지현 옮김, 『창조적 행위: 존재의 방식』, 코쿤북스, 2023.〕

15 Alice Robb, "The 'Flow State': Where Creative Work Thrives," BBC Worklife, 2022년 2월 5일. https://www.bbc.com /worklife/article/20190204-how-to-find-your-flow-state-to-be-peak-creative.

16 Marc Wittmann et al., "Subjective Expansion of Extended Time-Spans in Experienced Meditators," *Frontiers in Psychology* 5 (2015). https://doi.org/10.3389/fpsyg.2014.01586.

17 Elizabeth A. Hoge et al., "Mindfulness-Based Stress Reduction vs. Escitalopram for the Treatment of Adults with Anxiety Disorders," *JAMA Psychiatry* 80, no. 1 (2023). https://doi.org/10.1001/jamapsychiatry.2022.3679.

18 Mariya Davydenko, "Time Grows on Trees: The Effect of Nature Settings on Time Perception," *Journal of Environmental Psychology* 54 (2017년 12월): 20-26. https://doi.org/10.22215/etd/2017-11962.

19 Nicholas Kristof, "Blissfully Lost in the Woods," *New York Times*, 2012년 7월 28일. https://www.nytimes.com/2012/07/29/opinion/sunday/kristof-blissfully-lost-in-the-woods.html

7 ___ 내 안의 사기꾼 — 과신 편향에 관하여

1 Sam Brinson, "Is Overconfidence Tearing the World Apart?," Sam Brinson. 2023년 9월 8일 접속. https://www.sambrinson.com/overconfidence/.

2 Justin Kruger and David Dunning, "Unskilled and Unaware of It: How Difficulties in Recognizing One's Own Incompetence Lead to Inflated Self-Assessments," *Journal of Personality and Social Psychology* 77, no. 6 (1999): 1121-34. https://doi.org/10.1037/0022-3514.77.6.1121.

3 Jonathan Jarry, "The Dunning-Kruger Effect Is Probably Not Real," McGill

University Office for Science and Society, 2020년 12월 17일. https://www.mcgill.ca/oss/article/critical-thinking/dunning-kruger-effect-probably-not-real.

4 Scott Plous, "Chapter 19: Overconfidence,", *The Psychology of Judgment and Decision Making* (New York: McGraw-Hill Higher Education, 2007). 〔스콧 플라우스, 김명철 옮김, 『비즈니스맨을 위한 심리학 카페』, 토네이도, 2006.〕

5 Ola Svenson, "Are We All Less Risky and More Skillful Than Our Fellow Drivers?," *Acta Psychologica* 47, no. 2 (1981년 2월): 143–48. https://doi.org/10.1016/0001-6918(81)90005-6.

6 Makiko Yamada et al., "Superiority Illusion Arises from Resting-State Brain Networks Modulated by Dopamine," *Proceedings of the National Academy of Sciences* 110, no. 11 (2013): 4363–67. https://doi.org/10.1073/pnas.1221681110.

7 Dominic D. P. Johnson and James H. Fowler, "The Evolution of Overconfidence," *Nature News*, 2011년 9월 14일. https://www.nature.com/articles/nature10384/.

8 Roger Lowenstein, *When Genius Failed* (London: Fourth Estate, 2002). 〔로저 로언스타인, 이승욱 옮김, 『천재들의 실패』, 한국경제신문, 2009.〕

9 Claire Shipman and Katty Kay, "The Confidence Gap," *The Atlantic*, 2014년 5월. https://www.theatlantic.com/magazine/archive/2014/05/the-confidence-gap/359815/.

10 Kun Li, Rui Cong, Te Wu, and Long Wang, "Bluffing Promotes Overconfidence on Social Networks," *Scientific Reports* 4, no. 1 (2014). https://doi.org/10.1038/srep05491.

11 "Most Kids Want to Be Social Media Influencers, Is It Realistic?," abc10.com, 2022년 2월 22일. https://www.abc10.com/video/entertainment/most-kids-want-to-be-social-media-influencers-is-it-realistic/103-fc9d8b19-60c1-43a1-a774-8b5927e65244.

12 Natalya Saldanha, "In 2018, an 8-Year-Old Made $22 Million on YouTube. No Wonder Kids Want to Be Influencers," *Fast Company*, 2019년 11월 19일. https://www.fastcompany.com/90432765/why-do-kids-want-to-be-

influencers.

13 Josie Rhodes Cook, "Bad News, Elon Musk: Overconfident CEOS Have a Higher Risk of Being Sued," *Inverse*, 2018년 8월 29일. https://www.inverse.com/article/48486-overconfident-ceos-are-more-likely-to-get-sued-study-says.

14 Scott Barry Kaufman, "Are Narcissists More Likely to Experience Impostor Syndrome?," Scientific American Blog Network, 2018년 9월 11일. https://blogs.scientificamerican.com/beautiful-minds/are-narcissists-more-likely-to-experience-impostor-syndrome/#:~:text=Vulnerable%20narcissists%20have%20an%20incessant,as%20they%20believe%20they%20are.

15 Shahamat Uddin, "Racism Runs Deep in Professionalism Culture," *The Tulane Hullabaloo*, 2020년 1월 23일. https://tulanehullabaloo.com/51652/intersections/business-professionalism-is-racist/.

16 Sarah J. Ward and Laura A. King, "Gender Differences in Emotion Explain Women's Lower Immoral Intentions and Harsher Moral Condemnation," *Personality and Social Psychology Bulletin* 44, no. 5 (2018년 1월): 653-69. https://doi.org/10.1177/0146167217744525.

17 Elliot Aronson and Carol Tavris, *Mistakes Were Made (But Not by Me)* (New York: HarperCollins, 2020). 〔엘리엇 에런슨·캐럴 태브리스, 박웅희 옮김, 『거짓말의 진화: 자기정당화의 심리학』, 추수밭(청림출판), 2007.〕

18 Steven Sloman and Philip Fernbach, *The Knowledge Illusion* (New York: Riverhead Books, 2017). 〔스티븐 슬로먼 · 필립 페른백, 문희경 옮김, 『지식의 착각: 왜 우리는 스스로 똑똑하다고 생각하는가』, 세종서적, 2018.〕

19 Elizabeth Kolbert, "Why Facts Don't Change Our Minds," *The New Yorker*, 2017년 2월 19일. https://www.newyorker.com/magazine/2017/02/27/why-facts-dont-change-our-minds.

20 Audre Lorde, "Poetry Is Not a Luxury," We Tip the Balance. 2023년 9월 21일 접속. http://wetipthebalance.org/wp-content/uploads/2015/07/Poetry-is-Not-a-Luxury-Audre-Lorde.pdf.

21 "APA Dictionary of Psychology," American Psychological Association. Accessed 2023년 9월 11일. https://dictionary.apa.org/humility.

22 Max Rollwage and Stephen M. Fleming, "Confirmation Bias Is Adaptive

When Coupled with Efficient Metacognition," *Philosophical Transactions of the Royal Society B: Biological Sciences* 376, no. 1822 (2021). 2023년 9월 11일 접속. https://doi.org/10.1098/rstb.2020.0131.

23 Dominic D. Johnson, Nils B. Weidmann, and Lars-Erik Cederman, "Fortune Favours the Bold: An Agent-Based Model Reveals Adaptive Advantages of Overconfidence in War," *PLOS One* 6, no. 6 (2011년 6월 24일). https://doi.org/10.1371/journal.pone.0020851.

8 나를 증오하는 이들이 나를 나아가게 한다 — 환상 진실 효과에 관하여

1 "The Middle Ages," *Encyclopædia Britannica*. 2023년 9월 11일 접속. https://www.britannica.com/topic/government/Representation-and-constitutional-monarchy.

2 Lynn Parramore, "The Average American Worker Takes Less Vacation Time Than a Medieval Peasant," *Business Insider*, 2016년 11월 7일. https://www.businessinsider.com/american-worker-less-vacation-medievalpeasant-2016-11.

3 "Why Do We Believe Misinformation More Easily When It's Repeated Many Times?," The Decision Lab. 2023년 9월 11일 접속. https://thedecisionlab.com/biases/illusory-truth-effect.

4 Alice H. Eagly and Shelly Chaiken, *The Psychology of Attitudes* (New York: Harcourt Brace Jovanovich College Publishers, 1993).

5 Dr. Moiya McTier, *The Milky Way: An Autobiography of Our Galaxy* (New York: Grand Central Publishing, 2023). 〔모이야 맥티어, 김소정 옮김, 『아주 사적인 은하수: 우리 은하의 비공식 자서전』, 까치, 2023.〕

6 Lisa K. Fazio, Elizabeth J. Marsh, Nadia M. Brashier, and B. Keith Payne, "Knowledge Does Not Protect Against Illusory Truth," *Journal of Experimental Psychology* 144, no. 5 (2015): 993–1002. https://doi.org/10.1037/e520562012-049.

7 Gordon Pennycook, Tyrone D. Cannon, and David G. Rand, "Prior

Exposure Increases Perceived Accuracy of Fake News," *Journal of Experimental Psychology*, 2017. https://doi.org/10.2139/ssrn.2958246.

8 Tom Mould, "Counter Memes and Anti-Legends in Online Welfare Discourse," *Journal of American Folklore* 135, no. 538 (2022): 441–65. https://doi.org/10.5406/15351882.135.538.03.

9 Aumyo Hassan and Sarah J. Barber, "The Effects of Repetition Frequency on the Illusory Truth Effect," *Cognitive Research: Principles and Implications* 6, no. 1 (2021년 5월 13일). https://doi.org/10.1186/s41235-021-00301-5.

10 Itamar Shatz, "The Rhyme-as-Reason Effect: Why Rhyming Makes Messages More Persuasive," Effectiviology. 2023년 9월 11일 접속. https://effectiviology.com/rhyme-as-reason/.

11 Arika Okrent, "Why Is the English Spelling System So Weird and Inconsistent?: Aeon Essays," Edited by Sally Davies, *Aeon*, 2021년 7월 26일. https://aeon.co/essays/why-is-the-english-spelling-system-so-weird-and-inconsistent.

12 Kathryn Devine, "Why You Should Take the Time to Rhyme: The Rhyme as Reason Effect," *CogBlog—A Cognitive Psychology Blog*, 2019년 11월 26일. https://web.colby.edu/cogblog/2019/11/26/why-you-should-take-the-time-to-rhyme-the-rhyme-as-reason-effect/.

13 Gina Kolata, "Rhyme's Reason: Linking Thinking to Train the Brain?," *New York Times*, 1995년 2월 19일. https://www.nytimes.com/1995/02/19/weekinreview/ideas-trends-rhyme-s-reason-linking-thinking-to-train-the-brain.html.

14 Barbara Tversky, "The Cognitive Design of Tools of Thought," *Review of Philosophy and Psychology* 6, no. 1(2014): 99–116. https://doi.org/10.1007/s13164-014-0214-3.

15 Matthew S. McGlone and Jessica Tofighbakhsh, "The Keats Heuristic: Rhyme as Reason in Aphorism Interpretation," *Poetics* 26, no. 4 (1999): 235–44. https://doi.org/10.1016/s0304-422x(99)00003-0.

16 Tracy Dennis-Tiwary, *Future Tense: Why Anxiety Is Good for You (Even Though It Feels Bad)* (New York: Harper Wave, 2022). 〔트레이시 데니스티

와리, 양소하 옮김, 『불안이 불안하다면: 불안감을 추진력으로 바꾸는 가장 과학적인 방법』, 와이즈베리, 2023.〕

17 Jill Bolte Taylor, *My Stroke of Insight: A Brain Scientist's Personal Journey* (New York: Penguin, 2006). 〔질 볼트 테일러, 장호연 옮김, 『나는 내가 죽었다고 생각했습니다: 뇌과학자의 뇌가 멈춘 날』, 윌북, 2019.〕

18 "A World Without Words," Radiolab, n.d.

19 Rebecca Elson, *A Responsibility to Awe* (Manchester, UK: Carcanet Classics, 2018).

9 늦어서 미안해, 수성이 역행해서 그런가 봐 — 확증 편향에 관하여

1 Matt Blitz, "Jurassic Park Lied to You: T-Rex Had Great Eyesight Really," Gizmodo, 2014년 5월 16일, 2014. https://gizmodo.com/jurassic-park-lied-to-you-t-rex-had-great-eyesight-rea-1577352103.

2 Elliot Aronson and Carol Tavris, *Mistakes Were Made (But Not by Me)* (New York: HarperCollins, 2020). 〔엘리엇 에런슨·캐럴 태브리스, 박웅희 옮김, 『거짓말의 진화: 자기정당화의 심리학』, 추수밭(청림출판), 2007.〕

3 Joan Didion, *Slouching Towards Bethlehem* (New York: Farrar, Straus & Giroux, 1968). 〔조앤 디디온, 김선형 옮김, 『베들레헴을 향해 웅크리다』, 돌베개, 2021.〕

4 Mitch Ratcliffe, "Y2K Survivalists Struggle with Reality," UPI, 2000년 1월 2일. https://www.upi.com/Archives/2000/01/02/Y2K-survivalists-struggle-with-reality/8815946789200/.

5 Uwe Peters, "What Is the Function of Confirmation Bias?," *Erkenntnis* 87, no. 3 (2020년 4월 20일): 1351–76. https://doi.org/10.1007/s10670-020-00252-1.

6 Charles G. Lord, Lee Ross, and Mark R. Lepper. "Biased Assimilation and Attitude Polarization: The Effects of Prior Theories on Subsequently Considered Evidence." *Journal of Personality and Social Psychology* 37, no. 11 (1979년 11월): 2098–2109. https://doi.org/10.1037/0022-

3514.37.11.2098.

7 Ronald Bailey, "Climate Change and Confirmation Bias," Reason.com, 2011년 7월 12일. https://reason.com/2011/07/12/scientific-literacy-climate-ch/.

8 Emily St. John Mandel, *Station Eleven* (New York: Alfred A. Knopf, 2014). 〔에밀리 세인트존 맨델, 한정아 옮김, 『스테이션 일레븐』, 북로드, 2016.〕

9 Max Rollwage and Stephen M. Fleming, "Confirmation Bias Is Adaptive When Coupled with Efficient Metacognition," *Philosophical Transactions of the Royal Society B: Biological Sciences* 376, no. 1822 (2021). 2023년 9월 11일 접속. https://doi.org/10.1098/rstb.2020.0131.

10 ___ 노스탤지어 포르노 — 쇠퇴론에 관하여

1 Mihaly Csikszentmihalyi, "Flow, the Secret to Happiness," TED Talks, 2004년 2월. https://www.ted.com/talks/mihaly_csikszentmihalyi_flow_the_secret_to_happiness/transcript.

2 Arthur C. Brooks, "Free People Are Happy People," *City Journal*, 2008 봄. https://www.city-journal.org/article/free-people-are-happy-people.

3 John Koenig, *The Dictionary of Obscure Sorrows* (New York: Simon & Schuster, 2021). 〔존 케니그, 황유원 옮김, 『슬픔에 이름 붙이기: 마음의 혼란을 언어의 질서로 꿰매는 감정 사전』, 윌북, 2024.〕

4 Ursula K. Le Guin, *Tales from Earthsea* (New York: Harcourt, 2001). 〔어슐러 K. 르귄, 최준영 · 이지연 옮김, 『어스시의 이야기들』, 황금가지, 2008.〕

5 "Why Do We Think the Past Is Better than the Future?," The Decision Lab. 2023년 9월 11일 접속. https://thedecisionlab.com/biases/declinism.

6 W. Richard Walker and John J. Skowronski, "The Fading Affect Bias: But What the Hell Is It For?," *Applied Cognitive Psychology* 23, no. 8 (2009): 1122–36. https://doi.org/10.1002/acp.1614.

7 Cynthia Lee, "The Stranger Within: Connecting with Our Future Selves," UCLA, 2015년 4월 9일. https://newsroom.ucla.edu/stories/the-stranger-

within-connecting-with-our-future-selves.

8 *Lady and the Tramp,* Walt Disney Studios Motion Pictures, 2019.

9 Eric Avila, "Popular Culture in the Age of White Flight: Film Noir, Disneyland, and the Cold War (Sub)Urban Imaginary," *Journal of Urban History* 31, no. 1 (2004년 11월): 3–22. https://doi.org/10.1177/0096144204266745.

10 Tressie McMillan Cottom, "The Dolly Moment: Why We Stan a Post-Racism Queen," tressie.substack.com–essaying, 2021년 2월 24일. https://tressie.substack.com/p/the-dolly-moment.

11 Ben Carlson, "Golden Age Thinking," A Wealth of Common Sense, 2020년 12월 31일. https://awealthofcommonsense.com/2020/12/golden-age-thinking/.

12 Elizabeth Whitworth, "Declinism Bias: Why People Think the Sky Is Falling—Shortform," *Shortform*, 2022년 9월 17일. https://www.shortform.com/blog/declinism-bias/.

13 Sasha Lilley, David McNally, Eddie Yuen, and James Davis, *Catastrophism* (Binghamton, NY: PM Press, 2012).

14 Max Roser, "Proof That Life Is Getting Better for Humanity, in 5 Charts," *Vox*, 2016년 12월 23일.

15 "A Conversation with James Baldwin,"June 24, 1963, WGBH, American Archive of Public Broadcasting (GBH and the Library of Congress), Boston, MA, and Washington, DC. 2023년 9월 11일 접속. http://americanarchive.org/catalog/cpb-acip-15-0v89g5gf5r.

16 Carol Graham, "Are Women Happier than Men? Do Gender Rights Make a Difference?," Brookings, 2020년 8월. https://www.brookings.edu/articles/are-women-happier-than-men-do-gender-rights-make-a-difference/.

17 James Davies, *Sedated: How Modern Capitalism Caused Our Mental Health Crisis* (London: Atlantic Books, 2021). 〔제임스 데이비스, 이승연 옮김, 『정신병을 팝니다: 신자유주의는 어떻게 우리 마음을 병들게 하는가』, 사월의책, 2024.〕

18 "The Cult of Fast Fashion," *Sounds Like a Cult*, 2022년 5월 17일. https://open.spotify.com/episode/1LfqDsztUy6RPiiONn0dek.

11 ___ 그저 그런 공예가가 되는 일생일대의 마법 — 이케아 효과에 관하여

1 Jennifer Clinehens, "The IKEA Effect: How the Psychology of Co-Creation Hooks Customers," *Medium*, 2020년 1월 5일. https://medium.com/choice-hacking/how-the-psychology-of-co-creation-hooks-customers-330570f115.

2 Michael I. Norton, Daniel Mochon, and Dan Ariely, "The 'IKEA Effect': When Labor Leads to Love," *Journal of Consumer Psychology* 22 (2011): 453–60. https://doi.org/10.2139/ssrn.1777100.

3 Gary Mortimer, Frank Mathmann, and Louise Grimmer, "The IKEA Effect: How We Value the Fruits of Our Labour over Instant Gratification," *The Conversation*, 2019년 4월 18일. https://theconversation.com/the-ikea-effect-how-we-value-the-fruits-of-our-labour-over-instant-gratification-113647.

4 David Mikkelson, "Requiring an Egg Made Instant Cake Mixes Sell?," Snopes, 2008년 1월 30일. https://www.snopes.com/fact-check/something-eggstra/.

5 Ivy Taylor, "Over Three Times as Many Video Game Projects Fail than Succeed on Kickstarter," *GamesIndustry. biz*, 2017년 10월 24일. https://www.gamesindustry.biz/success-of-resident-evil-2-board-game-paints-a-curious-picture-of-kickstarter-in-2017.

6 Adam Grant, "There's a Name for the Blah You're Feeling: It's Called Languishing," *New York Times*, 2021년 4월 19일. https://www.nytimes.com/2021/04/19/well/mind/covid-mental-health-languishing.html.

7 Andrew Van Dam, "The Happiest, Least Stressful, Most Meaningful Jobs in America," *Washington Post*, 2023년 1월 6일. https://www.washingtonpost.com/business/2023/01/06/happiest-jobs-on-earth/.

8 Michelle Borst Polino, "Crochet Therapy," Counseling. 2023년 9월 21일 접속. https://www.counseling.org/docs/default-source/aca-acc-creative-activities-clearinghouse/crochet-therapy.pdf?sfvrsn=6.

9 Gabe Cohn, "AI Art at Christie's Sells for $432,500," *New York Times*, 2018

년 10월 25일. https://www.nytimes.com/2018/10 /25/arts/design/ai-art-sold-christies.html.

10 Hannah Jane Parkinson, "It's a Botch-Up! Monkey Christ and the Worst Art Repairs of All Time," *The Guardian*, 2020년 6월 24일. https://www.theguardian.com/artanddesign/2020/jun/24/monkey-christ-worst-art-repairs-of-all-time.

11 Nick Cave, "Considering Human Imagination the Last Piece of Wilderness, Do You Think AI Will Ever Be Able to Write a Good Song?," *The Red Hand Files*. 2019년 1월, https://www.theredhandfiles.com/considering-human-imagination-the-last-piece-of-wilderness-do-you-think-ai-will-ever-be-able-to-write-a-good-song/.

12 Claire L. Evans, "The Sound of (Posthuman) Music," Vice, 2014년 5월 14일. https://www.vice.com/en/article/bmjmkz/the-sound-of-posthuman-music.

13 William F. Claire, "That Rare, Random Descent: The Poetry and Pathos of Sylvia Plath," *The Antioch Review* 26, no. 4 (1966): 552–60. https://doi.org/10.2307/4610812.

찾아보기

- 쪽 번호 뒤에 'n'이 붙은 경우 해당 쪽의 각주를 가리킨다.
- 본문에 등장하는 책 제목 중 역자가 직접 원제를 옮기고 각주로 국내 번역서 제목을 밝힌 경우, 역자가 옮긴 제목을 색인 표제어로 삼았다.

ㄱ

ㄴ

ㄷ

ㄹ

ㅁ

ㅂ

ㅅ

ㅇ

ㅈ

ㅊ

ㅋ

ㅌ

ㅍ

ㅎ

합리적 망상의 시대

1판 1쇄 인쇄 2025년 5월 7일
1판 1쇄 발행 2025년 5월 28일

지은이 어맨다 몬텔
옮긴이 김다봄
펴낸이 김영곤
펴낸곳 (주)북이십일 아르테

책임편집 최윤지 이한솔
기획편집 장미희 김지영
디자인 강경신디자인

마케팅 남정한 나은경 한경화 권채영 최유성 전연우
영업 한충희 장철용 강경남 황성진 김도연
해외기획 최연순 소은선 홍희정
제작 이영민 권경민

출판등록 2000년 5월 6일 제406-2003-061호
주소 (10881) 경기도 파주시 회동길 201(문발동)
대표전화 031-955-2100 **팩스** 031-955-2151 **이메일** book21@book21.co.kr

ISBN 979-11-7357-286-9 03300

아르테는 (주)북이십일의 문학·교양 브랜드입니다.

(주)북이십일 경계를 허무는 콘텐츠 리더

페이스북 facebook.com/21arte **포스트** arte.kro.kr
인스타그램 instagram.com/21_arte **홈페이지** arte.book21.com

잘못된 정보가 넘쳐 나는 시대를 위한 안내서이자, 우리의 믿음 아래 숨겨진 망상의 실체를 드러내는 책. 재치와 지성, 자조의 매력으로 무장했다.

메리 로치 Mary Roach,
『전쟁에서 살아남기』 저자

공감 가면서도 질투 나게 명석한 이 책은 틱톡의 구루들이 결코 할 수 없는 방식으로 답답한 마음을 정화해 준다. 어맨다 몬텔은 친근하면서도 뻔뻔스러울 정도로 재미있게 우리 마음의 '최악의 습성'을 통쾌하게 해부해 낸다.

사브리나 임블러 Sabrina Imbler,
『빛은 얼마나 깊이 스미는가』 저자

이 책을 읽으면 엄청나게 똑똑한 친구와 대화하는 느낌이 든다. 취약함과 유머, 상쾌한 솔직함을 통해 셀럽 숭배부터 해로운 관계, 그리고 과거에 대한 향수 어린 시선까지, 우리를 현혹하는 모든 것들을 예리하게 파헤친다.

헤더 라드케 Heather Radke,
『엉덩이즘』 저자

어맨다 몬텔의 비할 데 없는 지성은 인간의 삶을 한층 더 흥미롭게, 그리고 조금은 덜 당혹스럽게 만든다.

미셸 티 Michelle Tea,
『나 자신을 임신시키기』 저자

현대인의 마음 깊숙한 곳으로 떠나는 경이로운 여정. 이 계몽적인 책을 통해 인지 편향에 대한 새로운 이해와 함께, 어맨다 몬텔의 넘치는 재능에 대한 솔직한 경외심을 느꼈다.

모나 아와드 Mona Awad,
『버니』 저자

혼란한 시대를 살아가는 모두를 위한 책. 감각적인 문체와 지적인 유머로 '비이성'이 어떻게 이 시대의 주류가 되었는지 설명한다.

《**커커스리뷰**Kirkus Review》

자신의 머릿속에 갇혀 본 적 있는 이라면 누구든 이 책에서 위안을 얻을 것이다.

《**나일론**NYLON》

언어와 심리, 그리고 자신의 기이한 행동 사이의 관계를 추적하려 하는 팬들을 위한 새로운 지평을 열었다.

《**엘르**Elle》

우리가 일상적으로 사용하는 정신적 속임수와 인지 편향의 허점을 날카롭게 파헤친다. 테일러 스위프트를 예시로 후광효과를 설명하고, 매몰비용 오류가 어떻게 우리를 해로운 상황에 묶어 두는지 명쾌하게 보여 준다.

《**스킴**The Skimm》

끊임없이 연결된 디지털 세상이 어떻게 우리를 만성적 과잉사고에 빠진 불안하고 비이성적인 존재로 만들었는지 깊이 있게 탐구하며, 현대의 혼란에서 벗어날 실질적인 방법을 제시한다.

《**맨즈헬스**Men's Health》

가장 개인적이고도 강렬한 이번 작품에서, 어맨다 몬텔은 인간의 마음과 그 편향을 예리하게 탐구한다. 문장은 날카롭고 유쾌하며, 끝끝내 독자를 불안에 시달리는 인간에 대한 희망과 공감, 그리고 자기 자신에 대한 용서로 이끈다.

《**선셋**Sunset》

신선하고 유쾌하며, 무엇보다 유익하다. 우리가 소비하고 공유하는 것들에 대해 더 깊이 생각하게 만들며, 독창적이고 기억에 남는 비유와 폭로를 통해 매력적인 이야기의 힘을 보여 준다.

《**북리스트**Booklist》